フランスの伝統色

The Traditional Colors of France

はじめに

　だいぶ以前、仏文学者の友人に薦められて、フランスの詩人レミ・ド・グールモンの『ル・クルール』（Les Couleurs　邦題『色について』）という短編小説を読んだことがある。紫とか、緑とか、赤とかいう色名のタイトルがついていて、その色のイメージにしたがって、物語が展開するのである。そのとき、フランス人がいかに豊かな色彩感情をもっているかを理解することができた。考えてみれば、フランスには意外と色をタイトル名にした小説が多い。『赤と黒』『赤い百合』『黄色い部屋の謎』『黄色い犬』『青い鳥』『青い麦』などである。

　こうした小説との触れ合いが、フランスの色名に興味をもつきっかけであった。私が初めてフランス語の色名を知ったのはアメリカの『メルツ＆ポール色名事典』（2刷、1950年）とデンマークの『Faver i Faver』（邦題『カラーアトラス』1962年）であった。この2著作が、本書における比較的古い色名選定の根拠になっている。また山田夏子氏が編纂された『仏和色名事典』（1976年）から , 布製の色票とともに、往時の色名を窺い知ることができた。

　本書は、このような先人の業績の上に、今日的な色名を加えたものである。それにはフランスのファッション情報会社 Groupe Carlin International 社のプロジェクトチーフの Maryelle Allemand さんから、たくさんの協力をいただいた。彼女の適確なるアドバイスによって、本書の見通しがたったと言ってもよいであろう。その他、フランスの古い貴重な色見本の資料を提供していただいた (財) 日本ファッション協会流行色情報センターの大野礼子さん、(株) グローカルネット カルランジャパン社長の中村啓司氏、またフランス語の添削をしてくださった共立女子大学名誉教授の大嶋利治先生など、色々な方のご協力をいただき、やっと上梓に漕ぎつけることが可能になった。この場を借りて深く感謝申し上げたい。

　さらに私に『フランスの伝統色』の企画を提案された PIE BOOKS 編集部の西岡詠美さん、彼女の熱心な説得と誘いがなければ、本書の執筆はなかったと思われる。併せて深く感謝する次第である。

　本書は、フランス色名研究の序論に過ぎないので、皆様のご意見、ご批判を仰ぎ、さらに充実したものになれば幸いである。

2008年10月28日

　　　　　　　　　　　　　　　　　　　　　　　　城　一夫

Introduction

A while ago now, a friend of mine who was a scholar of French literature recommended me to read the short story" Couleurs" by the French poet Rémy de Gourmont. The chapters were all titled after colors – purple, green, red – and the story unfolded according to the image we have in our minds about the various colors. From this, I came to understand the extent of the rich feelings that French people had for colors. Thinking about it, there were an inordinate number of French novels that had a color in their title. Le Rouge et Noir (The Red and the Black) by Stendhal, Le Lys Rouge (The Red Lily) by Anatole France, Le Mystère de la chamber jaune (The Mystery of the Yellow Room) by Gaston Leroux, Le Chien Jaune (The Yellow Dog) by George Simenon, and L'Oiseau bleu (The Blue Bird) by Bernard Maeterlinck.

My contact with these novels sparked my interest in the names of French colors. The first time I came across them was in the American Maerz and Paul Dictionary of Color (Second printing, 1950) and Denmark's Faiver i Faver (Japanese title: Color Atlas; 1962) It was on these two publications that we based our selection of color names for this book. From Natsuko Yamada's French-Japanese Dictionary of Color Names (1976), I was also able to learn about color names in previous times using a color index made from fabric.

In this book, contemporary color names have been added to the study of the subject of people who went before us. We also received invaluable assistance from Maryelle Allemand, Project Manager at the French fashion information company Groupe Carlin International and we could even say that it was her authoritative advice that made the book possible. Other people also contributed to bringing it to publication: Reiko Ono of the Japan Fashion Association - Japan Fashion Color Authority who provided us with valuable French color sample materials; President of GlocalNet Carlin Japan, Keiji Nakamura; and Toshiji Oshima, honorary professor of the Kyoritsu Women's University who corrected the French text. I wish to take this opportunity to express my sincere gratitude.

If it had not been for the enthusiasm and persuasive powers of PIE Books editor Emi Nishioka who originally suggested a book on French colors, it would never have seen the light of day. I am eternally grateful to her.

Because this book is a mere introduction to the names of French colors, I would welcome your feedback so as to make the next edition even better.

28 October 2008

Kazuo Jo

フランスの伝統色　The Traditional Colors of France　目次

ルージュ・ローズ
Rouge：Red
Rose：Pink
11

001 ローズ・テ
　　Rose thé ·············· 13

002 ペーシュ
　　Pêche ················· 13

003 オロール
　　Aurore ················ 13

004 ローズ・ドゥ・マルメゾン
　　Rose de Malmaison ···· 13

005 ローズ・ソーモン
　　Rose saumon ·········· 15

006 オルセーユ
　　Orseille ··············· 15

007 カロット
　　Carotte ··············· 15

008 グリ・ドゥ・ラン
　　Gris de lin ············ 15

009 ヴェルミヨン
　　Vermillon ············· 16

010 トマト
　　Tomate ··············· 16

011 コラーユ
　　Corail ················ 17

012 ヴィウー・ローズ
　　Vieux rose ············ 17

013 マンダリーヌ
　　Mandarine ············ 19

014 ゴブラン
　　Gobelin ··············· 19

015 ガランス
　　Garance ·············· 19

016 ルージュ・ドゥ・ブールジュ
　　Rouge de Bourges ····· 19

017 コクリコ
　　Coquelicot ············ 21

018 エカルラート
　　Écarlate ·············· 21

019 グール
　　Gueules ··············· 21

020 シナーブル
　　Cinabre ··············· 21

021 グルナディーヌ
　　Grenadine ············ 23

022 カメリヤ
　　Camélia ·············· 23

023 フラゴナール
　　Fragonard ············ 23

024 ルージュ・ドゥ・パルク・ドゥ・ラ・ヴィレット
　　Rouge de Parc de la Villette ·· 23

025 ルージュ・エクルヴィス
　　Rouge écrevisse ······· 25

026 クルヴェット
　　Crevette ·············· 25

027 マリー・アントワネット
　　Marie Antoinette ····· 25

028 ルージュ・ドゥ・ムーラン・ルージュ
　　Rouge de Moulin Rouge ·· 25

029 キュイーヴル
　　Cuivré ················ 27

030 ルージュ・ディオール
　　Rouge Dior ··········· 27

031 ナカラ・ドゥ・ブール
　　Nacarat de bourre ···· 27

032 カルディナル
　　Cardinal ············· 27

033 ルージュ・オークル
　　Rouge ocre ··········· 29

034 マロカン
　　Marocain ············ 29

035 コニャック
　　Cognac ··············· 29

036 テール・ドゥ・シエーヌ
　　Terre de Sienne ······ 29

037 ルージュ・ドゥ・サン
　　Rouge de sang ········ 31

038 アルジル
　　Argile ················ 31

039 ルーイュ
　　Rouille ··············· 31

040 ブラン・ヴァン・ダイク
　　Brun van Dyck ······· 31

041 グミエ
　　Goumier ·············· 33

042 グルナ
　　Grenat ··············· 33

043 ネーフル
　　Nèfle ················· 33

044 ルートル
　　Loutre ··············· 34

045 ビストレ
　　Bistre ················ 34

オランジュ・ブラン
Orange：Orange
Brun：Brown
35

046 フォー・ブラン
　　Faux blanc ··········· 37

047 シェール
　　Chair ················ 37

048 ベージュ・シャネル
　　Beige Chanel ········· 37

049 ベージュ
　　Beige ················ 37

050 ベルランゴ
　　Berlingot ············ 39

051 ムロン
　　Melon ················ 39

052 カピュシーヌ
　　Capucine ············· 39

053 アブリコ
　　Abricot ·············· 39

054 オランジュ・タンゴ
　　Orange tango ········ 41

055 ルー
　　Roux ················ 41

056 マイース
　　Maïs ················· 41

057	トパーズ Topaze	41
058	ブロン Blond	42
059	シャモワ Chamois	42
060	マスティック Mastic	43
061	ビスキュイ Biscuit	43
062	グレージュ Grège	45
063	ピマン Piment	45
064	オランジュ・エルメス Orange Hermès	45
065	フォーブ Fauve	45
066	オークル・ジョーヌ Ocre jaune	47
067	ヌガー Nougat	47
068	フー Feu	47
069	ジョーヌ・ダンブル Jaune d'ambre	47
070	ティスィヤン Titien	49
071	カフェ・クレーム Café crème	49
072	フーイユ・モルト Feuilles mortes	49
073	タンヌ Tanne	49
074	ブラン・ファン Brun faon	51
075	ノワゼット Noisette	51
076	ポワル・ドゥ・シャモー Poil de chameau	51
077	ブリック Brique	51
078	エネ Henné	53
079	モルドレ Mordoré	53
080	シャテーニュ Châtaigne	53
081	テール・キュイット Terre cuite	53
082	ショコラ Chocolat	55
083	カネル Cannelle	55
084	トープ Taupe	55
085	シャタン Chatain	55
086	アカジュー Acajou	56
087	カフェ Café	56
088	ピュス Puce	56
089	マロン Marron	56

ジョーヌ
Jaune : Yellow

57

090	ジョンキーユ Jonquille	59
091	ジョーヌ・プランタン Jaune printemps	59
092	クレーム Créme	59
093	ヴァニーユ Vanille	59
094	ジョーヌ・ブリヤン Jaune brillant	61
095	ジョーヌ・ミモザ Jaune mimosa	61
096	ジョーヌ・サフラン Jaune safran	61
097	カナリ Canari	61
098	ジョーヌ・パーイユ Jaune paille	63
099	ジャスマン Jasmin	63
100	ジョーヌ・ドゥ・ナプル Jaune de Naples	63
101	ジョーヌ・ドゥ・クローム Jaune de chrome	63
102	ジョーヌ・ドゥ・プロヴァンス Jaune de Provence	65
103	シトロン Citron	65
104	ムタルド Moutarde	65
105	クゥ・ドゥ・バシュ Queue de vache	65
106	イヴォワール Ivoire	67
107	エクリュ Écru	67
108	シャンパーニュ Champagne	67
109	サーンドル Cendre	67
110	ジュネ Genêt	69
111	ジョーヌ・スフル Jaune soufre	69
112	ミエル Miel	69
113	サーブル Sable	69
114	シャルトルーズ Chartreuse	71
115	マカロン Macaron	71
116	カフェ・オレ Café au lait	71
117	アルマニャック Armagnac	71

118 ブトン・ドール Bouton d'or ……………… 73	139 アプサント Absinthe ………………… 82	158 ローリエ Laurier …………………… 92
119 リヴィド Livide …………………… 73	140 ヴェール・オリーブ Vert olive ………………… 82	159 ヴェール・プランタン Vert printemps …………… 92
120 マロングラッセ Marrons glacés …………… 73	141 エピナール Épinard …………………… 82	160 ブルー・パセ Bleu passé ……………… 92
121 カラメル Caramel ………………… 73		161 ペトロール Pétrole …………………… 92

ヴェール
Vert：Green
83

ブルー
Bleu：Blue
93

122 ブラン・セピア Brun sépia ……………… 75	142 ヴェール・ドー Vert d'eau ……………… 85	
123 ブロンズ Bronze …………………… 75	143 リッケヌ Lichen …………………… 85	162 オパラン Opaline …………………… 95
124 カキ Kaki ……………………… 75	144 ヴェール・ドゥ・グリ Vert de Gris ……………… 85	163 アジュール Azur ……………………… 95
125 メルド・ドワ Merde d'oie ……………… 75	145 エムロード Émeraude ………………… 85	164 ブルー・ドゥ・プロヴァンス Bleu de Provence ………… 95
126 タバ Tabac …………………… 77	146 ヴェール・アンピール Vert empire ……………… 87	165 ブルー・シエル Bleu ciel ………………… 95
127 レグリス Réglisse ………………… 77	147 セラドン Céladon ………………… 87	166 ブルー・セリュレエン Bleu céruléen …………… 97
128 ゴード Gaude …………………… 77	148 マント Menthe …………………… 87	167 ブルー・ドゥ・ニーム Bleu de Nîmes (Bleu denim) … 97
129 ブルジョン Bourgeon ………………… 77	149 シノープル Sinople …………………… 87	168 パステル Pastel …………………… 97
130 ポム Pomme …………………… 79	150 ヴェール・ドゥ・フッカー Vert de Hooker ………… 89	169 ブルー・オリゾン Bleu horizon …………… 97
131 アヴォカ Avocat …………………… 79	151 グリ・アシエ Gris acier ………………… 89	170 ブルー・ポルスレーヌ Bleu porcelaine ………… 99
132 ヴェール・リム Vert lime ………………… 79	152 マラキット Malachite ………………… 89	171 ブルー・ドゥ・コート・ダジュール Bleu de Côte d'Azur …… 99
133 ヴェール・ピスタッシュ Vert pistache …………… 79	153 ヴェール・ヴェロネーズ Vert Veronese …………… 89	172 ブルー・ドゥ・シャルトル Bleu de Chartres ………… 99
134 ヴェール・デルブ Vert d'herbe …………… 81	154 サパン Sapin …………………… 91	173 セレスト Céleste ………………… 99
135 ペロケ Perroquet ……………… 81	155 ヴェール・ブテーユ Vert bouteille …………… 91	174 ヴェルサイユ Versailles ……………… 101
136 ヴェール・レテュ Vert laitue ……………… 81	156 シプレ Cyprès …………………… 91	175 チュルコワーズ Turquoise ……………… 101
137 ムス Mousse ………………… 81	157 コリブリ Colibri …………………… 91	176 メール・ドゥ・シュド Mer du sud ……………… 101
138 パルム Palme …………………… 82		

| 177 ブルー・モネ Bleu Monet ……………… 101
| 178 ヴァトー Watteau ………………… 103
| 179 ブルー・アジュール Bleu azur ……………… 103
| 180 ポンパドゥール Pompadour …………… 103
| 181 ブルー・パン Bleu paon ……………… 103
| 182 ブルー・ナティエ Bleu Nattier …………… 105
| 183 シアン Cyan …………………… 105
| 184 カナール Canard ………………… 105
| 185 ブルー・マリーヌ Bleu marine …………… 105
| 186 ショードロン Chaudron ……………… 107
| 187 グリ・ローランサン Gris Laurencin ………… 107
| 188 グリ・シエル Gris ciel ……………… 107
| 189 ミヨゾティス Myosotis ……………… 107
| 190 ブルー・ファイアンス Bleu faïence …………… 109
| 191 ラヴァンド Lavande ……………… 109
| 192 ブルー・ゴロワーズ Bleu Gauloises ………… 109
| 193 ブルー・ドゥ・パティニール Bleu de Patinir ………… 109
| 194 ブルー・ベベ Bleu bébé ……………… 111
| 195 ブルー・オルタンシヤ Bleu hortensia ………… 111
| 196 ブルー・マリー・ルイーズ Bleu Marie Louise …… 111
| 197 ブルー・ドゥ・シャンパーニュ Bleu de Champagne … 111

198 ブルー・マジョレル Bleu Majorelle ………… 113
199 ブルー・ドゥ・ピカソ Bleu de Picasso ………… 113
200 ブルー・ドゥ・マティス Bleu de Matisse ………… 113
201 ブルー・ドゥ・リヨン Bleu de Lyon …………… 113
202 ブルー・ジタン Bleu Gitanes …………… 115
203 ブルー・ギメ Bleu Guimet …………… 115
204 アガト Agate …………………… 115
205 サフィール Saphir ………………… 115
206 イアサント Hyacinthe ……………… 117
207 ブルー・ドゥ・ナポレオン Bleu de Napoléon ……… 117
208 ウートルメール Outremer ……………… 117
209 ブルー・ドゥ・コバルト Bleu de cobalt ………… 119
210 ラピスラジュリ Lapis lazuli …………… 119
211 イリス Iris …………………… 119
212 ブルーエ Bluet ………………… 121
213 ブルー・クライン Bleu Klein …………… 121
214 プードル・ブルー Poudre bleu …………… 121
215 ブルー・ドゥ・パリ Bleu de Paris ………… 121
216 ブルー・アシエ Bleu acier …………… 123
217 ブルー・ドゥ・ロワ Bleu de Roi …………… 123
218 パンセ Pensée ………………… 123

219 ブルー・ドゥ・プリュス Bleu de prusse ………… 123
220 アンディゴ Indigo ………………… 124
221 ブルー・ニュイ Bleu nuit ……………… 124

ヴィオレ
Violet：Purple

125

222 リラ Lilas …………………… 127
223 モーヴ Mauve ………………… 127
224 エリオトロープ Héliotrope …………… 127
225 プールプル Pourpre ……………… 129
226 ペチュニア Pétunia ……………… 129
227 オベルジーヌ Aubergine …………… 129
228 ミュール Mûres ………………… 129
229 キュイッス・ドゥ・ナンフ Cuisse de Nymph ……… 130
230 ローズ・ベベ Rose bébé …………… 130
231 ローズ・ドラジェ Rose dragée …………… 131
232 ローズ・ルノワール Rose Renoir ………… 131
233 ローズ・スキャパレリ Rose Schiaparelli ……… 133
234 ボンボン Bonbon ……………… 133
235 ローズ・ドゥ・フォッション Rose de Fauchon ……… 133
236 ローズ・ポンパドゥール Rose Pompadour ……… 135
237 アザレ Azalée ………………… 135

238 グロゼーユ Groseille ······ 135	254 ブルゴーニュ Bourgogne ······ 144	268 ノワール・ダンクル Noir d'encre ······ 153
239 ローズ・サンローラン Rose Saint-Laurent ······ 137	255 グリ・シャルボン Gris charbon ······ 144	269 アルジャン Argent ······ 154
240 ヴィオレ・デヴェーク Violet d'Évêque ······ 137	**ブラン・グリ・ノワール**	270 オール Or ······ 154
241 スリーズ Cerise ······ 137	Blanc：White Gris：Gray Noir：Black　　　145	フランスの伝統色　解説編 Explanation ······ 155
242 プリュヌ Prune ······ 139	256 ブラン・ドゥ・ザンク Blanc de zinc ······ 147	フランスの配色 Color Harmony
243 マジャンタ Magenta ······ 139	257 グリ・ペルル Gris perle ······ 147	春　Spring ······ 156 夏　Summer ······ 158
244 ローズ・フュクシャ Rose Fuchsia ······ 139	258 ブラン・ドゥ・ロワ Blanc de Roi ······ 147	秋　Autumn ······ 160 冬　Winter ······ 162
245 リュビ Rubis ······ 139	259 グリ・ダルジャン Gris d'argent ······ 149	色彩一覧 Color Index ······ 164
246 リ・ドゥ・ヴァン Lie-de-vin ······ 141	260 グリ・フュメ Gris fumée ······ 149	色彩解説
247 フレーズ Fraise ······ 141	261 シマン Ciment ······ 149	Understanding Color ······ 175
248 フランボワズ Framboise ······ 141	262 グリ・スーリ Gris souris ······ 149	色名索引　和仏 Color Names Index Japanese-French ······ 177
249 カシュー Cachou ······ 141	263 グリ・プロン Gris plomb ······ 151	色名索引　英仏 Color Names Index
250 アメティスト Améthyste ······ 143	264 アルドワーズ Ardoise ······ 151	English-French ······ 183
251 アマラント Amarante ······ 143	265 アントラシット Anthracite ······ 151	参考文献 Bibliography ······ 189
252 カルマン Carmin ······ 143	266 ノワール・ドゥ・シャルボン Noir de charbon ······ 153	写真図版一覧 Illustrations ······ 190
253 ボルドー Bordeaux ······ 144	267 サーブル Sable ······ 153	注釈一覧 Annotation ······ 191

色選定の基準

『フランスの伝統色』の色選定にあたって、以下の文献を参考にした。
(1) "A DICTIONARY OF COLOR" by A.MAERZ & M.REA PAUL, McGRAW-HILL BOOK COMPANY, INC, 1950
(2) Faver i Faver by A.Kornerup & J.H.Wanscher
　『カラーアトラス』福田保訳、海外書籍貿易商会、1962 年
(3) "Dictionnaire des couleurs de notre temps" Michel Pastoureau, Editions Bonneton, 1992
(4) "Les materaux de la Couleur" Francois Delamare et Bernard Guineau, DECOVERTES GALLOMARD, 1999
(5) "Bleu histoire d'une couleur" Michel Pastoureau, Editions du seuil, 2000
(6) "Nuancier complet des Rubans et Tissue 1961SS〜1982SS" FEDERATION DE LA SOIERIE
(7) Pourple.com － Le dictionnarie alphbetique
(8) 『新色名事典』第 2 版、日本色彩研究所編、日本色研事業㈱、1998 年
(9) 『仏和色名辞典』山田 夏子、ユニヴェルシテ・ド・ラ・モード、1976 年
(10) 『DIC フランスの伝統色カラーガイド　第 4 版』大日本インキ化学工業㈱
(11) 『色の名前 507』福田邦夫、主婦の友社、2006 年

　上記文献のうち、古い色名については「MAERZ & PAUL」をはじめとして、主に(1)〜(5)から優先的に選定し、現代色名については(6)〜(11)を参考とした。特に現代色名についてはフランスのネット Pourple. com を参考に、色選定を行った。

　色名はその色域が広いものである。本書に表示・記載の色名の色票やマンセル値などの数値は、絶対的なものではなく、一応の基準であって、その前後の色相や明度・彩度に及ぶ範囲を包含していると考えていただいて差し支えない。

　色名は恣意的に生まれたものである。したがって同じ色票が複数の色名を表していることも少なくない。例えばプルシアン・ブルーには、ベルリンブルー、ミロリブルー、ベロ藍などの別名があるように、関連した地域、人物などによって、その呼称が異なるケースが少なくない。

　また、収録色名について下記の色名を原則的に採用し、それ以外は収録色数の関係で削除した。
1) フランス固有の色名を優先的に採択した。したがって、外国に関するフランス語の色名については頻度が高くても削除した。(削除例: Bleu Delft、Bleu Anglais など)
2) 色名単語の抽出を主としたため、例外を除き、色み、濃淡などの形容詞つきの色名の収録を見送った。(削除例: Bleu acid、Vert fonce、Vert mince、Vert Jaune など)
3) 人名及び建物などの名前に関した色名では、フランス人及びフランスで活躍した人物、またフランス所在の建物の色名を優先的に採用し、他は削除した。(採用例: Bleu de Picasso、削除例: Rouge de Goya)
4) 収録数に制限があるため、同意語の色名を同様の色名のキャプション中に、できるだけ収録し、索引項に挿入した。

以上

凡例

○ 本書はフランスの伝統色のうち代表的な 270 色を選び、写真、色見本とその色名に関する解説文を附した。
○ 本文中の色名は、
　仏色名の読み方　和色名あるいはその内容
　仏色名：英色名
　の順に配列した。
○ 色名の掲載順はマンセルシステムに基づいて、色相順に、同色相では高明度の方から、同色相・同明度では高彩度の方から順に配列した。
○ 掲載写真は、色名に対応する内容写真で構成しているが、あくまでもその色名に近い色であって、写真の色がその色見本と同一の色名であることを示すものではない。
○ 各色名のマンセル値・CMYK 値・RGB 値・Web 値のデータについては巻末に「色彩一覧」として掲載した。
○ 写真のキャプションとクレジットは、巻末に「写真図版一覧」として掲載した。
○ 本文中の注は、巻末に「注釈一覧」として掲載した。

Rouge

Rose

ルージュ 赤
Rouge : Red

ルージュ(Rouge)は、上の色票に示される色を基準とした幅広い領域をもつ基本色彩語[注1]のひとつである。バーリンとケイのカテゴリカル・カラーネーミング[注2]においても最初の色であり、人類が出会った最初の色とされている。この色の出自は人間の血、動物の血と結びつけられている。中世には、貝紫、コチニールなどの貴重な染料によって作り出されたため、権力者、聖職者、為政者などの衣服の色となり、「最も美しい色」として、人々の畏敬を集めた色である。なおこの色は光の3原色のひとつである。

ローズ ピンク
Rose : Pink

ローズ(Rose)は英色名のピンク(Pink)に相当する色名。ここに示された色票を中心に紫系から黄赤系にいたる高明度・低彩度の色域に及ぶ赤系の色である。この色名はバラの花の色を表すラテン語のRosa、ギリシア語のRhodonに由来する。5世紀以来、バラの女王の祭りは今日まで続いており、中世ではバラは聖母マリアの花として、教会のステンドグラスを彩るバラ窓となった。特に18世紀ブルボン王朝ではバラの栽培がブームとなり、その色であるローズが大流行し、さまざまな色名がつけられた。今日でもローズは、最も甘美な女性らしい色として、愛されている。

001. **ローズ・テ** 紅茶色
Rose thé : Tea rose

ローズ(Rose)はバラの花。テ(Thé)はお茶のこと。それに関連した色名であるが、バラをブレンドした紅茶の総称であり、その明るい色をいう。18世紀、ヨーロッパには数多くのバラ園がつくられ、そこに東洋から数多くのバラの珍種が集められた。その中国から伝来したバラを紅茶にブレンドしたらバラの香りがするところから、ローズ・テ(Rose thé)と呼ばれた。この色名はその紅茶の香りと色に由来している。

002. **ペーシュ** 桃色
Pêche : Peach

ペーシュ(Pêche)は英語のピーチ(Peach)。日本の桃は果実の表皮のピンク色をさすのに対して、フランス色名はやや赤みを帯びた果肉の色をいう。ローズ・ソーモン(Rose saumon)と同様に、フランスでは柔らかく優しい色というイメージがある(『ヨーロッパの色彩』)。フランス語のPêcheが色名になったのは1588年と記録されている。

003. **オロール** 曙色
Aurore : Dawn glow

ローマ神話の暁の女神アウロラ(Aurora)に由来する。北極に見るオーロラではなく、夜明けの茜色の空の色である。このオロール(Aurore)の色は大気、気象条件などにより、さまざまな色に変化するので、色名にもいろいろな種類がある。初出は18世紀前半のルージュ・オロール(Rouge 〜 1714年)で赤みが強く、オランジュ・オロール(Orange 〜 1766年)は黄赤が強く、ローズ・オロール(Rose 〜 1928年)はピンクみである。

004. **ローズ・ドゥ・マルメゾン** マルメゾンローズ
Rose de Malmaison : Malmaison rose

マルメゾン(Malmaison)はナポレオン皇帝と妃のジョゼフィーヌが居住した館の名前である。バラをこよなく愛したジョゼフィーヌは、この庭園に壮大なバラ園をつくり、内外から数多くのバラを集め、また新種のバラ(スーヴニール・ドゥ・マルメゾン)の開発にも力を注いだ。このバラの花色を記念するかのように、このローズ・ドゥ・マルメゾン(Rose 〜)の色名がつくられたのであろう。

005. ローズ・ソーモン サーモンピンク
Rose saumon : Salmon pink

鮭の生身の肉に由来する色名で、別にソーモン（Saumon）という色名もあり、こちらは、やや赤みが濃い色である。20世紀初頭まで、鮭は養殖ではなかったから、もっと赤みをしていたという。色名のローズ・ソーモン（Rose saumon）は1760年頃に現れており、フランスではソーモンは良い印象を与える言葉として使用され、シックな色に属すると考えられている（『ヨーロッパの色彩』）。

006. オルセーユ リトマスピンク
Orseille : Litmus pink

オルセーユ（Orseille）色素といわれる。「リトマスゴケ」などのさまざまな地衣類からとれる赤紫色の染料のこと。理科の実験で使うリトマス試験紙は、もとはこのリトマスゴケの色素を抽出して作ったものである。古くから色材として使われており、リトマスゴケは地中海沿岸の波ぎわの岩から採取された。15世紀にアクキ貝から採取される貝紫が消滅した後は赤の代替染料として使われた。

007. カロット ニンジン色
Carotte : Carrot

野菜のカロット（Carotte）はニンジンのことである。フランス産のニンジンはβ-カロチンを豊富に含み、オレンジみの強い色をしている。色名としても中世から使われていたが、良いイメージではない。ジュール・ルナールの小説『にんじん』（Poil de Carotte 1894年）には、赤毛の主人公が描かれ、その負のイメージを伝えている。同意語にルー（Roux 赤毛）がある。

008. グリ・ドゥ・ラン 亜麻色
Gris de lin : Flax

ラン（Lin）は繊維素材の亜麻のこと。グリ・ドゥ・ラン（Gris de 〜）は、その関連の色名で「亜麻色」の意味になる。薄いベージュ色で、繊維の色合いや髪の色を表すときに使われる。フランスの作曲家ドビュッシーの「亜麻色の髪の乙女」は La Fille aux Cheveux de Lin である。下着を意味するランジュリー（Lingerie）も、この言葉に由来する。同意語にエクリュ（Écru）がある。

009. ヴェルミヨン 鮮紅色
Vermillon : Vermillon

ヴェルミヨン（Vermillon）は鮮紅色を表すフランス色名である。ラテン語のミミズなどの幼虫を表す Vermiculus に由来しており、カイガラ虫のケルメス[83]から生まれた色であることを裏づけている。古くから赤い頬や赤い花を表す色名として頻繁に使われた。18 世紀頃、水銀と硫黄から、この色に似た人工のヴェルミヨンが作られ、今日まで絵具の名前になっている。英色名のバーミリオン（Vermillon）は 1289 年に登場している。

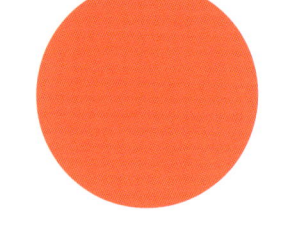

010. トマト トマト色
Tomate : Tomato

トマト（Tomate）の熟した果実の鮮やかな赤。原産地は南アメリカのペルー。新大陸発見とともに 16 世紀のヨーロッパに伝えられた。Tomato はメキシコのアズテクの民族の言葉 Tomatl が、やがてスペイン語の Tomate に変化したものとされている。16 世紀にイタリアで食用果実として人気を集め広まった。1891 年に色名として記録されている。ルージュ・トマト（Rouge 〜）という表現もある。

011. コラーユ　サンゴ色
Corail : Coral red

コラーユ（Corail）はサンゴ類の水生小動物よって作られるサンゴのこと。ギリシア語の Korallion に由来する。地中海沿岸では赤サンゴが多かったというので、この色名も、赤みの強い色になっている。英色名のコーラル・レッド（Coral red）に相当する。中世ではサンゴは魔除けのお守りに使われていたため、色名になったのも古く1513年といわれている。英色名にコーラル・ピンク（Coral pink）という色名があるが、仏色名には見当たらない。

012. ヴィウー・ローズ　オールド・ローズ
Vieux rose : Old rose

フランス語のヴィウー（Vieux）は「年をとった」「古い」の意味。つまりヴィウー・ローズ（Vieux Rose）で年をとった古いバラ色で、英色名のオールド・ローズ（Old rose）に相当する。色めとしてはくすんだバラ色である。むしろ古くなったバラの花をイメージする言葉として生まれたものであろう。色名としては1892年に登場し、流行った色といわれているから、名前ほどには古い色名ではない。

013. マンダリーヌ みかん色
Mandarine : Mandarin orange

本来、マンダリーヌ(Mandarine)は中国清朝の官吏をさす言葉であった。一説には官吏の服色に由来する説もあるが、それがなぜか中国伝来の柑橘類の果実をさす言葉となって、さらに、その中国産のみかんの表皮のオレンジ色を表す色名となった(1883年)。オレンジを強調したオランジュ・マンダリーヌ(Orange～)、赤みの強いルージュ・マンダリーヌ(Rouge～)の色名がある。

014. ゴブラン 小悪魔ゴブランの赤
Gobelin : Goblin scarlet

ゴブラン(Gobelin)とは、『カラーアトラス』によれば、ギリシア語で「いたずら好きの悪鬼」を意味するKobalosに由来するという。やがて中世フランス語のGobelinとなった。民間伝承では、国によって恰好は小人から人間の丈までさまざまであるが、いずれもゴブラン・スカーレット色の赤い三角帽子を被っている。『メルツ＆ポール』でも色名として紹介されている。

015. ガランス 茜染めの赤
Garance : Madder red

ガランス(Garance)はフランス語で茜染めの赤のことで、英語のマダー・レッド(Madder red)に相当する。ローマ時代からノルマンディー地方などで、染色職人が茜から赤を得たことが知られている。19世紀初頭、国王シャルル10世は、兵士に茜染めの赤いラシャのズボンの着用を命じたため、フランス軍の赤いズボンは軍隊全体に広まった。色名としては約1000年頃に登場する。

016. ルージュ・ドゥ・ブールジュ ブールジュ大聖堂の赤
Rouge de Bourges : Bourges red

ブールジュ(Bourges)はフランス中央部のサントル地域圏内の都市。このルージュ・ドゥ・ブールジュ(Rouge de Bourges)の色名は、その地に所在するサン・テチエンヌ大聖堂(1255年建立、ゴシック様式の代表的建物)のステンドグラスの鮮やかな赤色をさす。「シャルトルの青」、「サン・ドニの青」などと並び称されるステンドグラスの色である。

017. コクリコ　ヒナゲシの赤
Coquelicot : Poppy red

コクリコ（Coquelicot）はケシ科の植物ヒナゲシの花のこと。ヒナゲシの花色には、白、紫、赤、黄などあるが、そのうちの鮮やかな赤色をさす。この花はギリシア神話にも登場し、豊穣、多産の象徴として畏敬された。色名としては 1795 年に誕生している。同義語のフランス語の色名にポンソー（Ponceau）がある。

018. エカルラート　スカーレット
Écarlate : Scarlet

エカルラート（Écarlate）は「緋色」「真紅」の意味をもつフランス色名である。元来は、昆虫から得られる天然染料ケルメスで染められた織物を表すペルシア語の Saqirlât、アラビヤ語の Siquillâte に由来する言葉で、中世ヨーロッパではこの色で染められた深紅の毛織物をさしていた。深紅を表すフランス語の色名には 1160 年頃になり、さらに 1250 年頃、英語の色名スカーレット（Scarlet）になった。

019. グール　紋章の赤
Gueules : Red

グール（Gueules）は中世の紋章に用いられた鮮やかな赤である。ヨーロッパ、またフランスでも最もよく使われた色であり、畏敬を集めた紋章の色である。例えば白地に赤い双頭の鷲のニース伯爵家の紋章、赤地に 2 頭の金獅子を配したノルマンディー公の紋章、赤地に白のフリュード・リュスのリール市の紋章、赤地に白の帆掛け舟と青地に白の百合の花を配したパリ市の紋章などさまざまである。

020. シナーブル　辰砂の赤
Cinabre : Cinnabar

最古の鉱物顔料のひとつである辰砂（赤色硫化水銀）の赤色。有史以前から中国、エジプトなど、よく知られていた。古代ローマ時代にはスペイン・アルマデン産の辰砂が有名であり、ポンペイ壁画の赤などに使われている。このシナーブル（Cinabre）の名はラテン語の Cinnabaris に由来する。中世には広く流布した赤色顔料になり、1289 年には色名として知られている。

021. グルナディーヌ ザクロシロップの色
Grenadine : Grenadine

グルナディーヌ(Grenadine)は「ザクロ」、「ザクロシロップ」のこと。ザクロ科の落葉小高木で、白、赤橙の花を咲かせる。ザクロの果実の外皮は淡い黄色または紫みの赤であり、中の小さな種子は白色、淡い紅色、濃いピンク色を呈している。色名のグルナディーヌは、この果実や種子で作ったシロップの赤い色をさす。別に赤が濃いルージュ・グルナディーヌ(Rouge 〜)がある。

022. カメリヤ 椿のピンク
Camélia : Camellia pink

カメリヤ(Camélia)は、椿の花の色に似た赤を表す色名である。1639 年にイエズス会修道士のカメルが東洋から持ち帰った花であり、カメルの名がつけられた。1848 年、小デュマが悲恋小説の『椿姫』(La Dame Aux Camélias)を書き、1853 年に作曲家ヴェルディがそれをオペラ化して、椿は世紀末に人気の花となった。色名は 1899 年のことである。

023. フラゴナール 画家フラゴナールのピンク
Fragonard : Fragonard pink

18 世紀ロココを代表する雅宴画家ジャン H.フラゴナール(Jean H. Fragonard 1732 〜 1806 年)に由来する色名。彼は同時代のブーシェ、ヴァトーと同様に、華麗で優美な女性美を精緻に描いた。特に代表作『ブランコ』(1767 年)、『恋のなりゆき：恋人の戴冠』(1772 年)に表現された美しいピンク色は、フラゴナール独特の色といわれている。『メルツ＆ポール』に記載されている色名である。

024. ルージュ・ドゥ・パルク・ドゥ・ラ・ヴィレット ヴィレット公園の赤
Rouge de Parc de la Villette : Parc de la Villette red

パルク・ドゥ・ラ・ヴィレット(Parc de la Villette)は、パリ 19 区の外側に造られた市民公園。1989 年、フランス革命 200 年を記念して、建築家のベルナール・チュミ(Bernard Tschumi)によって建設された。チュミはかつて屠殺場であった土地の記憶を念頭におき、広大な公園の各所に赤いフォーリー(あずまや)を造り、公園の特色とした。色名はその建物の濃い赤を表している。

025. ルージュ・エクルヴィス　ザリガニの赤
Rouge écrevisse : Crayfish red

エクルヴィス（Écrevisse）はザリガニのこと。フランス料理のひとつで、ザリガニを茹であげたときの殻の色である。Écrevisse 単独でも用いられるが、ルージュ・エクルヴィス（Rouge〜）はそれより赤みが強い色をいう。色名としては 1789 年が初出である。クルヴェット（Crevette）と比較すると、全体に茶みが強い色であり、わが国の明治時代の女学生の袴色として流行した「海老茶」色に似ている。

026. クルヴェット　小海老の赤
Crevette : Shrimp red

クルヴェット（Crevette）はフランス語で食用の「小エビ」のこと。フランス人はエビ、カニ、ザリガニなどの甲殻類を好んで食べるが、それぞれ色名にも表現されている。この色は、小エビを茹であげたときのピンクみの赤い色をさしている。これら甲殻類の色名は、いずれも 1839 年頃に誕生したという。

027. マリー・アントワネット　王妃マリー・アントワネットのピンク
Marie Antoinette : Marie Antoinette

マリー・アントワネット（Marie Antoinette 1755〜1793 年）はブルボン王朝のルイ 16 世の皇帝妃のこと。オーストリア・ハプスブルグ家の出自で、政略結婚でフランス王朝に嫁した。ルイ王朝末期を飾る華やかな存在として、民衆の怒りを買い、フランス革命によって捕えられ斬首された。ルイ王朝では、衣裳のみならず、家具、陶磁器などにピンク色が流行したが、その頂点にいた王妃を象徴する色として、この色名が誕生したのであろう。『メルツ & ポール』に記載されている色名である。

028. ルージュ・ドゥ・ムーラン・ルージュ
ムーラン・ルージュの赤
Rouge de Moulin Rouge : Moulin Rouge red

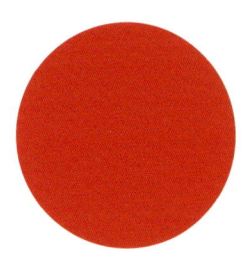

ムーラン・ルージュ（Moulin Rouge）は「赤い風車」という意味で、1889 年に誕生したパリ・モンマルトルにあるキャバレーのこと。屋根に大きな赤い風車がついており、「カンカン踊り」やレビューによって、ベル・エポックから現代に至るパリの夜の観光名所になっている。画家のアンリ・ロートレックが、ここに通い詰め、ダンサーや歌手をモデルに、数多くのポスターを描いたことで有名である。その風車の濃い赤色をいう。

029. キュイーヴル 銅色
Cuivré : Copper red

金、銀とならぶ三大貨幣金属のひとつといわれる銅（Cuivre キュイーヴル）のフランス語の形容詞であり、その色名である。地中海のキプロス島から産し、ラテン語で Cuprium と称したのが語源といわれている。日本語で銅は赤金といわれているように、色は基本的には赤銅色であるが、他に青銅、黄銅などがある。当然、色名としても古く 1590 年に登場している。

030. ルージュ・ディオール ディオールの赤
Rouge Dior : Dior Red

クリスチャン・ディオール（Christian Dior 1905 〜 1957 年）は、第 2 次世界大戦直後の 1947 年「ニュールック」を発表し、パリ・オートクチュールの粋を集めた華麗なデザインで、一躍、代表的なデザイナーとなった。1954 年にアルファベットラインを発表、55 年の A ラインドレスに使用した鮮やかで深い赤は、ルージュ・ディオール（Rouge Dior）として、今日まで伝えられている。

031. ナカラ・ドゥ・ブール 山羊の毛を染めた橙色
Nacarat de bourre : Goat orange

ナカラ・ドゥ・ブール（Nacarat de bourre）は山羊の毛を染めた橙色のこと。『考古学用語辞典』（1887 年）や『メルツ＆ポール』（2 版 1950 年）にともに記載されているところをみると、よく知られた色名であったのだろう。山羊の毛を 3 日間、茜染めした後、カリウムの溶剤で定着させ、橙色のさまざまな色調を表現した。ただ手間の割には色が褪せやすく、品質的には劣るものであった。

032. カルディナル 枢機卿の赤
Cardinal : Cardinal red

カルディナル（Cardinal）は「枢機卿」のことで、教皇に次ぐキリスト教の高位聖職者である。その枢機卿が着用する法衣と帽子の鮮やかな赤をいう。枢機卿の起源は 5 世紀に始まるが、1295 年に教皇ボニファチオ 8 世が最初に赤い服を着たといわれている。最初は貝紫で染めていたが、貝紫が消滅したので、1467 年教皇パウルス 2 世は、以後コチニールで染めることを決めたという。色名は 1698 年に記録されている。

033. ルージュ・オークル 赤褐色
Rouge ocre : Red ocher

ルージュ・オークル(Rouge ocre)はジョーヌ・オークル(Jaune ～)と同様に有史以前から用いられた天然顔料の赤褐色である。酸化鉄(ギリシア語の血を意味するヘマタイト)を含んだオーカー土である。最古の例は 35 万年前に遡るといわれているが、BC1 万 5000 年頃のラスコーやアルタミラの洞窟画にも見られ、プロヴァンスのルシヨン、ニエーヴル地方では、今でも産出されている。

034. マロカン モロッコの赤
Marocain : Moroccan red

マロカン(Marocain)は「モロッコの」「～人の」の意味のフランス語。20 世紀初頭、モロッコはフランスの保護領であり、フランス人の郷愁を誘う異邦の地であった。色名としては、モロッコ人の健康な赤みの肌色を表している。ロマン派の画家ドラクロアはモロッコを訪れ、モロッコ赤を使った『アルジェの女たち』(1934 年)をはじめ、数多くの作品を描き、当時の画壇に衝撃を与えた。

035. コニャック コニャックの黄色
Cognac : Cognac

コニャック(Cognac)とは、フランス南西部に位置するコニャック地方でも、定められた 6 つの栽培地区の葡萄による白ワインで造られたものだけをそのように呼ぶ。原料の葡萄品種の多くはユニ・ブラン、2 段階の蒸留の後に生み出されるオー・ド・ヴィー(原酒)は、天然オーク樽の中で熟成させることで、無色透明の液体が琥珀色へと変わっていく。色名としては 1928 年に登場している。

036. テール・ドゥ・シエーヌ 顔料バーントシェンナの茶色
Terre de Sienne : Burnt Sienna

シエーヌ(Sienne)はイタリアのトスカーナ地方の都市シエナ(Siena)のこと。テール・ドゥ・シエーヌ(Terre de Sienne)は、このシエナの土を焼成して作った黒みを帯びた黄褐色の天然顔料で、人類が最も古くから用いた天然顔料のひとつである。中世以後はこの色合いをもつ代表的な絵具名のひとつとして用いられている。自然の土のものをテール・ドゥ・シエーヌ・ナテュレル(～naturelle)といい、焼成した黒みの濃い色をテール・ドゥ・シエーヌ・ブリュレ(～ brulée)という。

037. ルージュ・ドゥ・サン 血の赤
Rouge de sang : Blood red

ルージュ・ドゥ・サン（Rouge de sang）は文字どおり人の血の色である。当然、この色は古代人が見た最初の色であり、最古の色名のひとつである。人類が初めて赤（Rouge）の概念をつくり上げた色であろう。伝説的には美の女神ヴィーナスの血の色といわれている。『考古学用語事典』（1887年）の色名の項には、ルージュ・サン・ドゥ・ブフ（Rouge sang de bœuf 牛の血の赤）というのがある。人間の血と牛の血とどう違うのであろうか。フランス人は面白い色名をつけるものである。

038. アルジル 粘土色
Argile : Clay

アルジル（Argile）は陶土や粘土を表す言葉の総称である。フランスではプロヴァンスやブルゴーニュ、リムーザン、アルマニャック地域から、色合いの異なるさまざまな陶土や粘土が産出される。それらは建物の屋根や外壁、陶器の素材として使われており、その色合いもオフホワイトから濃いレンガ色までさまざまである。本書では、この色票のようにやや青みを帯びた赤褐色を採用している。

039. ルーイユ 錆色
Rouille : Rust

錆のことをフランス語でルーイユ（Rouille）といい、英語ではラスト（Rust）という。いずれも鉄の表面が酸素と湿度の影響を受けてできる赤錆色のことでもある。酸化第二鉄を含むため、黄みによったり、赤みによったりする。Red に対するサンスクリット語のRude、ラテン語の Rubigo に関係があるといわれる。1590年頃、色名として記録されている。

040. ブラン・ヴァン・ダイク バン・ダイク・ブラウン
Brun van Dyck : Van Dyck brown

アンソニス・ヴァン・ダイク（Anthonis van Dyke 1599〜1641年）は17世紀フランドルの代表的な画家。歴史的題材と肖像画で名声を博した。彼は、当時、炭鉱から採掘される腐食土質の褐炭から不純物を取り除き精製した茶褐色の絵具を駆使して、彼独特の暗褐色の画風を表現した。1850年にその絵具に彼の名が付き、ブラン・ヴァン・ダイク（Brun 〜）となった。この絵具は油彩画の定番になっている。

041. グミエ フランス軍隊の服の茶色
Goumier : Goumier brown

グミエ（Goumier）はフランス支配下のモロッコ及びアルジェリアにおけるフランス軍の傭兵部隊（外人部隊）の名称のこと。その歩兵たちが着ていた地味な戦闘服の茶色のことをさしている。フランス人の正規軍とは異なり、1912 〜 1956 年までフランスの保護領だったモロッコ人や、アルジェリア人、スーダン人などで組織される軍服の色であった。

042. グルナ 宝石のガーネットの赤紫
Grenat : Garnet

宝石のガーネット（Garnet）で、ザクロ石のことである。色は無色、黄、褐色、緑、黒などさまざまであるが、フランス色名グルナ（Grenat）では濃い紫みの色を表している。赤みの濃い色ルージュ・グルナ（Rouge 〜）、ブラン・グルナ（Brun 〜）の色名がある。英色名は 1905 年に初出。形や色がザクロに似ているところから、ラテン語のザクロの実 Granatum に由来する。

043. ネーフル 西洋カリンの実の色
Nèfle : Quince

ネーフル（Nèfle）はバラ科の落葉高木である西洋カリンのこと。そのカリンの未熟な実は表面に褐色の綿状の毛が密集する。だだ、成熟した果実は、その毛が取れて黄色の表皮になる。色名としてのネーフルは、未熟なときの茶褐色をさす色名である。3 月から 5 月にかけて白やピンク色の花を咲かせ、果実は砂糖漬けやカリン酒などの原料になる。

044. ルートル 川獺の毛皮の茶色
Loutre : Otter brown

ルートル (Loutre) はフランス語で川獺のこと。川獺はネコ目、イタチ科カワウソ亜科に属する哺乳動物の総称。古くからその毛皮が衣服に用いられていた。英雄詩「ニーベルンゲンの歌」では主人公ジークフリートは常に川獺の狩猟服を着ていた。19世紀末には英色名のオッター (Otter) とともに色名となったが、ルートルの方がやや濃い灰みの茶色である。

045. ビストレ 煤色
Bistre : Soot brown

フランス語の Bistre (ビストレ) は「煤」、「錆色」のこと。樹脂性でない木を燃やしてできた細かい煤を溶剤に溶かしたものである。黒炭と木タールの混合であり、茶褐色をしている。ビスタ絵具といわれ、淡彩画によく用いられている。すでに1503年から色名として使われている。後に同名の英語になり、こちらは1727年である。

Orange Brun

オランジュ オレンジ
Orange : Orange

オランジュ（Orange）は柑橘類の表皮の黄赤色。現在では赤と黄の中間の一般色名[注4]のひとつである。ギリシア神話では、ゼウスがヘラと結婚したときヘラにオレンジを与えたという故事から、西洋ではいまだに花嫁はオレンジの花で囲まれる風習が続いている。フランス人はこの果実の色から黄金（Or）を連想し、Orange というスペルにしたという説もある。鮮やかなオレンジ色をタンゴと結びつけたオランジュ・タンゴ（〜 tango）は流行色になっている。

ブラン 茶色
Brun : Brown

ブラン（Brun）は色票に示されるような低明度・低彩度の濃い黄赤系を範囲とする色名である。最古の色名のひとつであって、アングロ・サクソン語の Burnen に由来するといわれている。『ヨーロッパの色彩』によれば、フランス人はマロン（Marron）と同様に、この色が糞を連想させる色だとして使わなくなっており、現在では、この色を表現するのにカラメル（Caramel）、ショコラ（Chocolat）などを使った方がよいと勧めている。

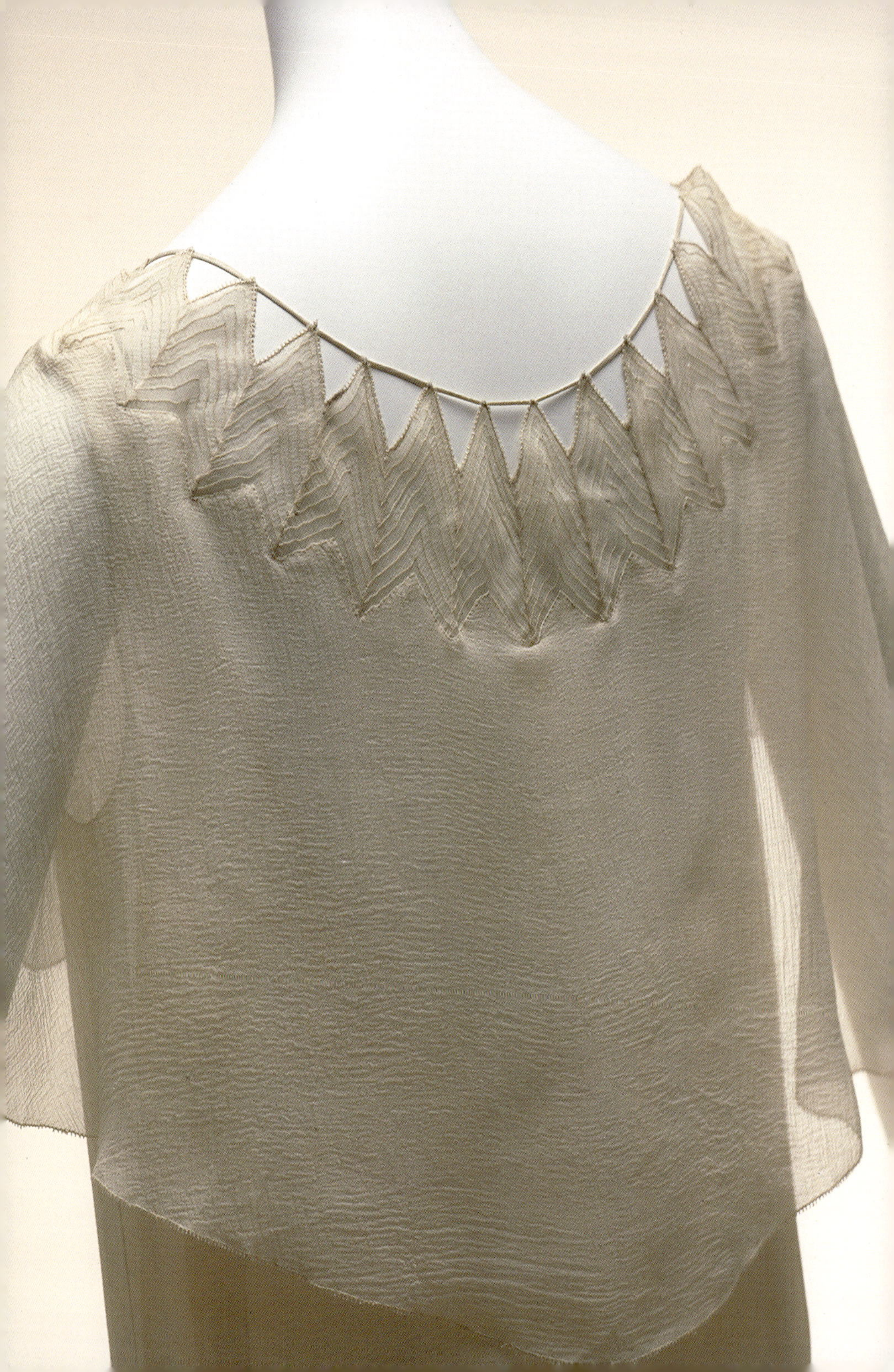

046. フォー・ブラン　オフ・ホワイト
Faux blanc : Off white

フォー・ブラン(Faux blanc)は「偽りの白」の意味。英語のオフ・ホワイト(Off white)に相当する色名である。ほとんど白であるが、多少、黄みや青み、赤みなどの色みを含んだ白をいう。フランスでは王の白(Blanc de Roi)をはじめとして畏敬された色であるが、20世紀前半、モダンデザインの発展の過程で、さまざまな色みの白が生まれ、流行色名になった。

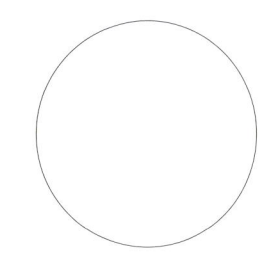

047. シェール　肌色
Chair : Flesh pink

シェール(Chair)は「肉」、「肌色」、「肉色」などの意味である。フランス語には「肉色」を表すアンカルナ(Incarnat)という言葉もあり、こちらは「淡紅色の」、「とき色の」の意味をもっており、この色はローズ・シェール(Rose 〜)と同じニュアンスの色と思われる。いずれにせよ、18世紀以降、キュイス・ドゥ・ナンフ(Cuisse de Nymphe)などの肌色を表す色名が登場してきたとき、生まれてきた色名であろう。

048. ベージュ・シャネル　シャネルベージュ
Beige Chanel : Chanel beige

20世紀を代表するファッション・デザイナーのガブリエル・シャネル(Gabrielle Chanel 1883〜1971年)に由来する色。シャネルは、1920年代にマリーン・ルックや黒のミニドレス、ジャージの使用など革新的なデザインを次々と発表し、20年代ファッションを牽引した。彼女は、ベージュを使うことが多かったので、「ベージュの女王」との異名をとった。

049. ベージュ　ベージュ
Beige : Beige

ベージュ(Beige)とは、中世フランスにおける未漂白、未染色の天然の毛織物をさす形容詞フランス語の「Beige」に由来する。13世紀にはその用語の使用が確認されているが、一般的には普及せず、むしろ黄色と呼ばれていた。『カラーアトラス』には1887年以後に、薄い茶色を表す色名として使われ始めたと記述されている。エクリュ(Écru)と同様な色合いの慣用色名である。

CAT I DRÔME
Abricot
-Bergeron-
4,50 € /kg
1 barquette =>

050. ベルランゴ お菓子のボンボンの黄
Berlingot : Berlingot

ベルランゴ(Berlingot)はフランス菓子の一種で、キャラメルボンボンといわれるもの。ボンボンは、砂糖、チョコレートなどで外皮を固め、中にブランデー、ウイスキー、果実などを包んだフランス伝統の糖菓である。ベルランゴはキャラメルを外皮にして包んだものだから、全体にキャラメル色の黄褐色をしている。

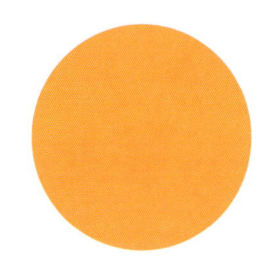

051. ムロン メロン
Melon : Melon

アフリカ、中東を原産地とするウリ科の一年生草本植物。ラテン語の Melo、ギリシア語の Melopepon に由来する。古くから、その果実は食用に供せられている。色名のムロン(Melon)は、一般的にはその果皮の薄い緑色(Vert～)をさすが、別に果肉の黄みのオレンジ色(Jaune～)をいうこともある。色名としては1773年に記録されている。

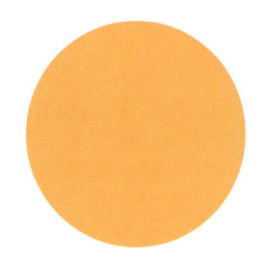

052. カピュシーヌ キンレンカの花の橙色
Capucine : Nasturtium orange

カピュシーヌ(Capucine)は南米原産のノウゼンハレン科の一年草キンレンカ(金蓮花)のこと。観賞用やハーブとして食用にするために栽培されている。フランス語のカピュシーヌはその花の明るい黄赤色の色名である。赤みによったルージュ・カピュシーヌ(Rouge～)や黄みによったジョーヌ・カピュシーヌ(Jaune～)などがある。英語ではナスターシャム・オレンジ(Nasturtium orange)という色名である。

053. アブリコ アプリコット
Abricot : Apricot

アブリコ(Abricot)は中国原産のバラ科サクラ属の低木に実る果実。わが国では杏として知られている。その果実の表皮の黄赤色である。語源は「果実が早く実る」ことを意味するラテン語の Praecox に由来するという。西洋に紹介されたのは近世であり、色名は1851年とされている。英語の色名アプリコット(Apricot)に相当する。

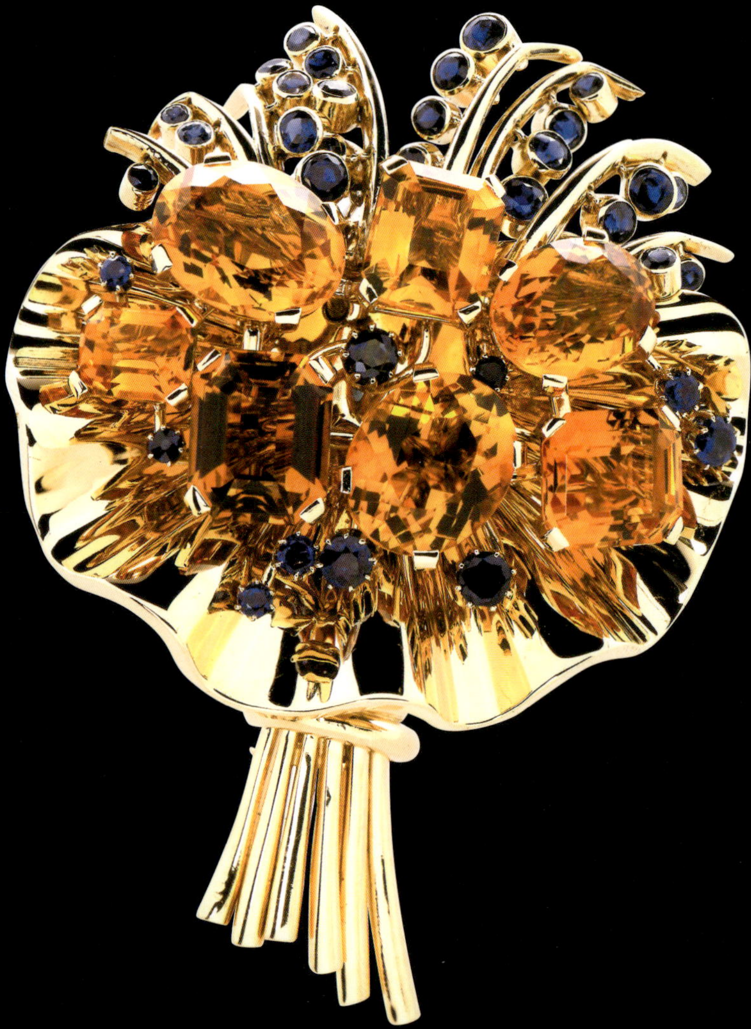

054. オランジュ・タンゴ オレンジ
Orange tango : Tango orange

鮮やかなオレンジ色を表す色名である。「日常的によく使われる慣用色名でありながら、その由来はわからない」(『色彩―色材の文化史―』フランソワ・ドラマール他著)という。60年代にタンゴが流行したときにオレンジが流行して結びついた。またタンゴ・カクテルが流行し、それに由来するとか、鮮やかなオレンジ色がタンゴのリズムと合致するなど諸説がある。

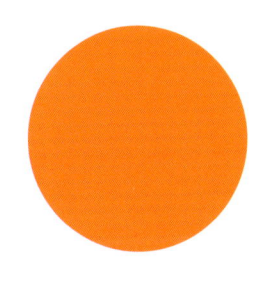

055. ルー 赤毛色
Roux : Russet brown

ルー(Roux)は赤毛を意味するフランス語である。キリスト教の伝承によれば、キリストを裏切った弟子のユダは赤毛であったとされ、中世以来、赤毛には負のイメージがある。モンゴメリーの『赤毛のアン』やルナールの『にんじん』にも、それは表れている。このRouxの女性形のRousseに指小辞のetが付き、英語のRussetという色名が生まれている(1562年)。

056. マイース トウモロコシの色
Maïs : Maize

マイース(Maïs)はトウモロコシのこと。イネ科の一年生植物で、中南米が原産といわれ、15世紀に始まる大航海時代にヨーロッパに伝わった。ハイチ島民のMahizが語源といわれている。その果実は人間の食料や家畜の飼料として利用されており、色名としては仏色名が早く、英色名としては1861年に登場する。トウモロコシの柔らかい黄色をさしている。英色名ではメイズ(Maize)である。

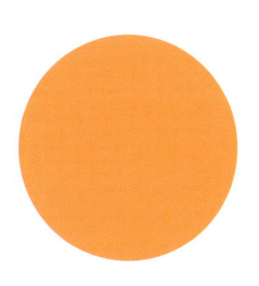

057. トパーズ 宝石のトパーズ色
Topaze : Topaz

トパーズ(Topaze)は宝石の黄玉石の色。普通は鈍いオレンジ色であるが、青、ローズ、無色透明のものもある。ギリシア語のTopazosに由来している。キリスト教の智天使ケルビム(Chérubin＝知恵)を象徴したため、知恵、叡智のシンボルとして、中世には哲学者や学生が身に付けたという。そのためか1572年には色名として使われている。

058. ブロン ブロンド
Blond : Blond

ブロン(Blond)は「金髪の」、「金褐色の」と同時に「金髪の人」の意味もある。語源は古ゲルマン語のBhludaから派出しているから、明らかにゲルマン人のような金髪を意味していると思われる。1080年フランス語のBlondとなった。赤毛(Roux)とは異なり、ブロンには「金」に通ずる畏敬の念があり、西洋人でも金髪に対して憧れをもっている。『トリスタンとイズー』では、金髪のイズーといわれている。

059. シャモワ カモシカの皮の茶褐色
Chamois : Chamois

シャモワ(Chamois)はフランス語で、シャモア属のカモシカの皮のこと。及びその黄褐色の色であった(1387年)。普通、カモシカは灰色、茶色など、さまざまな色があり、この黄褐色はシャモア属に多い。現在では、カモシカに限らず、一般に精製して作られたなめし革の色名になっている。英色名もフランス語をそのまま導入してシャモワ(Chamois)である。

060. **マスティック**　パテの黄灰色
Mastic : Putty

マスティック（Mastic）はフランス語で接着剤のこと。今は少なくなっているが、窓枠にガラスを固定させたり、模型を接着させるために用いる接着剤で、石膏を亜麻仁油で練ったものである。色は黄みや灰みを帯びたオフグレイで、一見、粘土色と似ている。英語ではパテ（Putty）といわれ、1889年に色名に記録されている。

061. **ビスキュイ**　ビスケット
Biscuit : Biscuit

ビスキュイ（Biscuit）には「ビスケット」のほかに、「乾パン」などの意味がある。ラテン語の Biscoctus に由来するフランス語で、Bis は「2度」、Cuit は「焼く」の意味である。15世紀ヨーロッパでは、船旅、軍隊用の携帯食であった。後にお菓子にもなったが、色名としてはお菓子のビスケットのくすんだ黄色系の色をさしている。これも、フランス独自の色名で、英色名の、ビスケット色はもう少し薄い色をさしている。

43

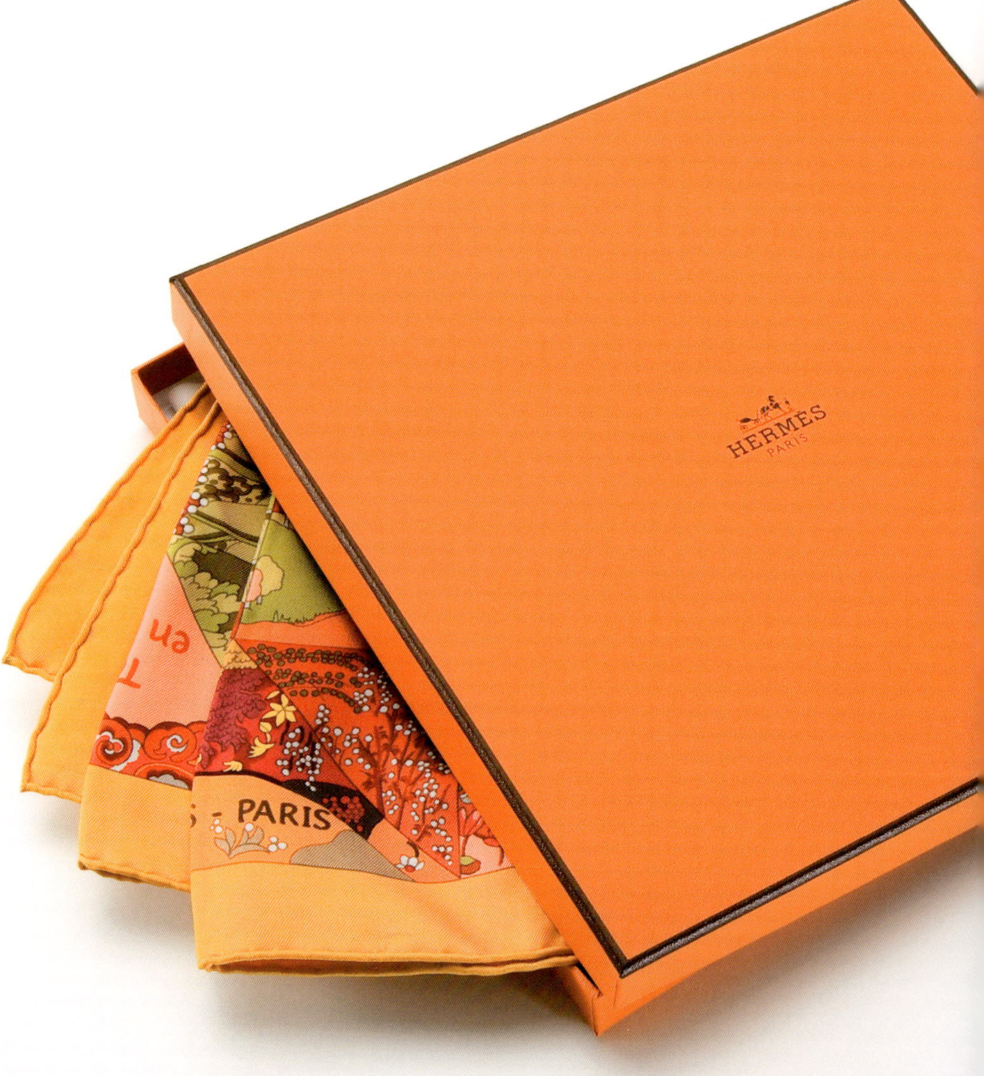
HERMÈS
PARIS
- PARIS

062. グレージュ　グレージュ
Grège : Grege

グレージュ(Grège)はフランス語由来の色名である。やはりフランス語から生まれたベージュ(Beige)が未漂白、未染色の毛織物から生まれたやや黄みがかった灰色をさすのに対し、グレージュは同じ未加工でも灰みの強い織物(絹織物の説もある)の色をさしている。1679年に生まれたフランス色名であり、そのまま1928年には英色名としても使われている。

063. ピマン　ピーマン
Piment : Pepper red

ピマン(Piment)は、フランス語で唐辛子のこと。ナス科の一年生草、およびその果実をさしている。未成熟のものは緑色をしているが、成熟すると赤や黄色に変色する。わが国のピーマンは同じ唐辛子でも異なる品種でほとんど鮮やかな緑色をしているが、フランスのピマンは、鮮やかな赤色である。ピマン・ルージュ(〜Rouge)という色名もある。英色名のペパー・レッド(Pepper red)に相当する。

064. オランジュ・エルメス　エルメスのオレンジ
Orange Hermès : Hermès orange

エルメス(Hermès)は1837年に馬具工房として創業した世界的なファッション・メゾンのこと。そのエルメスのパッケージに使用されている鮮やかなオレンジ色をいう。第2次世界大戦後の物資が不足していたとき、もともとベージュ色のパッケージ紙を使っていたが、それも払底してしまい、残ったオレンジ色の紙を使った。戦後、紙の色を決めるに際し、その鮮やかな色の印象が忘れられないということで、正式にエルメスの包装紙の色となった。

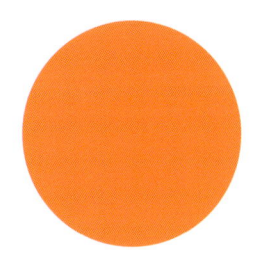

065. フォーブ　野獣の毛のような黄褐色
Fauve : Fauve

フォーブ(Fauve)は「黄褐色の」の意で四足獣の体毛の色を表している。すでに色名として14世紀には使われていたが、その色合いからあまりよいイメージではなかった。Fauveが有名になったのは1905年パリのサロンに出品された原色調の作品群を、ある評論家が「まるで野獣(Fauve)がほえている」といって、野獣派(Fauvisme)が誕生したからである。Fauveは、黄褐色よりも野獣派を想起させる言葉である。

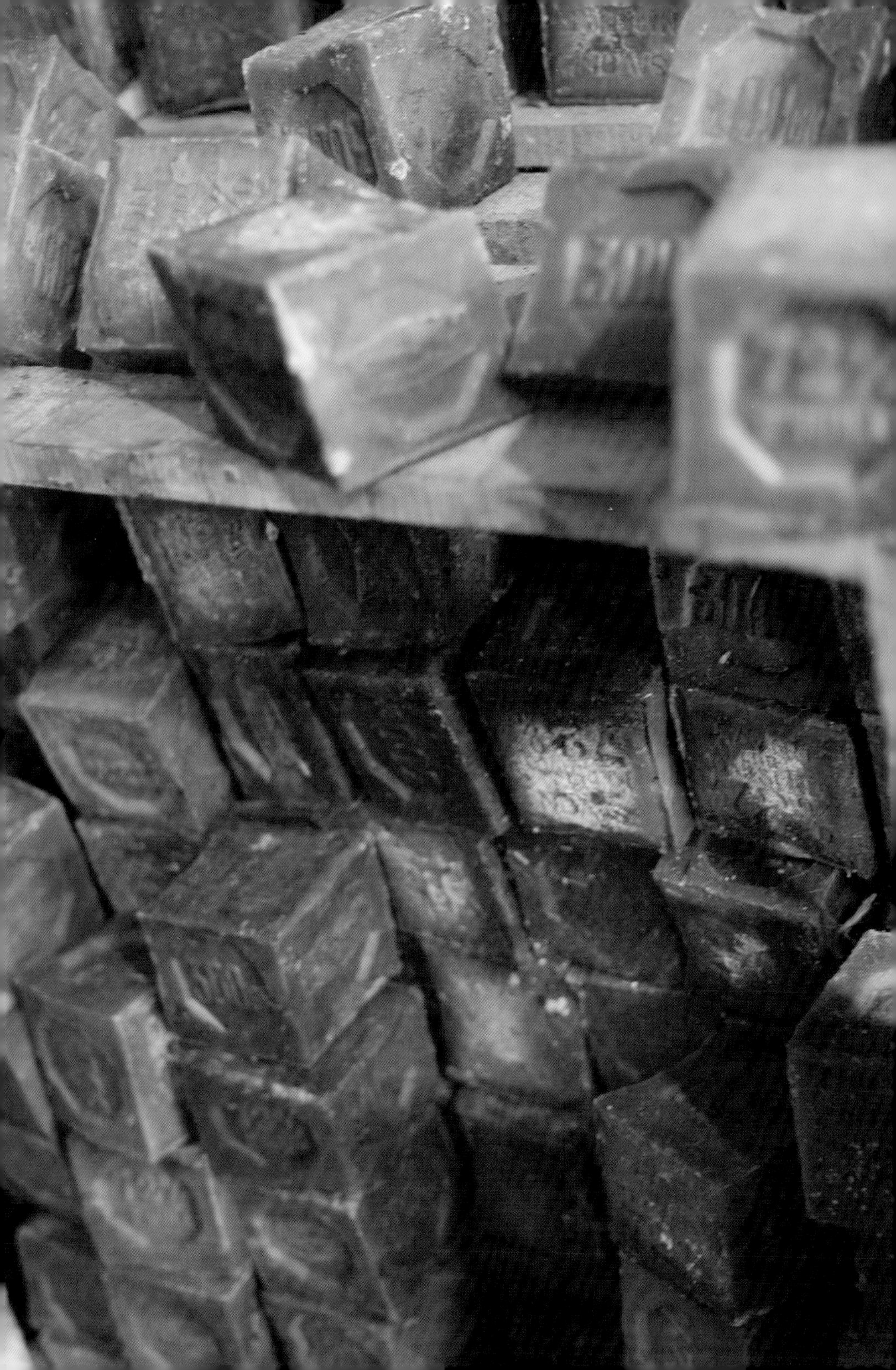

066. オークル・ジョーヌ 黄土色
Ocre jaune : Yellow ocher

酸化第二鉄を含む土の色で、有史以前から用いられた黄土色の天然の顔料。BC1万5000年頃のフランスの国境にあるラスコーの洞窟画にもすでに使われており、またプロヴァンス地方の先史時代の11の遺跡からも発見されている。色名として1349年に使われており、フランス産のオークル・ジョーヌ（Ocre jaune）が最も美しい黄土色の顔料だといわれている。

067. ヌガー お菓子のヌガーの色
Nougat : Nougat

ヌガー（Nougat）はフランス伝統の菓子のひとつ。砂糖とキャラメルを低温で煮詰め、アーモンドやドライフルーツを混ぜて、低温で固めたソフト・キャンディー。1870年にヌガーで有名なモンテリマールの市長となり、後にフランス大統領にまでなったエミール・ルーベは外交の手土産として各地に配ったそうである。色名としては1925年に登場する（『カラーアトラス』）。

068. フー 火の色
Feu : Fire red

フー（Feu）は「火」、「焚き火」、「火事」の意味。色名としては、その火のように黄みの鮮やかな赤をさす。人類が火を扱うようになって見た最古の色であろう。色名としても古く、1382年には登場している。同意語に「炎」を表すフラーム（Flamme）があり、この色もフーと同様に、黄みの鮮やかな赤をさしている。いずれも英色名のファイア・レッド（Fire red）、フレイム・レッド（Flame red）に対応する。

069. ジョーヌ・ダンブル 琥珀色
Jaune d'ambre : Amber yellow

アンブル（Ambre）は琥珀の意味。琥珀とは、木の樹脂（ヤニ）が地中に埋没し、長い年月により化石化したものである。美しい透明な黄褐色をしており、古くから宝石として愛好されている。フランス語のAmbreはアラビア語のAnbarに由来するという。色名としてのジョーヌ・ダンブル（Jaune d'ambre）は1500年頃、誕生している（『カラーアトラス』）。今ではウイスキーの色としてよく使われている。

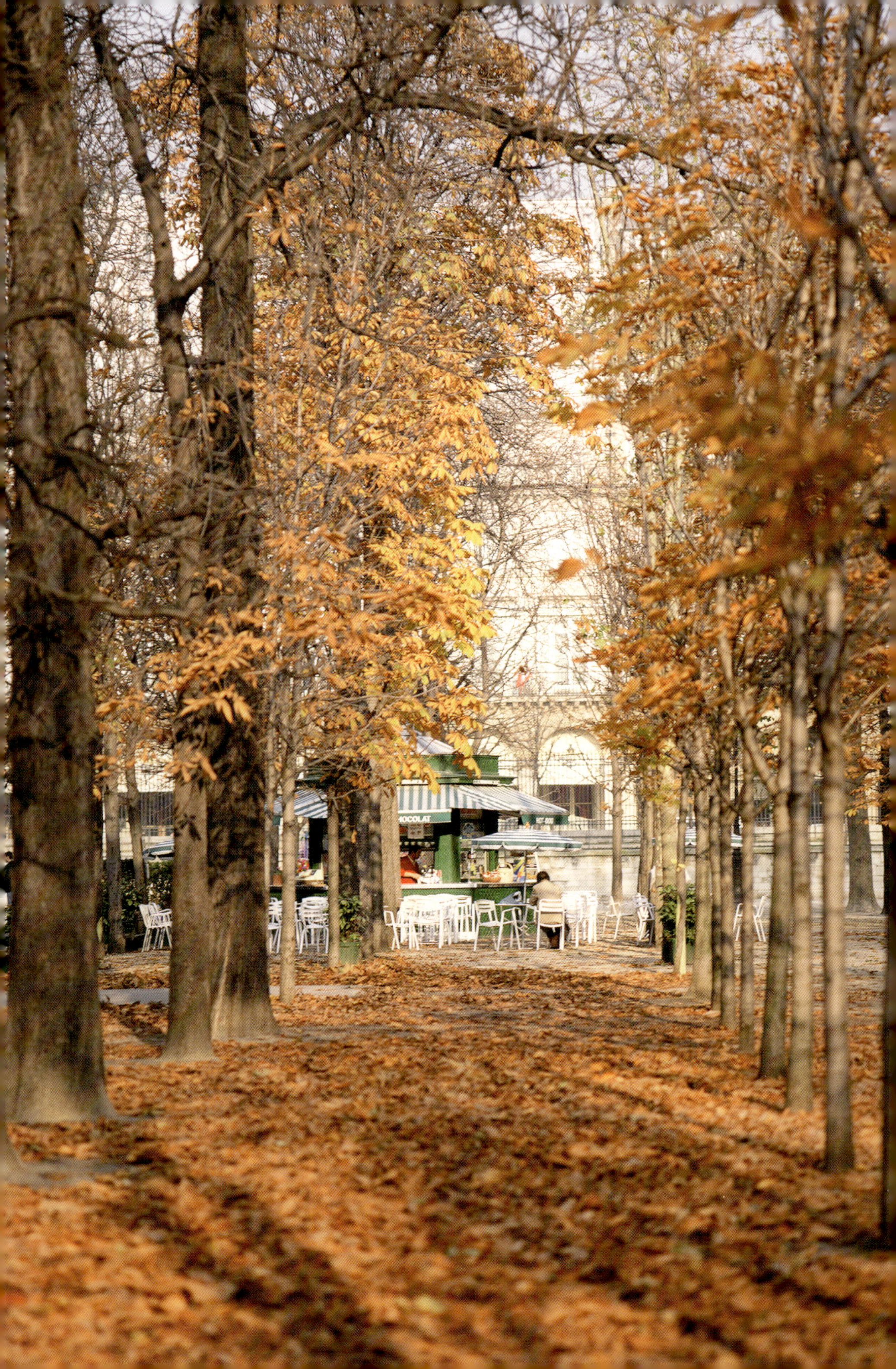

070. ティスィヤン　画家ティスィヤンの色
Titien : Titian red

ヴェネチア派を代表する Titian（Tiziano Vecellio 1476 〜 1576 年）が好んで使用した赤色絵具。わが国ではティツィアーノとして知られている。色彩画家の名に相応しく華麗な色彩を駆使した数々の名作を残した。特に『昇天のマリア』（1518 年頃）、『聖愛と俗愛』（1514 年頃）で使用された赤は、ティツィアーノの特徴をよく表している。フランス語の色名ティスィヤン（Titien）は少し明るい色をさしている（1869 年）。

071. カフェ・クレーム　葉巻の茶色
Café crème : Café crèam

カフェ・クレーム（Café Crème）は、オランダのヘンリーウィンターマンズ社が発売する葉巻のブランドのこと。古くからのベストセラー商品で、普及品シガリロブランドとして、世界 100 カ国以上で発売されている。色名としては葉巻の明るい茶色をさし、パッケージにもその色が用いられている。パッケージ別に、このほかに、明るいブルーのカフェ・クレーム・ブルー（〜 Bleu）、黒いカフェ・クレーム・ノワール（〜 Noir）がある。なお、クリーム入りのコーヒー色も Café crèam という。

072. フーイユ・モルト　枯葉色
Feuilles mortes : Autumn leaf

落葉色を意味する英語の Autumn leaf に相当するフランス語の色名。『カラーアトラス』によれば、英語の色名が 1892 年に初出であるのに対して、フランス語のフーイユ・モルト（Feuilles mortes）は、それより早く 1640 年に色名として用いられている。フランスの象徴詩人ヴェルレーヌの「落葉」や 1950 年代のイヴ・モンタンのシャンソンの名曲「枯葉」（Les Feuilles mortes）が懐かしく思い出される。

073. タンヌ　なめし革の茶褐色
Tanne : Tan

タンヌ（Tanne）は、皮をなめして得られる渋色の茶褐色である。いわゆるタンニン色で、色名としては 15 世紀にフランス語で書かれた『色彩の紋章』に出ているので、相当古い色である。『カラーアトラス』では、初出は 1590 年と記している。この色は、中世では悲しみの色、喪の色といわれ、黒、黄、菫色と同様に喪服の色に使われている。

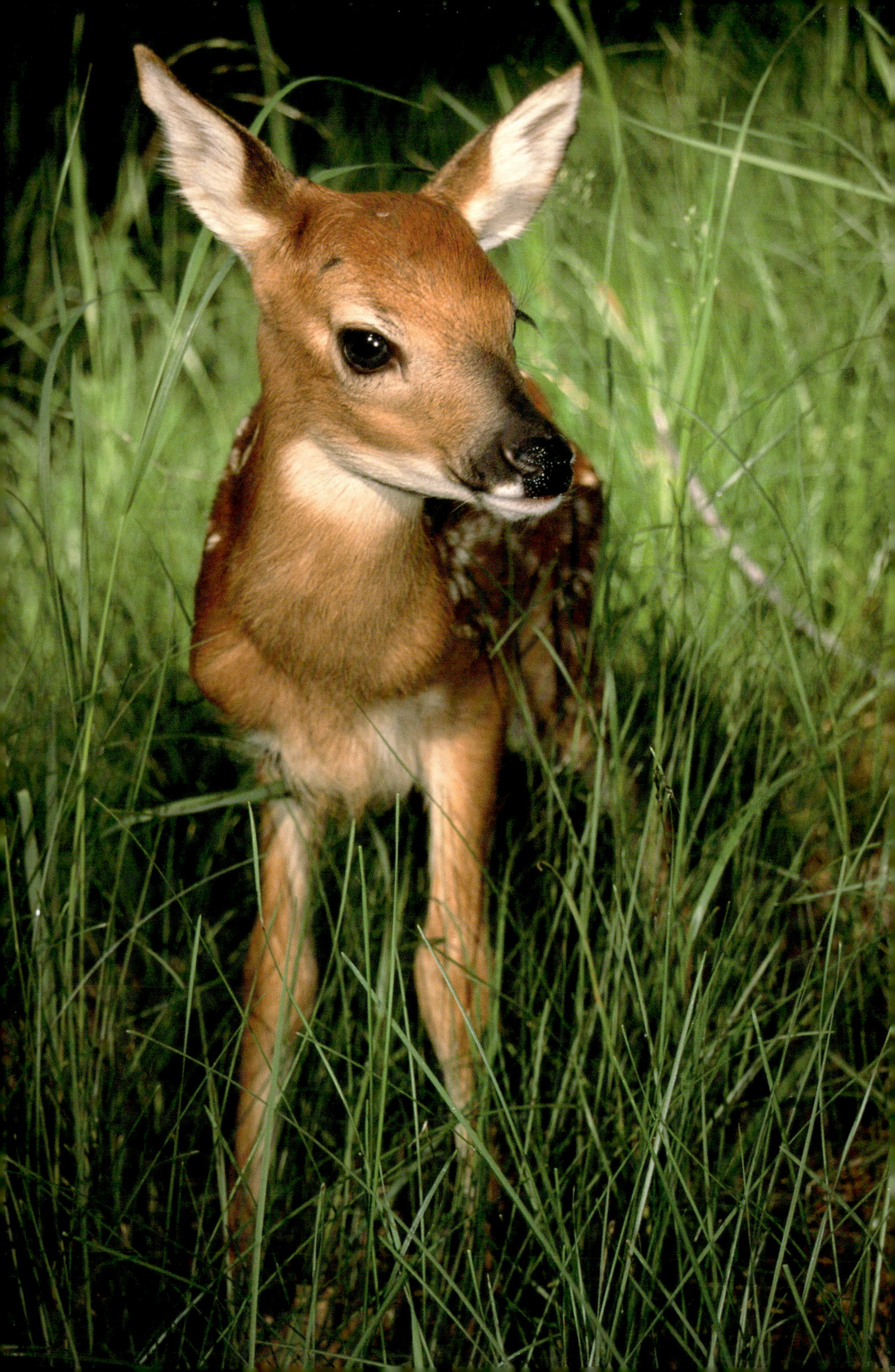

074. ブラン・ファン　小鹿色
Brun faon : Fawn brown

ファン(Faon)は「小鹿」の体毛の鈍い灰みの茶色を表すフランス語の色名である。英色名ではフォーン(Fawn)で1789年に色名として使われている。西洋では鹿は早くから狩りの対象であり、また性欲のシンボルでもあった。ルイ15世には「鹿の園」と呼ばれる有名な娼館があり、鹿のイメージを伝えている。小鹿の体毛はやや灰色みであるが、成長するにしたがって茶色が濃くなっていく。ブラン・ファン(Brun〜)という色である。

075. ノワゼット　熟したハシバミの実の色
Noisette : Hazelnut

ノワゼット(Noisette)は、熟したハシバミ(榛)の実の色。西洋ではハシバミは古くから太女神(Great Goddess)に関連し、神聖な木のひとつと考えられ、知識や知恵の象徴であった。またこの実から食用油が採取されたので、色名としても古くから現れており、特にフランス語のノワゼットは1280年に登場している。英色名はHazelnut(ヘイゼルナッツ)で、こちらの方は1592年からである。

076. ポワル・ドゥ・シャモー　ラクダ色
Poil de chameau : Camel

ポワル・ドゥ・シャモー(Poil de chameau)は、ラクダの体毛のこと。そのソフトな黄色のことをいう。英語色名のキャメル・ヘア(Camel hair)に相当する。ラクダは古代からシルクロードやアフリカ大陸で知られた動物であるが、多くのヨーロッパ人が直接、見るようになったのは20世紀に入ってからのことであると思われる。したがって、この色名は1923年に登場する。

077. ブリック　レンガ色
Brique : Brick red

ブリック(Brique)は「レンガ」のこと。またその平均的な色をさす赤みの強い色名である。西洋ではレンガは有史以前に使われていた記録があるから、その色も古くから知られていたに違いない。1656年にはラテン語でLatericius(赤レンガ色)の色名があり、1667年には英語のBrick Redが生まれている。レンガは土質や焼成の具合によって、赤みにも黄みにも変化する。

51

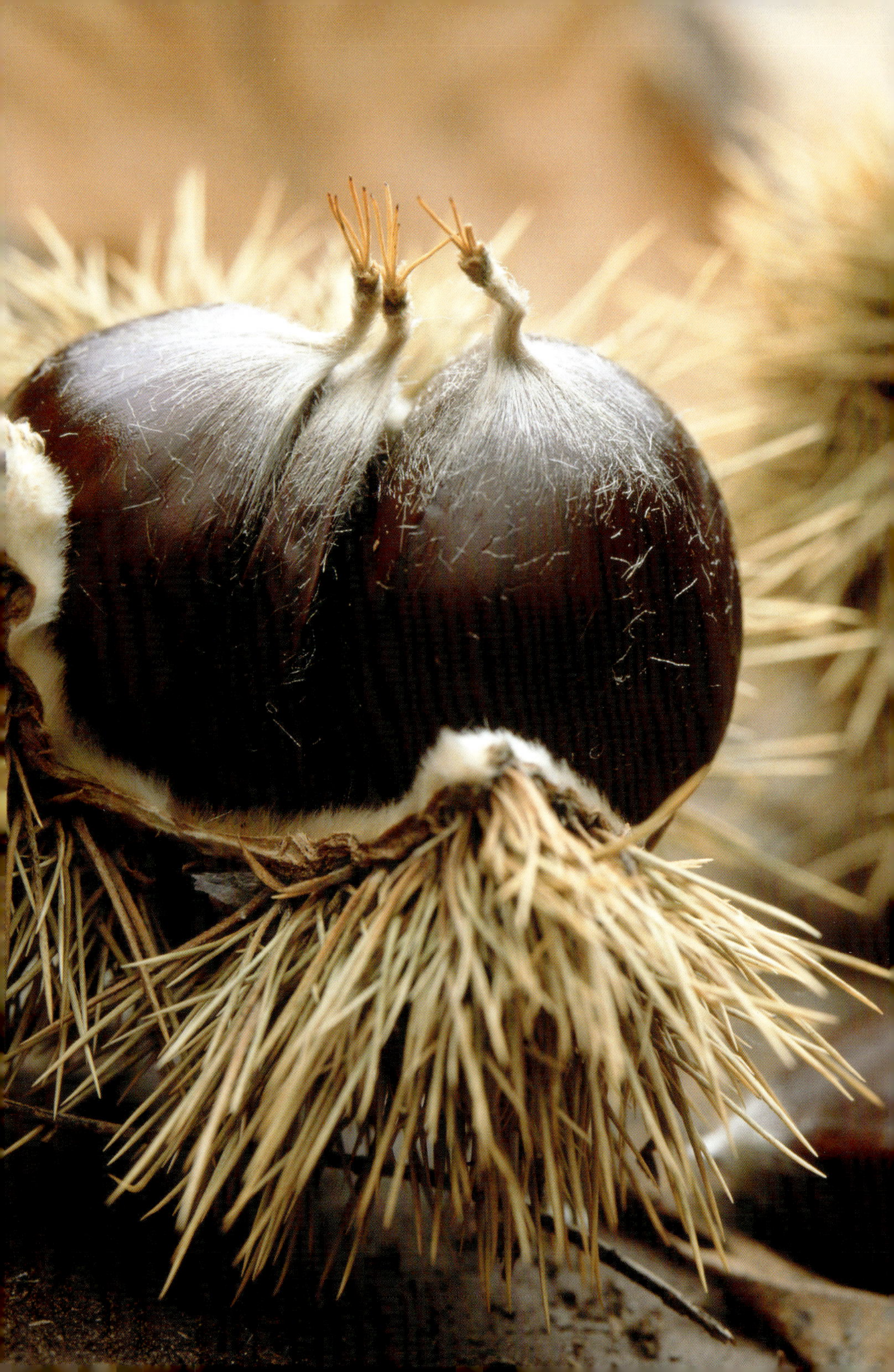

078. エネ ヘンナ
Henné : Henna

エネ(Henné)は、原産地をインドとし、西南アジアから北アフリカに自生するミソハギ科の低木植物。アラビア語の Hinna に由来する。旧約聖書にも記載されているほど、古くから枝、葉、実とも香料、化粧品、特に爪のマニキュアやボディーペインティング、髪染めの染毛料として用いられてきた。色名としては、そのエネの葉で作られた濃い茶の色素をさしている。色名としても比較的古く1613年に登場している。英色名のヘンナ(Henna)に相当する。

079. モルドレ 金茶色
Mordoré : Brown gold

モルドレ(Mordoré)は「海老茶色」、「赤褐色」の意味であるが、『ヨーロッパの色彩』には、「金のつやのある茶色」と解説されている。和色名でいえば「金茶色」に相当する色であろう。『メルツ＆ポール』にも記載され、古くから知られた色名であり、赤茶系(マロン系)の色を嫌うフランス色名の中でも、比較的、好感をもたれている色名といわれている。

080. シャテーニュ 栗色
Châtaigne : Chestnut

わが国で栗といえばマロン(Marron)を連想するが、フランスではむしろシャテーニュ(Châtaigne)の方が知られている。この言葉はマロンより早く、16世紀頃出現したとの記録があるが、その語源は不明である。シャテーニュは、食用の栗の一種で、マロンより実が一回りも大きく、しかも栄養価が高く、舌触りが良いといわれている。色名としてもマロンが赤みの強い茶色に対して、シャテーニュは、黄みの強い灰みの茶色である。別に「栗色の」、「褐色の」の意味をもつシャタン(Chatain)という色名もある。

081. テール・キュイット テラコッタ
Terre cuite : Terracotta

テール(Terre)は土。キュイット(Cuite)は「焼いた」の意味。つまり、鉄の酸化物を含む「焼いた土」の意味であるが、そのようにして作った茶褐色の天然顔料をさす言葉の総称である。元来は、イタリア語のテラコッタ(Terracotta)に由来し、素焼きの土器を表す言葉であったが、現在では、上記のような広義に用いられている。最古の色のひとつであり、1882年に一般色名になっている。

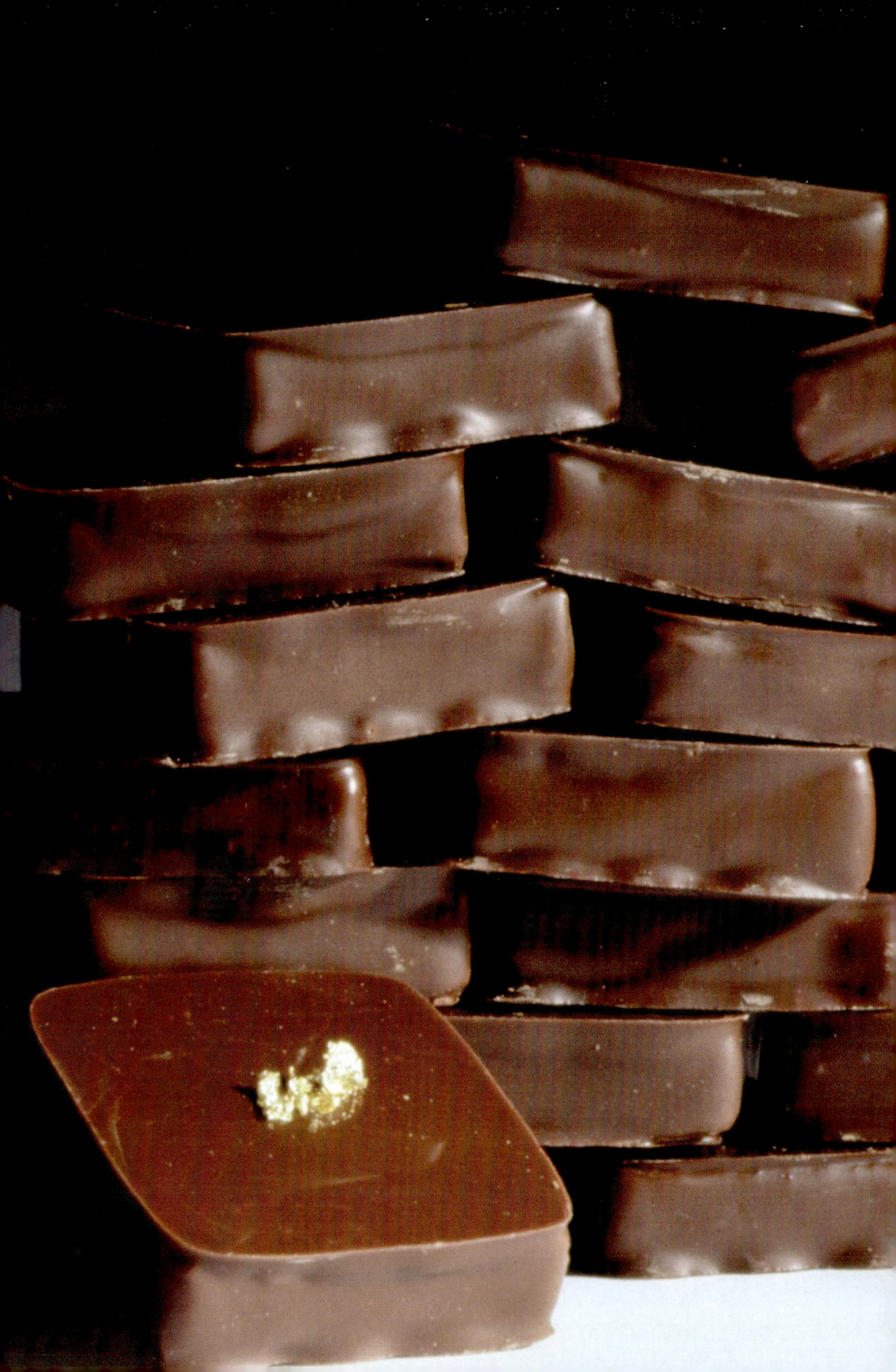

082. ショコラ チョコレート
Chocolat : Chocolate

ショコラ(Chocolat)は南米原産のカカオマス(Cocoa mass)に砂糖、カカオバターを混ぜて練り固めたお菓子。その濃い茶色をさす色名。1661年、ルイ14世がスペイン王女マリー・テレーズと結婚したとき、スペインからもたらされ、次第に普及した。比較的明るい茶色のブラン・ショコラ(Brun 〜)という色名もある。英色名のチョコレート(Chocolate)は1737年に登場する。

083. カネル 肉桂色
Cannelle : Cinnamon

カネル(Cannelle)は、主にインドやセイロン島に生育するクスノキ科の常緑樹の名。またその樹皮から作られる香辛料の名。粉末状または棒状で濃い黄褐色をしている。原産地は中国南部あるいはベトナムあたりといわれている。世界最古のスパイスのひとつといわれ、古代エジプト、古代ギリシアですでに使われ始めた。ラテン語のCannaに由来している。英語のCinnamonに近いCinnamome(シナモーム)という仏色名もある。

084. トープ モグラの毛の色
Taupe : Taupe

トープ(Taupe)はフランス語で「もぐら」のこと。色名もそのフランス語に由来して、体毛の灰褐色を表している。すでに1800年頃には色名として使われている。もぐらは、民間伝承では「死」を意味しているから、この色もあまり縁起のよい色ではないと思われる。英語では「モール」(Mole)といい、関連して「モール・スキン」(Mole skin)という色名がある。

085. シャタン 栗毛色
Chatain : Chestnut

　シャタン(Chatain)は「栗色の」、「栗色の髪の」の意味のフランス語。関連語に「栗の実」を表すシャテーニュ(Châtaigne)があり、ブラン・シャテーニュ(Brun 〜)でその栗の実の濃い茶色をさす。ラテン語の栗を表すCastaneaに由来する語で、16世紀に登場した。シャタンは特に栗毛色を表すときに用いられている。フランスでは、不人気なマロンより、栗色を表すときには、しばしばこのシャタン、またはブラン・シャテーニュが用いられる。

086. アカジュー マホガニー色
Acajou : Mahogany

フランス語のアカジュー（Acajou）は木材のマホガニー及びその色の茶褐色のこと。マホガニー（Mahogany）の木は Swietenia mahagoni といい、西インド語に起源があるとされている。この色は、色みの幅が広く、赤みによったルージュ・アカジュー（Rouge ～）、濃い茶色のブラン・アカジュー（Brun ～）、黄みによったジョーヌ・アカジュー（Jaune ～）など、さまざまな色合いがある。

087. カフェ コーヒー
Café : Coffee

カフェ（Café）は、コーヒー豆の色ではなく、コーヒーの種子を煎って粉にしたものを煮出した飲み物のこと。その濃い茶色の色である。ミルクを入れたカフェ・オレ（Café au lait）、クリームを入れたカフェ・クレーム（Café crème）、モカコーヒー豆を使ったモカ（Moca）など、さまざまな色合いになる。カフェが色名になったのは 1695 年だから、古くから知られた色名である。

088. ピュス 蚤の色
Puce : Puce

ピュス（Puce）は蚤（のみ）のこと。この蚤の表皮の濃い茶色を表す色名である。18 世紀フランスでは、菫色や紫の流行が終わると、蚤の細かな濃淡の名前のついた色が流行色となった。その色名は、蚤の頭（Tête de ～）、蚤の背中（Dos de ～）、蚤の腹（Ventre de ～）、蚤の腿（Cuisse de ～）など、実際にはほとんど区別のつかない名前が流行した。

089. マロン 栗
Marron : Maroon

フランス語の栗色マロン（Marron）は 1789 年に栗の実の赤みの茶色を表す色名として登場している。最近では茶（Brun）より、頻繁に使われている。しかし、フランスでは、この「マロン」が糞の形を連想させることから、文章などでは使うのは穏当ではないとされ、アカジュー（Acajou）、ショコラ（Chocolat）などを勧めている（パストゥロー）。焦げ茶を表すときはブラン・マロン（Brun ～）という。

Jaune

ジョーヌ 黄色
Jaune : Yellow

ジョーヌ(Jaune)は黄色。この色票に代表される色を基準とした基本色彩語のひとつである。有史以前の洞窟画にも、この色の系統色である黄土色(Ocre jaune)が使われている。ラテン語のGalbinusからローマン語Gablen、フランス語のJauneに派生したといわれている。だが、中世からこの色はキリストを裏切ったユダの着衣の色として、ユダヤ人の色、裏切り者の色という烙印を負って、長い間嫌われる色となった。現代はそのような呪術性から解放されて、ツール・ド・フランスの優勝者のマイヨ・ジョーヌ(Maillot jaune)の色として、賞賛を集めている。

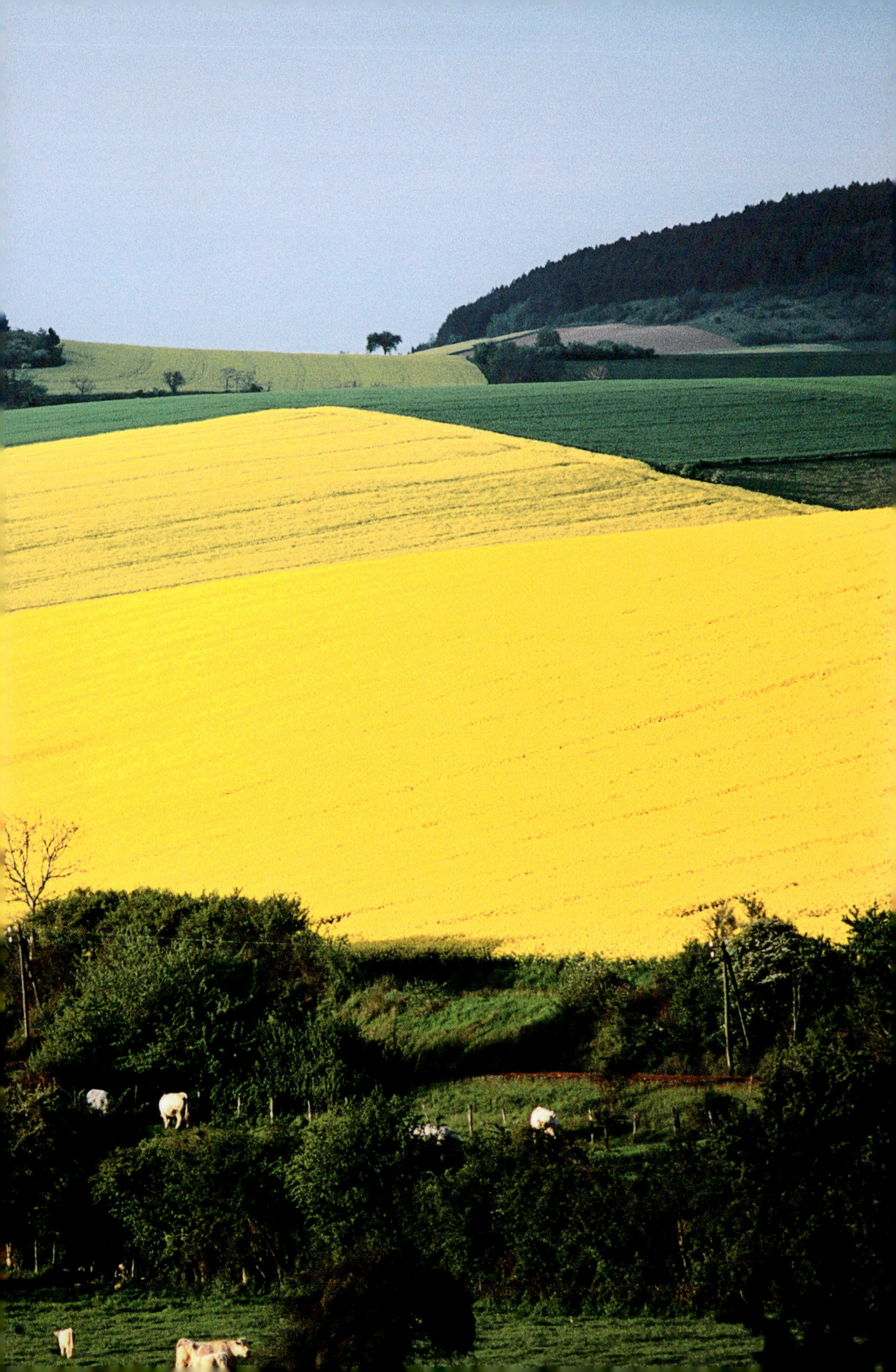

090. ジョンキーユ 黄水仙の黄
Jonquille : Jonquil yellow

ジョンキーユ(Jonquille)はスイセン属ヒガンバナ科の花で、春先に黄色や白い花を咲かせる。その黄色い花のイメージの色名である。1775年セーヴル王立陶器製作所で、この色の釉薬が開発された。またジョーヌ・ナルスイス(Jaune narcisse)という色名もある。これは、ギリシア神話の美少年ナルキッソスが泉に映った自分の顔に焦がれ死して、その後にスイセンの花が咲いたという話に由来している。

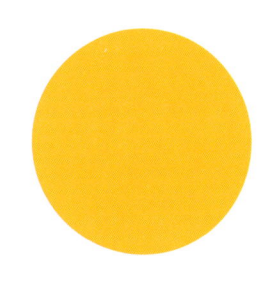

091. ジョーヌ・プランタン 春の黄
Jaune printemps : Spring yellow

プランタン(Printemps)は「春」の意味。ヨーロッパの人々は長い冬が終わる春の訪れを一日千秋の思いで待っている。春になると黄水仙をはじめとして、菜の花、エニシダ、タンポポ、マリーゴールド、チューリップなどの黄色い花が咲き始め、黄色い絨毯をつくりあげる。この色名のジョーヌ・プランタン(Jaune〜)は、ゴッホやマティス、そしてシャガールなどの多くの画家が憧れたプロヴァンス地方の黄色い花の絨毯をさす色名である。

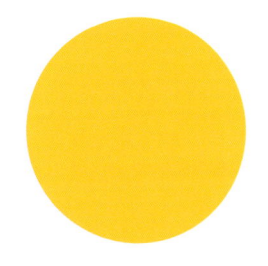

092. クレーム クリーム
Créme : Cream

クレーム(Créme)は、原則的には牛乳の成分から作られた脂肪とたんぱく質が濃縮した流動的な液体のこと。嗜好品のコーヒーに入れたり、お菓子に添えたりして、その使い方はさまざまである。英語のクリーム(Cream)と同様に、淡い黄白をした色である。色名としては1500年頃登場している。これに似た色としてヴァニーユ(Vanille)という色名もある。

093. ヴァニーユ バニラ
Vanille : Vanilla

ヴァニーユ(Vanille)はラン科ヴァニラ属の蔓性植物。またその果実から抽出した香料のことである。原産地はメキシコ、中央アメリカといわれている。16世紀にスペイン人によってヨーロッパに紹介され、香料として使われるようになった。19世紀半ばにフランス人が独自の栽培法に成功し、アイスクリームをはじめとして、コーヒー、ココアなどに入れられる嗜好品として使われるようになった。色名としては新しく、特にヴァニラ・アイスクリームの色として知られている。

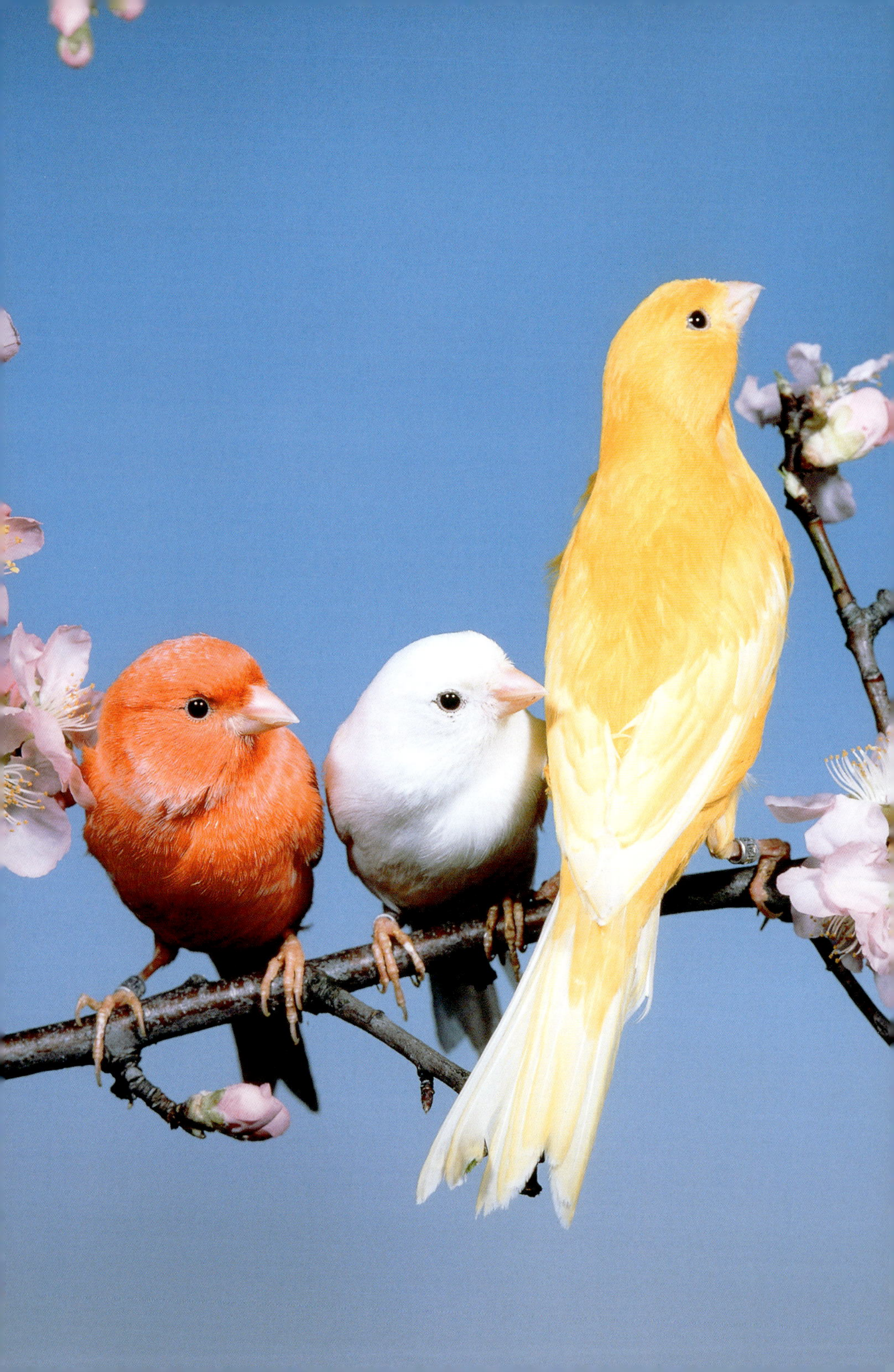

094. ジョーヌ・ブリヤン 黄色の絵具の色
Jaune brillant : Jaune brillant

黄色系の代表的な絵具名のひとつ。英色名ではなく仏色名のJaune brillantの方が使われている。「ナポリの黄」で知られる塩基性アンチモン酸鉛に代わって、オキシ塩化鉛で加工される黄色系絵具ができるようになり、それに輝くばかりの鮮やかな黄色を意味するジョーヌ・ブリヤン（Jaune brillant）という名前が与えられた。

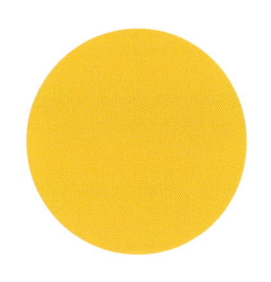

095. ジョーヌ・ミモザ ミモザの黄
Jaune mimosa : Mimosa yellow

ミモザ（Mimosa）はオーストラリア原産のマメ科の常緑高木。俗称、銀葉アカシア、房アカシアなど500以上の種類がある。春先に房状の黄色い花をつける。南フランスでは、2〜3月にかけて春の訪れを祝う「ミモザ祭」が開かれる。葉に刺激を与えると、葉が古代ギリシアのパントマイム劇（フランス語でMime）のように動いて、葉が収縮したりするので、Mimosaという名前がついた。色名としては、そのミモザの花の鮮やかな黄色をジョーヌ・ミモザ（Jaune mimosa）という。1922年に色名として登場する。

096. ジョーヌ・サフラン サフランの黄
Jaune safran : Saffron yellow

アヤメ科のサフラン属の花。学名はクロッカス（Crocus）である。サフラン黄は花の色からではなく、赤や黄などの雌しべの柱頭を乾燥させてつくる。古くから黄色の染料として使われており、ポンペイの壁画にはサフラン染め衣服を着た貴婦人たちが描かれている。アラビア語のZafferanoに由来し、1200年頃にジョーヌ・サフラン（Jaune safran）という色名になった。サフランライスの色でもある。

097. カナリ カナリア色
Canari : Canary yellow

カナリ（Canari）は、アトリ科の小鳥のカナリアのことで、色名としてはそのカナリア鳥の羽根の鮮やかな黄色をさしている。原産地はアフリカ大陸の西北部沿岸に近い大西洋上のカナリア諸島で、そこに生息する鳥を15世紀末にスペイン人がヨーロッパに持ち込み、愛玩鳥として流行した。英語の色名カナリー・イエロー（Canary yellow）は、1789年に登場している。

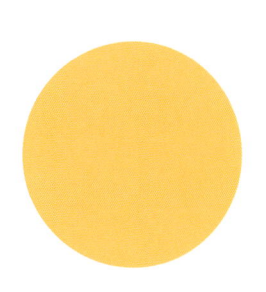

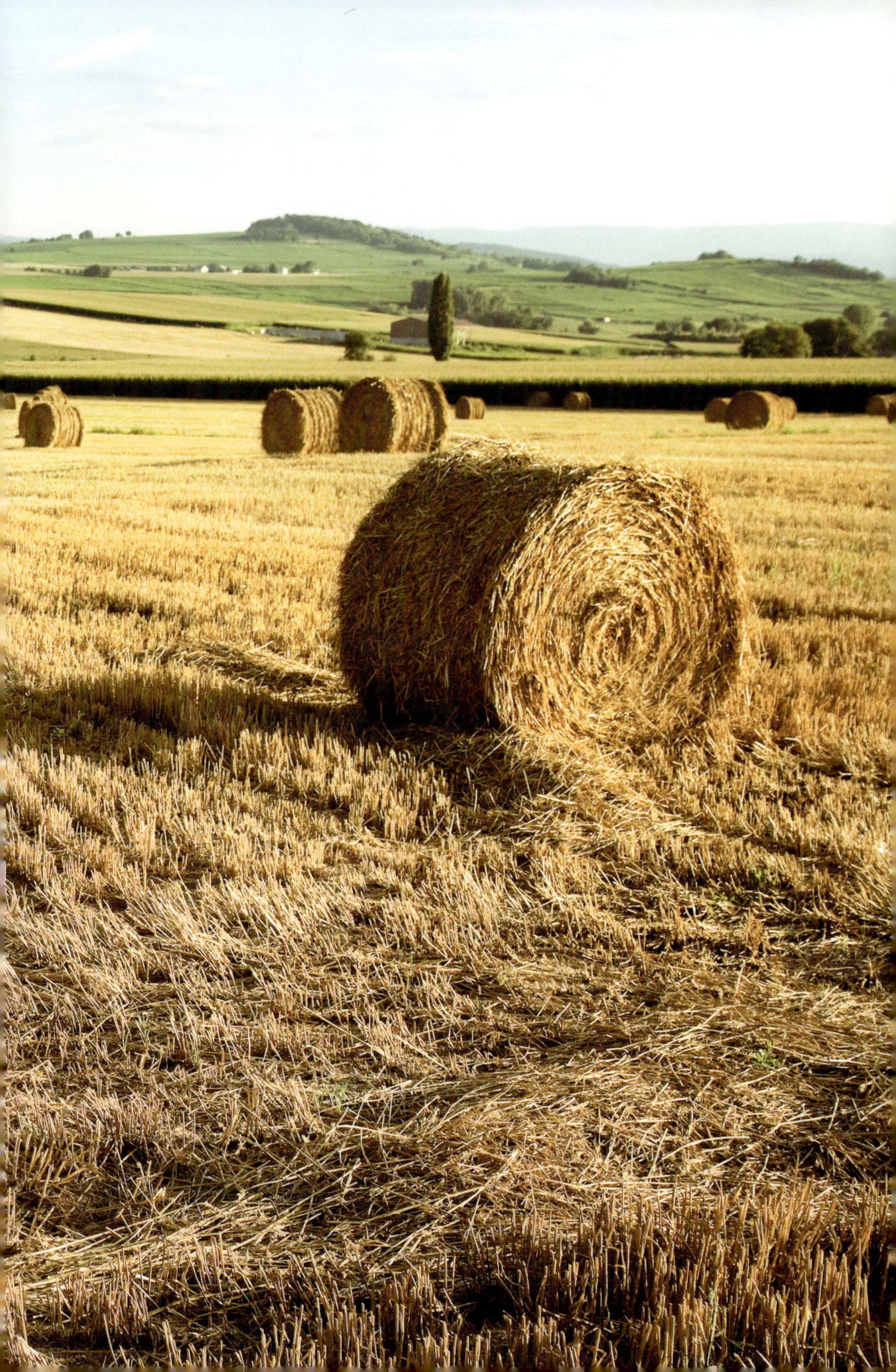

098. ジョーヌ・パーイユ 麦わらの黄
Jaune paille : Straw yellow

パーイユ(Paille)は「わら」、「麦わら」、「麦わら色の」の意味をもつフランス語。ジョーヌ・パーイユ(Jaune～)で、その麦わらや乾草の柔らかい黄色をいう。19世紀中頃、活躍したバルビゾン派のミレー（Jean-François Millet 1814～1875年）や印象派のクロード・モネ（Claude Monet 1840～1926年）の絵に、この色を使った積みわらが写実的に描かれている。

099. ジャスマン ジャスミンの黄
Jasmin : Jasmine yellow

英色名のジャスミン（Jasmine）に相当する花の色。モクセイ科ソケイ属の植物の総称で、白または黄色の花を咲かせる。古くから香水やジャスミン茶の原料として愛好された。特に16世紀以降、フランス南東部のグラースで香水の原材料として大規模に生産されるようになり、人気を集めた。17世紀にはフランスの色名として用いられるようになり、やがて英色名として普及した。黄色を強調してジョーヌ・ジャスマン（Jaune jasmin）としても用いられている。

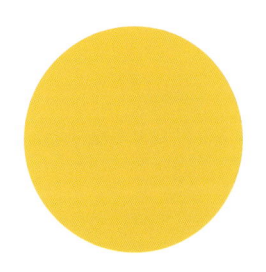

100. ジョーヌ・ドゥ・ナプル ナポリの黄
Jaune de Naples : Naples yellow

古くからイタリアのヴェスヴィオ山から産出された鉛アンチモン化合物の代表的な黄色の鉱物顔料。その土地に因んで「ナポリの黄」といわれた。セラミック顔料としても古いもので、古代バビロニアの陶器にすでに使われていたという。ジョーヌ・ドゥ・クロームが出現するまでは代表的な黄色絵具であった。現在はニッケルとアンチモンの酸化物から作られているが、名前だけは昔のままでジョーヌ・ドゥ・ナプルといわれている。

101. ジョーヌ・ドゥ・クローム クロームイエロー
Jaune de chrome : Chrome yellow

1797年にフランスの化学者ルイ・ニコラ・ヴォークランによって、シベリア産の紅鉛鉱から発見された鉱物顔料。多様な色を生ずる性質をもつところから、ギリシア語のクロム（色を意味する）と名づけられた。特にクロム酸鉱は美しく鮮やかな黄色を作り出すところから、ジョーヌ・ドゥ・クローム（Jaune de chrome）と名づけられ、人気を集めた。その後、フランスのヴァール県でクロム鉄鉱の鉄床が発見され、1816年、ヴォークランの弟子クルツがクロムベースの顔料の工場を設立、安価で美しい黄色絵具の大量生産を開始した。ゴッホは、この絵具を使って、ひまわりを描いたという。

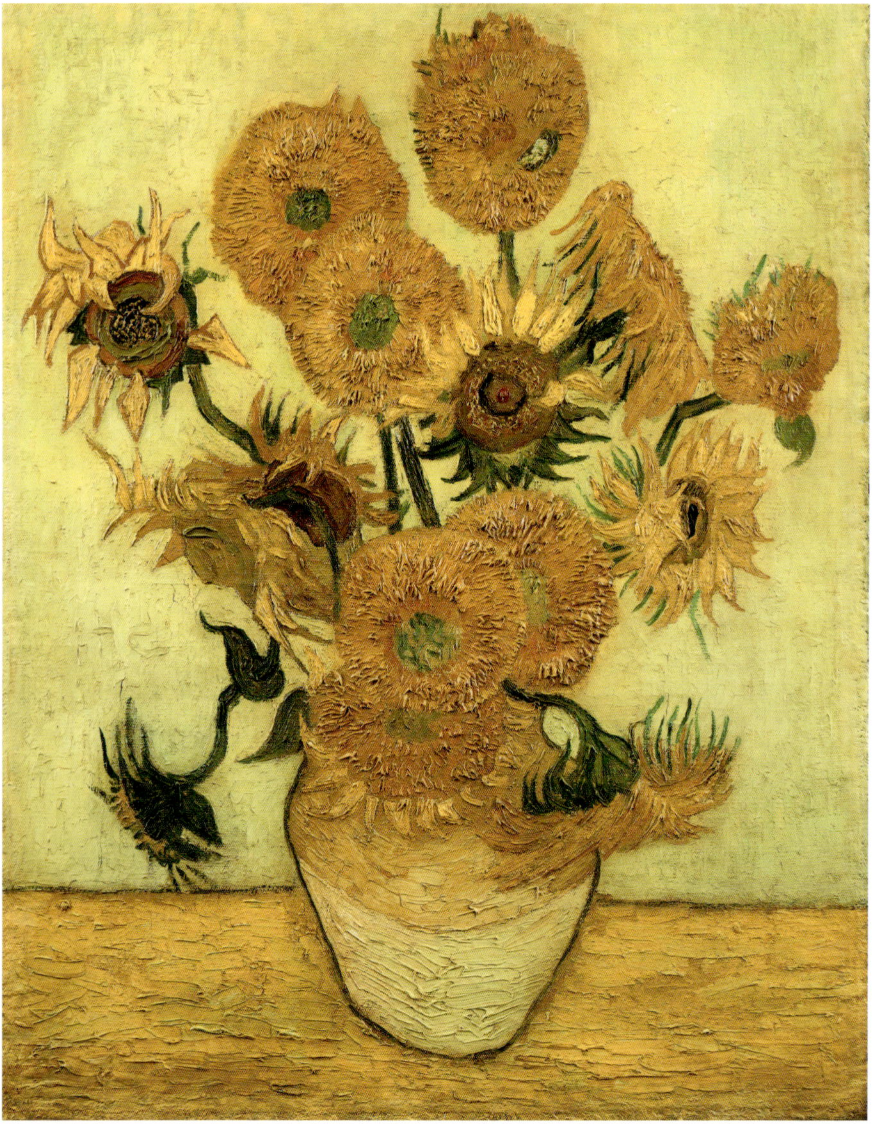

102. ジョーヌ・ドゥ・プロヴァンス　プロヴァンスの黄
Jaune de Provence : Provence yellow

南フランスのプロヴァンス地方。そのプロヴァンスの代表的な色といえる黄色の花の色である。ひまわりの黄をはじめとして、四季折々に、エニシダ、タンポポ、チューリップ、サフラン、ミモザ、マスタードなど、このプロヴァンス地方には黄色の絨毯のように、黄色の花が敷き詰められる。その色名がジョーヌ・ドゥ・プロヴァンス (Jaune de Provence) である。特にゴッホが描いた『ひまわり』の黄は、その代表的作品である。

103. シトロン　レモンイエロー
Citron : Lemon yellow

シトロン (Citron) は果実のレモンのこと。一般的には、その表皮の緑みの黄色の色名である。また黄みが強いジョーヌ・シトロン (Jaune citron) もある。フランスの果物市場で見るレモンには、この真っ黄色のレモンが多いようである。英色名のレモン (Lemon yellow) は1598年に色名として使われている。また19世紀中頃に出現した合成顔料カドミウム・イエロー (フランス語で Jaune citron de cadmium) の色をこの色名で呼んでいる。

104. ムタルド　からし色
Moutarde : Mustard yellow

ムタルド (Moutarde) は、からしの種から作られた茶色みがかった黄色。からしは古くから料理の調味料として使われていたにもかかわらず、色名としては1786年に初めて登場する。茶色が強い色をブラン・ムタルド (Brun 〜) といい、黄みがかったからし色をジョーヌ・ムタルド (Jaune 〜) という。フランスではなめし革のタンニン色や「ガチョウのうんこ色」と同様に、忌み嫌われる色のひとつといわれている。

105. クゥ・ドゥ・バシュ　牡牛の尻尾
Queue de vache : Cow's tail

クゥ・ドゥ・バシュ (Queue de vache) は「牡牛の尻尾」という意味。フランス語色名にはふざけたものが多いが、これもそのひとつである。当然、色は赤みの黄褐色である。18世紀サロン社会といえば、これに限らず変な色名が数多くできたときだから、この色名の誕生も、この頃と思われる。また同様な尻尾にまつわる色名として、クゥ・ドゥ・ルナール (Queue de renard) があり、こちらは狐の尻尾であり、現実にはこんな色をしていないと思われるが、赤紫みの色である。

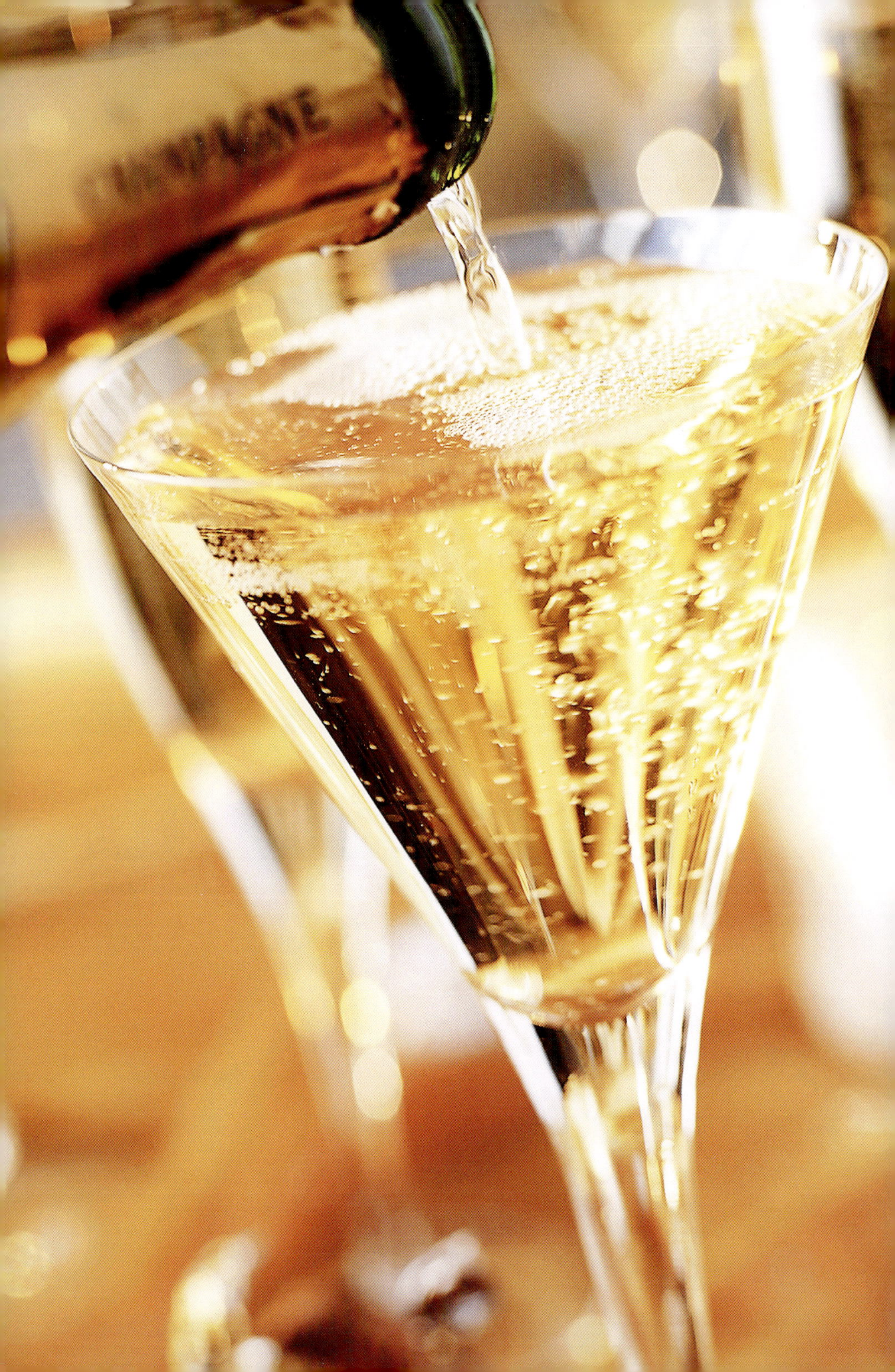

106. イヴォワール 象牙色
Ivoire : Ivory

英語のアイボリー(Ivory)に対応するフランス語の色名で象牙のうすい黄白色である。ギリシア語の Elephas に由来する。ハンニバルの故事でわかるように、古くから象の存在はヨーロッパに知られていたから、色名としても古くから用いられた。色みにより、ブラン・イヴォワール(Blanc 〜 1595 年)、ジョーヌ・イヴォワール(Jaune 〜 1385 年)などの色名がある。

107. エクリュ 生成り色
Écru : Écru

エクリュ(Écru)は Beige と同様にフランス語から派生した色名である。1910 年頃に流行した色であるが、現在はベージュ(Beige)の方が多く使われている。エクリュ・ベージュ(Écru beige)と続けてベージュ色を表すこともある。厳密に言えば、Beige が未漂白、未染色の毛織物から派生した色名であるのに対して、エクリュは、未加工、未漂白、未染色の綿、麻織物に由来する言葉だという点が異なっている。

108. シャンパーニュ シャンペンの色
Champagne : Champagne

シャンパーニュ(Champagne)は、フランスの北東部、パリから見たら東部のシャンパーニュ=アルデンヌ地域に位置している。古くからシャンペン(Champagne)の名で知られる発泡ワイン(スパークリング・ワイン)の産地である。このシャンペンが有名になったのは 1709 年のことであるが、この淡い黄褐色が仏色名になったのは 1915 年と記されている(『カラーアトラス』)。

109. サーンドル 灰色
Cendre : Ash gray

サーンドル(Cendre)は「灰」、「銀灰色の」などの意味である。光の吸収・反射で生まれる無彩色のグリ(Gris)とは異なり、物体を燃やした残り滓の灰なので、さまざまな色みを含んでいる。最古の色のひとつであり、1374 年には色名になっている。グリ・サーンドル(Gris 〜)、ヴェール・サーンドル(Vert 〜)、ローズ・サーンドル(Rose 〜)など, 色みによる多様な色名がある。

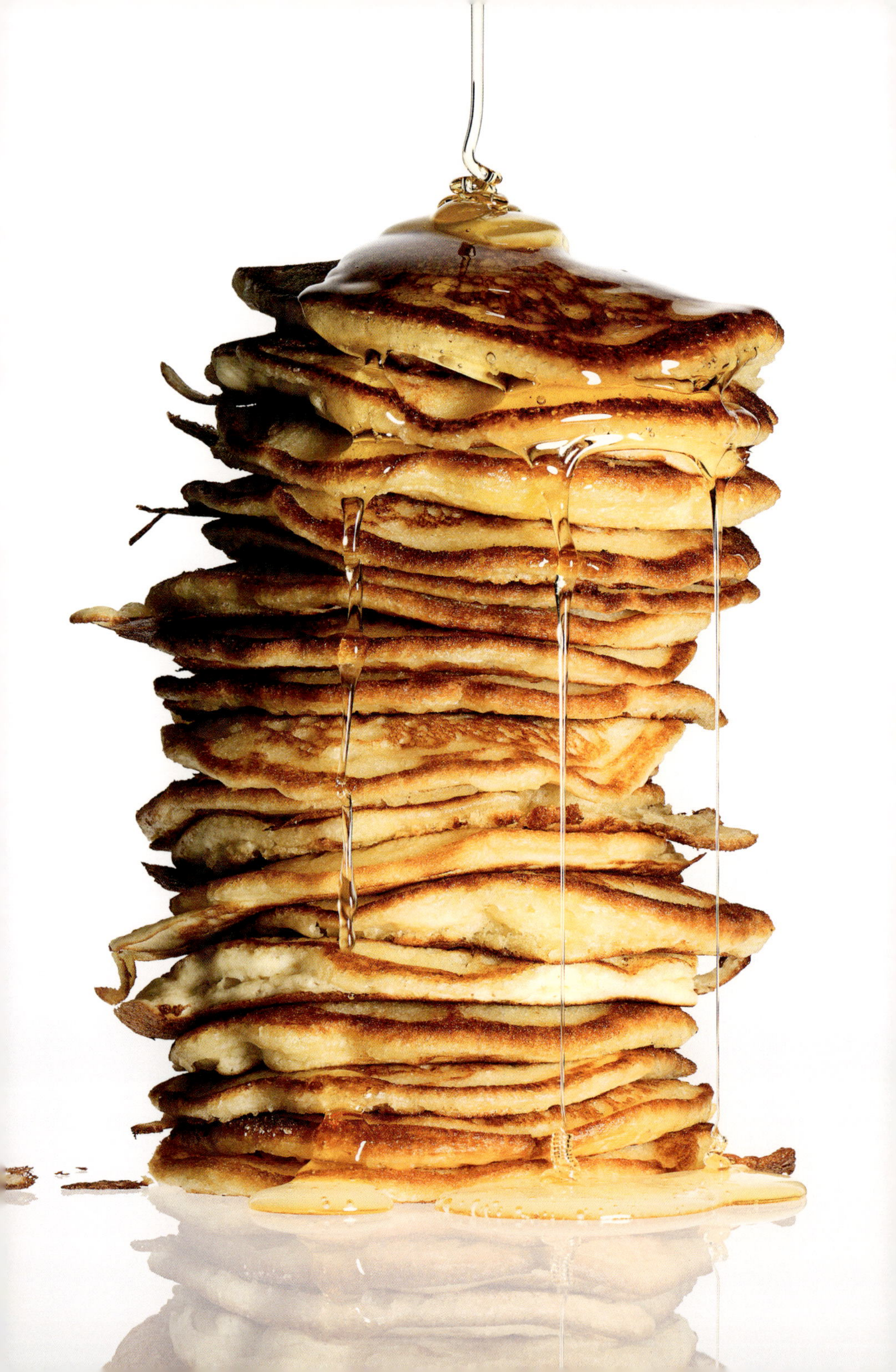

110. ジュネ　エニシダの黄
Genêt : Genêt yellow

マメ科エニシダ属の植物エニシダは春に黄色い花を咲かせる。その鮮やかな黄色である。フランス語のジュネ（Genêt）はラテン語の Genista Tinctoria に由来する。古くからエニシダは聖母マリアと幼子イエスを隠して、ヘロデの部下から救った樹木として畏敬を集めていたが、モクセイ草とともに黄色の染料としても、よく知られていた植物である。

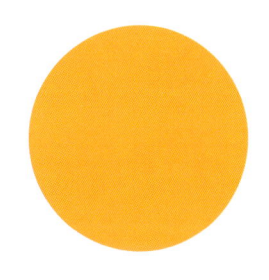

111. ジョーヌ・スフル　硫黄の黄
Jaune soufre : Sulfur yellow

スフル（Soufre）は「硫黄」のこと。ジョーヌ・スフル（Jaune 〜）で精製された硫黄の鮮やかな黄色を表す色名である。古くからヨーロッパではイタリアのシシリー島が硫黄の産地として知られていたが、主に黄色顔料として使われたのは 17 世紀以降ではないかと思われる。フランスでも 17 世紀頃には色名になっていた。英語のサルファー・イエロー（Sulfur yellow）に相当する。

112. ミエル　蜂蜜の色
Miel : Honey yellow

ミエル（Miel）は「蜜」、「蜂蜜」の意味である。色名としては蜂蜜のような透明感のある黄褐色を表している。1 万年前のアラニア洞窟に蜂の巣から蜜を取る女性の姿が描かれているほどだから、養蜂のことは古くから知られていたと思われる。これと同様の色の英色名ハニー（Honey）は 1611 年に色名として登場している。黄色の強い色名にジョーヌ・ミエル（Jaune 〜）がある。

113. サーブル　砂色
Sable : Sand

サーブル（Sable）は、英語のサンド（Sand）と同様な灰みの黄色のことをいう。英色名になったのは 1627 年といわれている。フランスにおける砂色にも特徴があり、ドーヴィルの淡いピンクの砂、コート・ダジュールの灰色の石と砂、ノルマンディーの黒っぽい砂など、砂色でも相違がある。別にベージュみの強いベージュ・サーブル（Beige 〜）の色名もある。

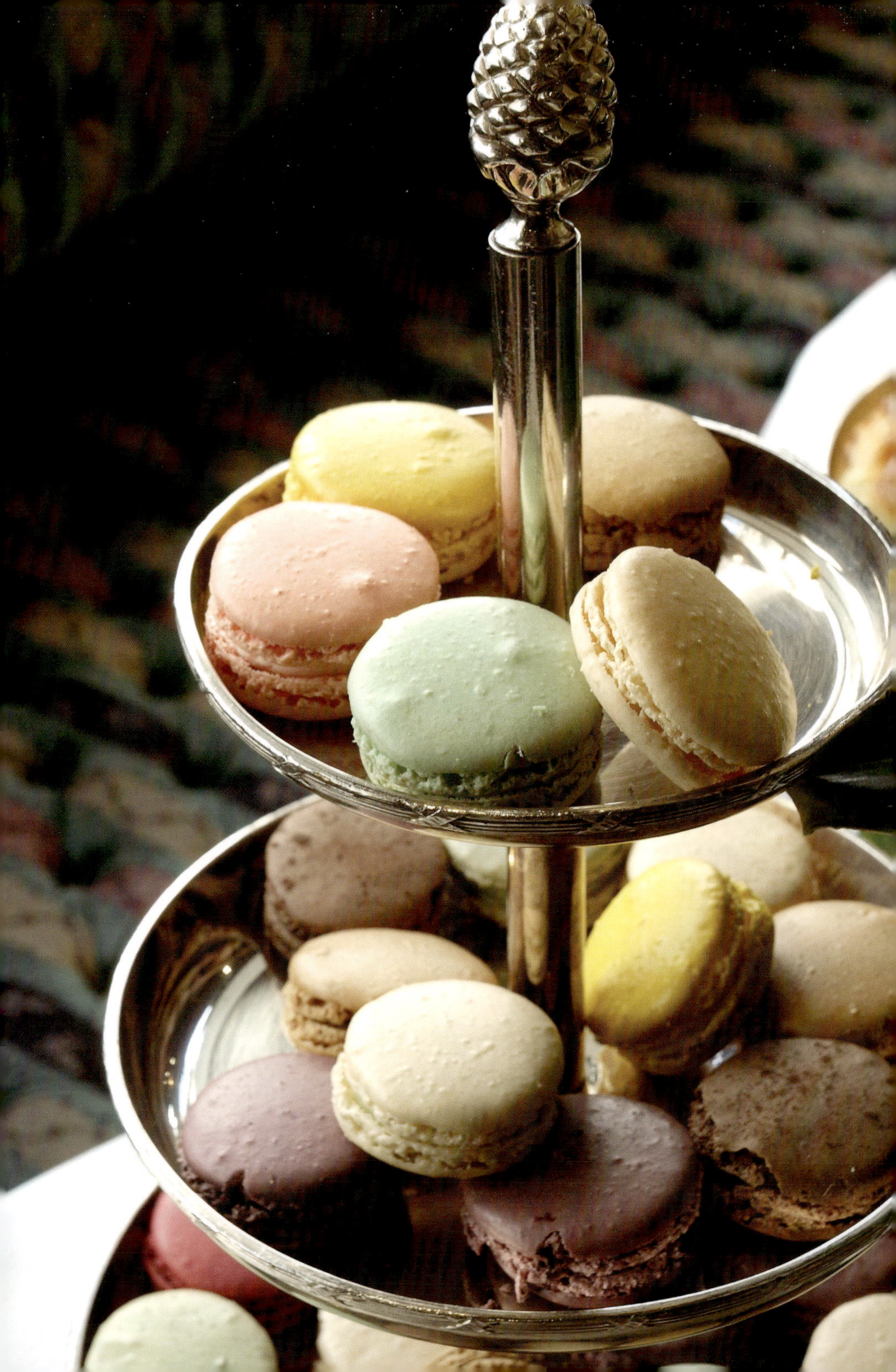

114. シャルトルーズ　シャルトルーズ酒の色
Chartreuse : Chartreuse

フランスの南東部のシャルトルーズ(Chartreuse)のシャルトルーズ修道院に伝えられた薬草系リキュールの銘酒の色。「リキュールの女王」とも讃えられている。同修道院で1767年に生産が開始されたが、色みはヴェール(Vert)系とジョーヌ(Jaune)系がある。1884年には色名と記録されているが、色名にもヴェール・シャルトルーズ(Vert～)とジョーヌ・シャルトルーズ(Jaune～)という色みを表すバリエーションが作られた。

115. マカロン　お菓子のマカロンの薄茶色
Macaron : Macaroon

フランスのお菓子マカロン(Macaron)の薄茶色。16世紀にイタリアのカトリーヌ・ドゥ・メディチがアンリ2世に輿入れしたとき持ってきた菓子といわれている。アーモンド、ココナッツなどの粉末をメレンゲで膨らませオーブンで焼いて作る。『メルツ＆ポール』に色名として記載されている。ピンク、抹茶色などいろいろあるが、薄茶色が標準的である。

116. カフェ・オレ　カフェオレ
Café au lait : Café au lait

カフェ・オレ(Café au lait)はフランスのコーヒーの飲み方の一種。カフェはコーヒー、レはミルクのことで、コーヒーに同量程度ミルクを入れた飲み物。カフェ・オレはその色の薄い茶色をさす色名である。類似語のカフェ(Café)が色名になったのは1695年というから、カフェ・オレは、それ以後登場した色名であろう。

117. アルマニャック　アルマニャック酒の色
Armagnac : Armagnac

アルマニャック(Armagnac)とは、フランス南西部のアルマニャック地方に産するブランデーである。コニャックと肩を並べるフランス・ブランデーの代表的な銘柄。15世紀頃に、この地方の修道院長によって、すでにその薬効が挙げられている。色名としてのアルマニャックは、19世紀以降に出現したと思われるが、その色合いはコニャック同様の琥珀色をしているが、赤みが強い色をしている。

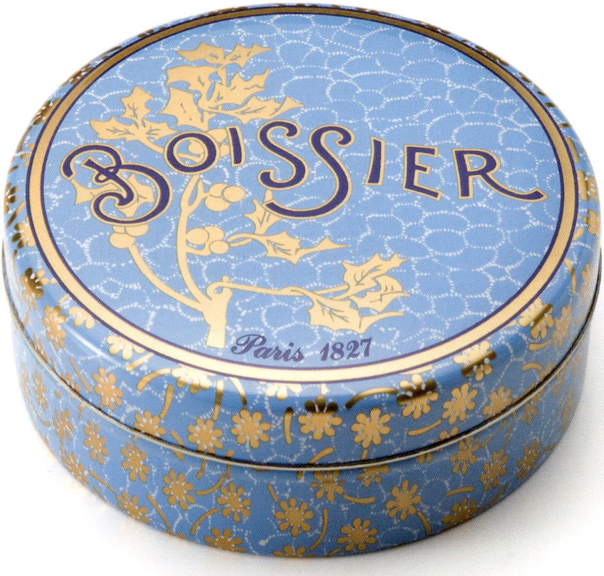
BOISSIER
Paris 1827

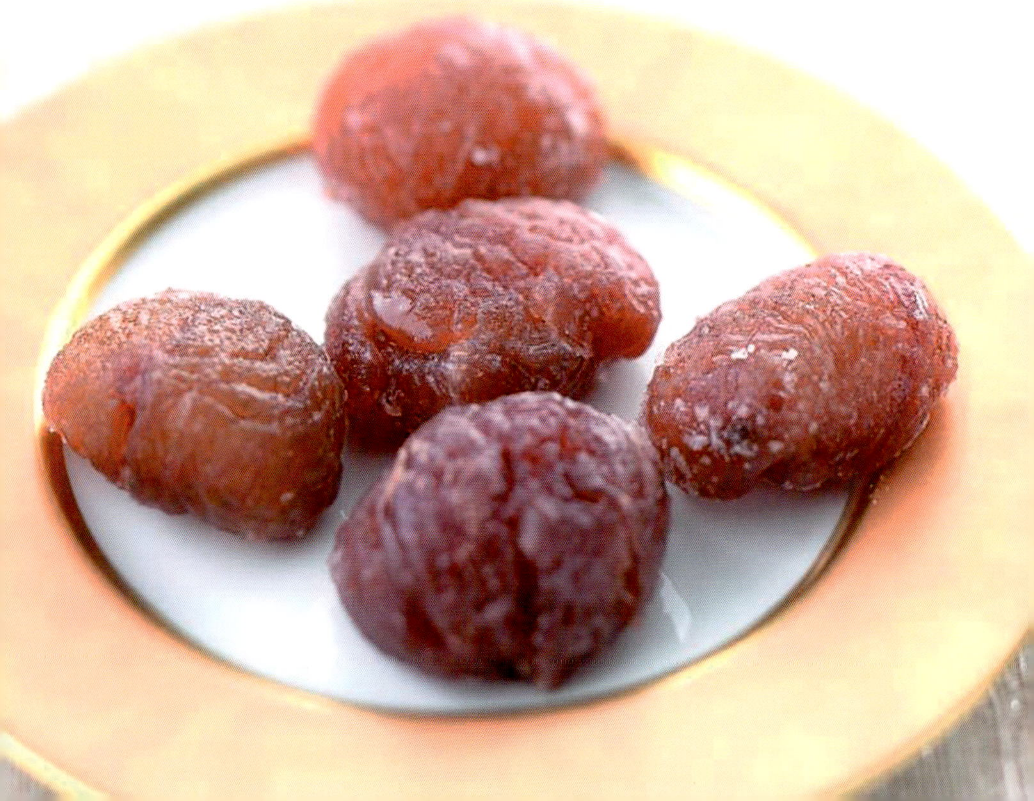

118. ブトン・ドール きんぽうの黄
Bouton d'or : Buttercup yellow

ブトン・ドール(Bouton d'or)は植物の「きんぽうげ」をさす。本来の意味は「金色のボタン」だから、黄色の花の形から連想したものであろう。キンポウゲ科の多年生の草木で毒性がある。中世以来、魔女の花とも、知恵を得るために哲学者が飲んだともいわれ、いろいろな逸話がある。色名は、その花の強い黄色の色を表している。黄色を強調したジョーヌ・ブトン・ドール(Jaune 〜)という色名もある。

119. リヴィド 病気をしたときのくすんだ顔色
Livide : Sallow

リヴィド(Livide)は「鉛色の」、「蒼白の」の意味である。ラテン語の Lividus に由来する言葉で、この言葉は打撲傷や挫傷を負ったときの青黒い顔色を意味している。日本語の土気色と同じ色合いである。仏色名としては、同様な意味で用いられ、出現はかなり古く 1000 年頃からと記録されている。同意の言葉にフランス語にジョーヌ・サル(Jaune sale)、英語のサロー(Sallow)がある。

120. マロングラッセ マロングラッセ
Marrons glacés : Marron glacé

マロングラッセ(Marrons glacés)は栗の実を砂糖づけにした菓子で、その菓子の色に似た黄褐色の色。フランスの代表的な菓子のひとつだが、その歴史は古く、アレキサンダー大王が最愛の妻ロクサーネに送ったといわれている。『メルツ&ポール』に記載されている色名である。

121. カラメル キャラメル
Caramel : Caramel

カラメル(Caramel)は、砂糖や牛乳を煮詰めて作るキャンデー菓子のこと。その色の濃い黄色をいう。ポルトガル語の Caramelo に由来する。16 世紀にはフランスに伝えられ、嗜好品として食用にされるだけでなく、カラメル色素として、食品の着色材に使用されている。フランス語の色名になったのは 1680 年であり、英語色名のキャラメルになったのは、1921 年といわれている。

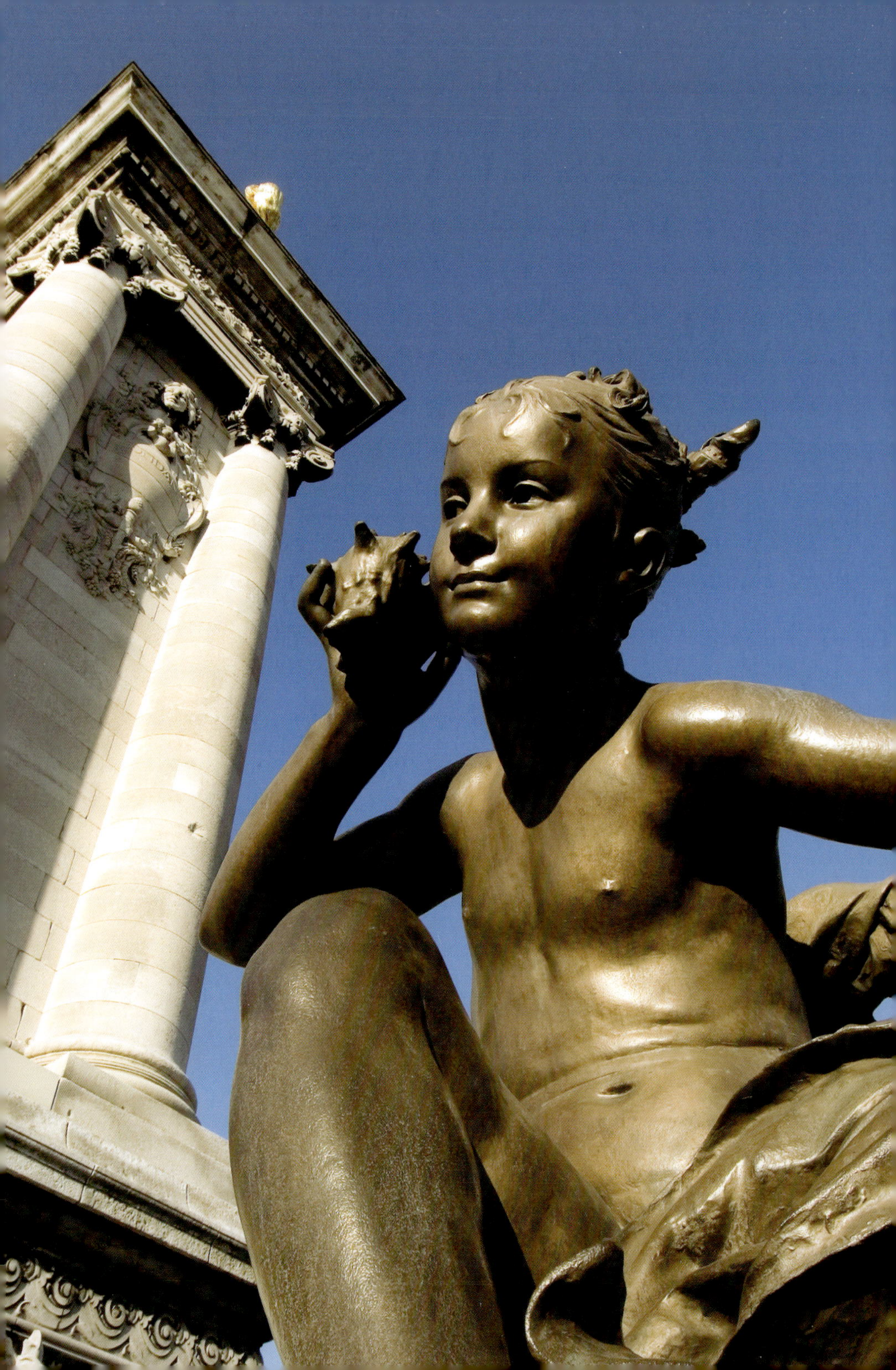

122. ブラン・セピア　セピア色
Brun sépia : Sepia brown

元来はマイカ（真烏賊）の黒い分泌物 Sepia officinalis から得られた顔料の名前である。古代エジプト人から使われたといわれているが、色名としてはギリシア語の Sepia に由来し、1800 年頃にフランス語のブラン・セピア（Brun Sépia）が使われるようになった。ルネッサンス時代から淡彩画を描く色材であったが、やがて古い写真の色まで表す語彙となっている。

123. ブロンズ　ブロンズ
Bronze : Bronze

ブロンズ（Bronze）は銅合金の 1 種で、9 割の銅に 1 割のスズを加えた合金の総称。その中で人類が最初に使用した銅合金が、BC3000 年頃に出現した青銅器といわれている。銅とスズの加え方により赤銅色から、黄銅色に変わっていくが、色名としてのブロンズは、その黄銅の光沢のある暗い黄赤色をさしている。英色名は 1753 年にできたと記録されているから、フランス色名もその前後であろう。

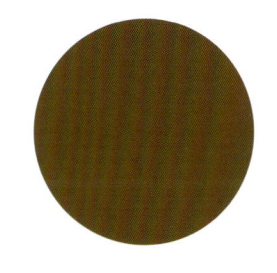

124. カキ　カーキ色
Kaki : Khaki

カキ（Kaki）は、元来は、イギリス植民地時代のインドで、英印混血のアングロ・インド人の軍隊の制服として使用された軍服の色。ペルシア語の Khak（英語の Dust、塵、埃の意味）に由来したといわれている。19 世紀後半、近代戦に突入し、地味色の軍服が必要とされ始めた時期でもあり、この言葉が各国で共通に使われるようになった。色名としては 1848 年が初出である。カキに緑みを加えた軍服の色にヴェール・ミリタリ（Vert militaire）がある。

125. メルド・ドワ　ガチョウの排泄物の灰色
Merde d'oie : Goose pooh

フランス人が最も嫌う色がメルド・ドワ（Merde d'oie ガチョウのうんこ）の茶褐色である。色名として 1693 年に登場しているが、同様な色名として 1751 年にメルド・ドゥ・プランス（Merde de Prince 皇太子のうんこ）という色が大流行している。また『考古学用語辞典』（1887 年）にはメルド・ダンファン（Merde d'enfant 子どものうんこ）という色名も記載されている。これらの色名は嫌いな色の代名詞として使われたようである。同じガチョウのうんこを表すカカ・ドワ（Caca d'oie）という色名もある。

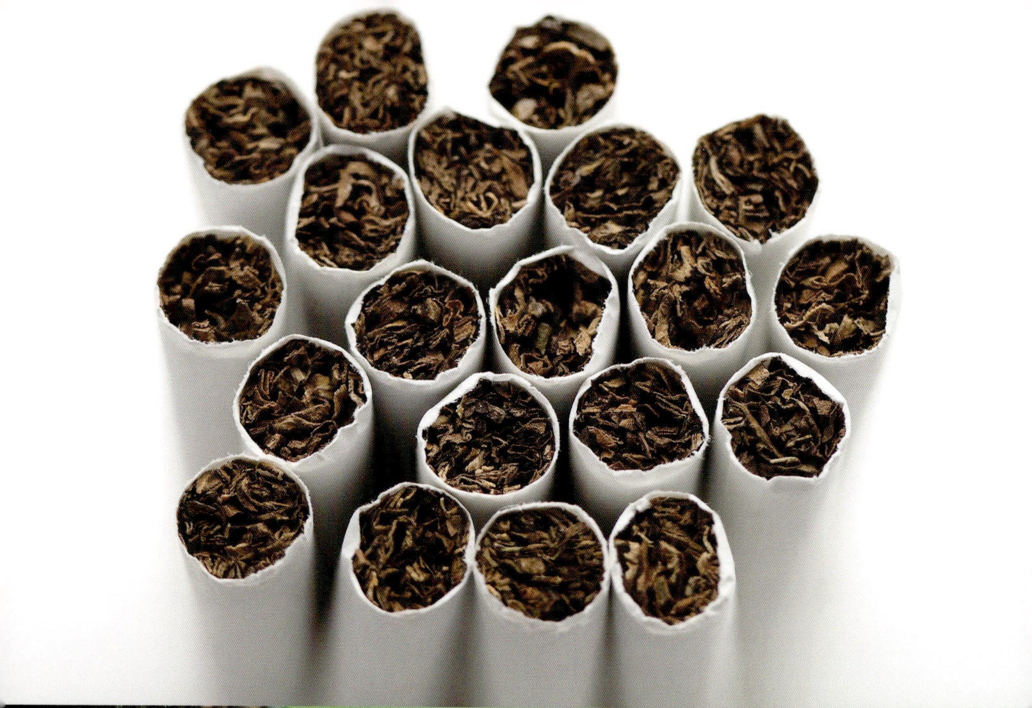

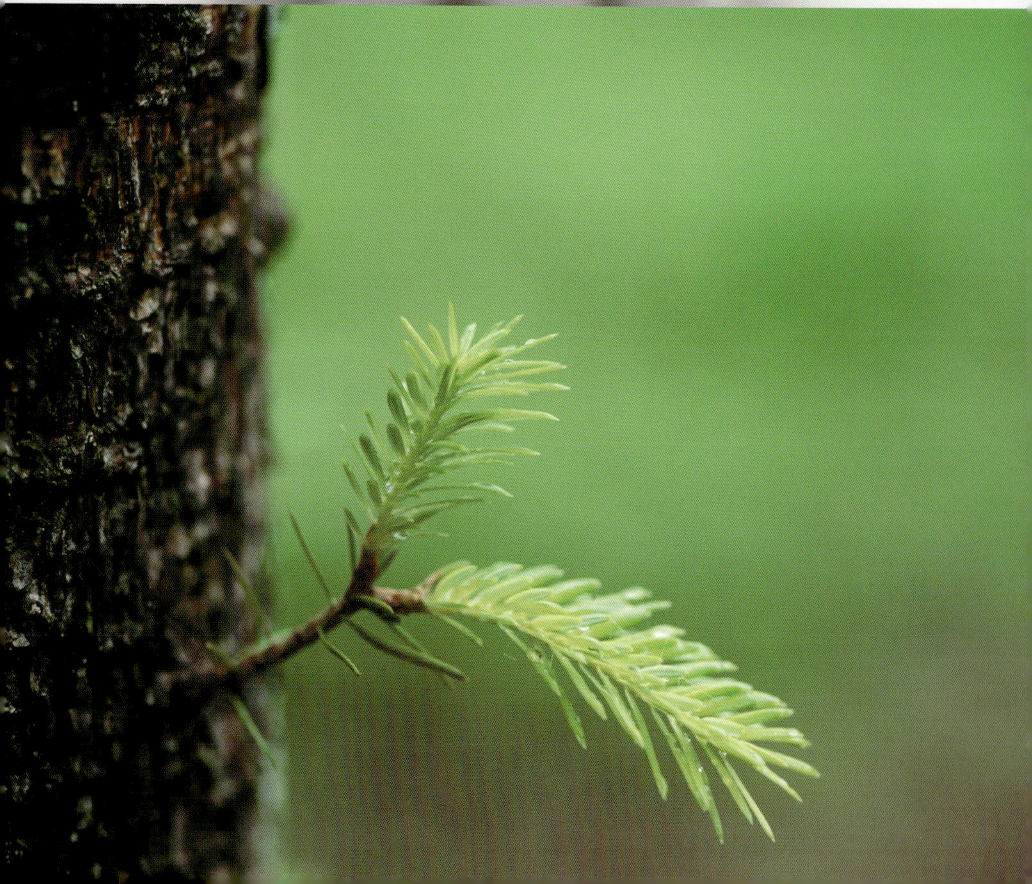

126. タバ　煙草色
Tabac : Tobacco brown

ナス科の植物ニコチアナ・タバカム(Nicotiana Tabacum)の乾燥した葉の色である。また、これらの葉で作った葉巻の色。原産地のひとつハイチ島民(現ハイチ共和国)のTabacoに由来する言葉で、16世紀に新大陸からヨーロッパに伝わり、嗜好品として急速に広まった。色名のタバ(Tabac)は1789年に登場した。

127. レグリス　根の暗褐色
Réglisse : Licorice

レグリス(Réglisse)は薬草に用いられる甘草のこと。マメ科の多年草で、紀元前からエジプト、スペイン、フランス南部に自生する草である。古くからその根は薬草として用いられ、呼吸器障害や胃潰瘍などの治療に用いられた。主根は長く、表面は暗褐色、赤褐色をしており、色名としては、その根の暗褐色を表している。またビール、たばこ製造の際にも甘味料として用いられた。

128. ゴード　モクセイ草の緑色
Gaude : Weld

ゴード(Gaude)はモクセイ草の一種であり、サフランと並び古くから黄色系の染料として知られていた。古代ローマでは建築家のウィトルウィウスが著作の中で紹介している。中世には黄色は忌避された色なので出現することが少なくなるが、近世では合成染料が発見されるまで、最も安価に得られる染料として重宝されていた。現在でも植物性水彩絵具の黄色や黄緑色として使われている。

129. ブルジョン　木の芽の緑色
Bourgeon : Sprout green

ブルジョン(Bourgeon)は「木の芽」、「春の若芽」などの意味。色名としては、その若芽の浅い緑色をさしている。冬の長いヨーロッパでは5月に始まる木の芽生えが待ち遠しい。この色名には、木の浅緑色の芽吹きを見て、春の訪れを待つ人々の真情が伝わってくるようである。英色名のスプラウト・グリーン(Sprout green)やバド・グリーン(Bud green)に相当する。

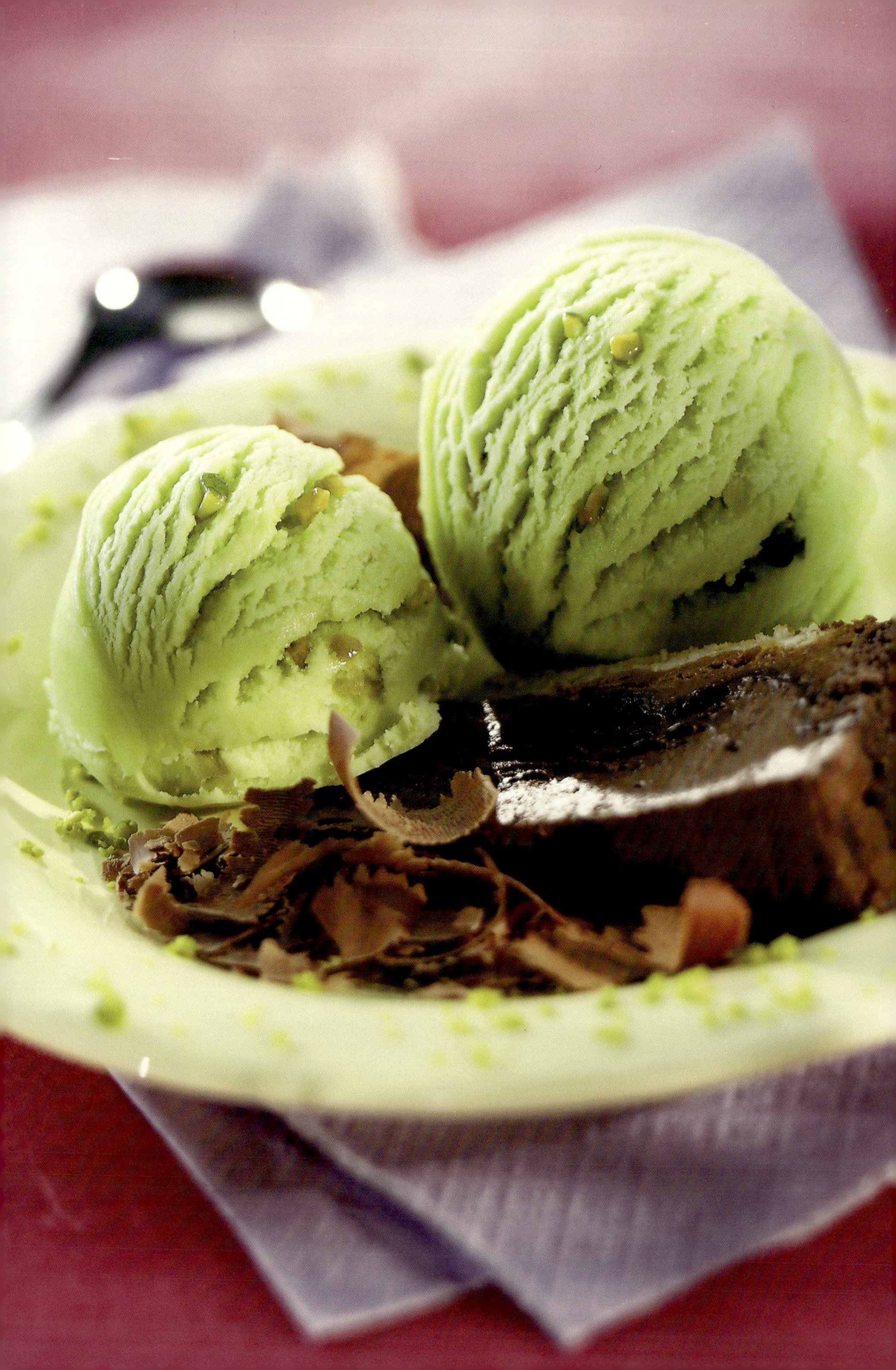

130. ポム　リンゴの緑
Pomme : Apple green

ポム（Pomme）はリンゴの果実のこと。その表皮の強い黄緑色をさす色名である。フランス語にはヴェール・ポム（Vert〜）という色名があって、この色も緑みの強い色をさしている（1648年）。なぜか西洋の色名にはリンゴの赤という色名は登場しない。伝承によれば、アダムとイヴの故事でも、トロイ戦争の発端になったパリスのリンゴも黄金色である。

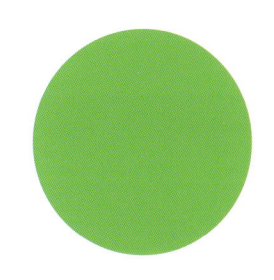

131. アヴォカ　アボカドの緑
Avocat : Avocado green

南アメリカ原産のクスノキ科の常緑高木、また果実の一種のアヴォカ（Avocat）のこと。5月頃に花が咲き、やがて明るい緑色の果実をつけ、11月頃の収穫期には濃い緑色の外皮になっている。その果肉は、近年、「森のバター」と呼ばれ、サラダ、タコスなどに用いられ、フランス料理には欠かすことのできない人気の食材になっている。果肉はきれいな薄緑色であるが、空気に触れると茶色に変色する。色名としてのアヴォカは、この果肉の薄緑色である。緑みの濃いヴェール・アヴォカ（Vert〜）という色名もある。

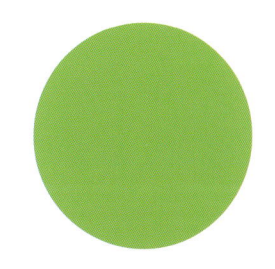

132. ヴェール・リム　ライムの緑
Vert lime : Lime green

ヴェール・リム（Vert lime）は、柑橘類ライムの表皮の色や果肉の明るい緑色である。レモンよりやや小ぶりで、カクテルなどに使用される。色みは、菩提樹（ヴェール・ティユール Vert tilleul）と同じで、その葉の明るい緑色をさしている。色名として1905年に初出である。同形の果実のレモン（Citron）が黄みよりなのに対して、ライムの果実は黄緑みの色である。

133. ヴェール・ピスタッシュ　ピスタチオの緑
Vert pistache : Pistachio green

ピスタッシュ（Pistache）は植物の「ピスタチオ」、「薄緑色の」の意味がある。ピスタチオはウルシ科カイノキ属の樹木で、原産は地中海沿岸なので、古くからヨーロッパに伝えられてきた。一般的にもヴェール・ピスタッシュ（Vert〜）とよばれる種子を産して、食用として古くから愛好されてきた。またナッツとして食べるだけでなく、緑色の種子をつぶしてペーストして製菓材料として用いたり、アイスクリームに使用したりしている。色名として1789年に取り入れられ、それが英色名に転じたといわれている。

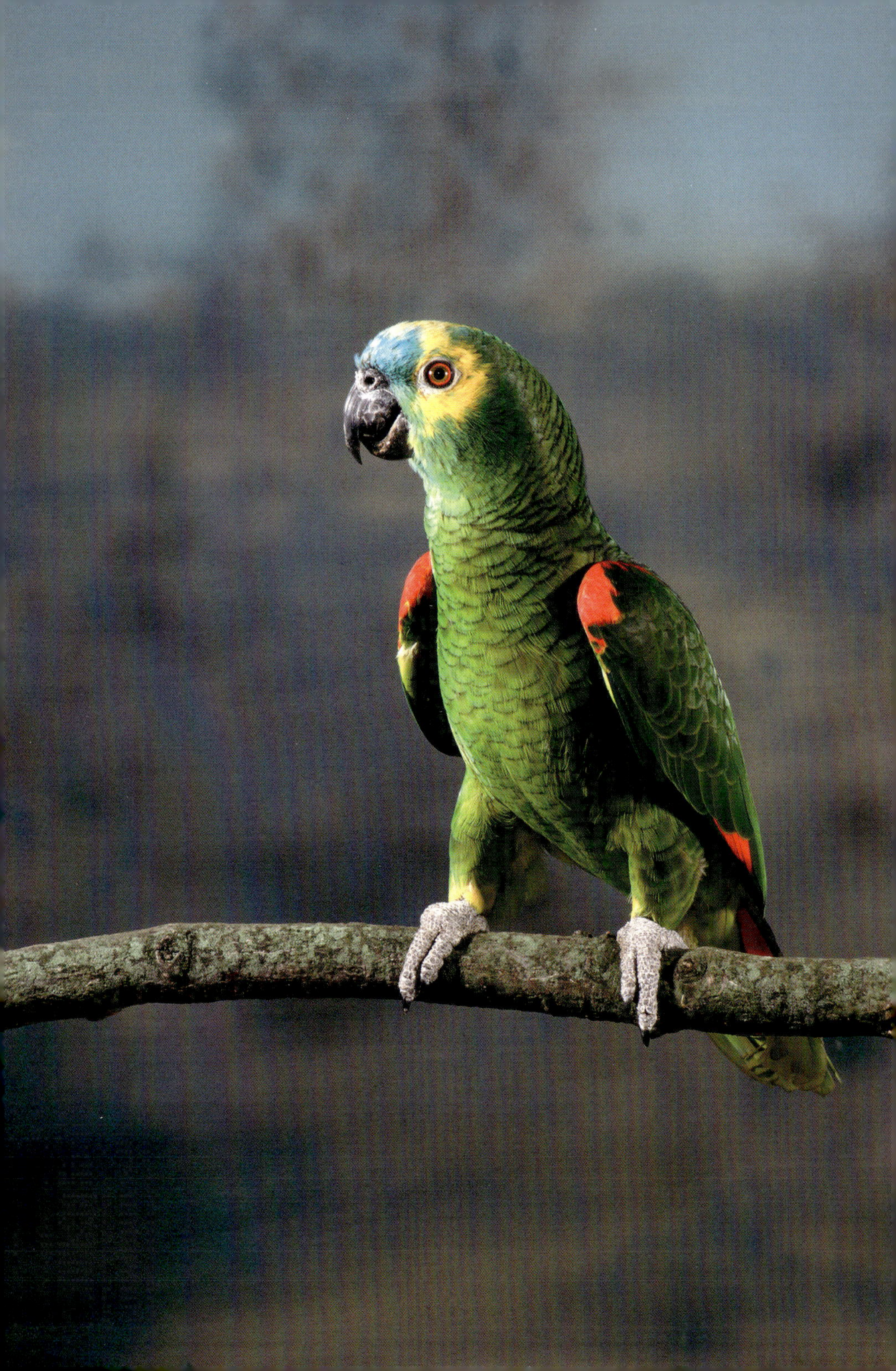

134. ヴェール・デルブ 草色の緑
Vert d'herbe : Grass green

エルブ (Herbe) は草の意味。その黄みの緑色である。最古の色名のひとつとされており、700 年頃に誕生したといわれている。草の色は、草花の種類、陽の当たり方などによって、千変万化に変化するので、一様ではない。ただこのヴェール・デルブ (Vert d'herbe) の草色は早春、初夏の萌黄色のように思われる。同様の色に、芝生の緑ヴェール・ガゾン (Vert gazon) がある。

135. ペロケ オウム色
Perroquet : Parrot green

ペロケ (Perroquet) はオウムの意味。インコ類を含み、数多くの種類がある。熱帯産であるだけに羽冠、羽根、くちばしなどが青、黄、緑、赤、黒などに彩られ色彩豊かである。色名のヴェール・ペロケ (Vert 〜) はセキセイ・インコやアオボシ・インコ、カロライナ・インコの緑の羽根の色をさしているのであろう。英色名でもパロット・グリーン (Parrot green 1467 年) だけで、他の色は色名になっていないのが不思議である。

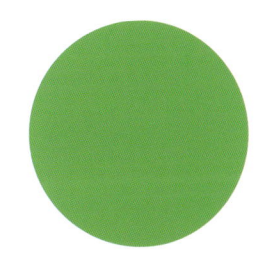

136. ヴェール・レテュ レタスの緑
Vert laitue : Lettuce green

レテュ (Laitue) は野菜のレタスのこと。ヴェール・レテュ (Vert 〜) はそのレタスの明るい黄みの緑色をさす。レタスは、キク科アキノノシゲ属の一年草または二年草で、古くからサラダ用の野菜として知られており、最近ではハンバーガー、タコスなどに用いられたり、またフランスではソテーにすることもある。

137. ムス 苔色の緑
Mousse : Moss green

フランス語のムス (Mousse) は蘚苔植物の総称。その苔の平均的な色合いであるくすんだ黄緑色をさす。緑みの強いヴェール・ムス (Vert 〜) や黄みの強いジョーヌ・ムス (Jaune 〜) という色名もある。1884 年に仏色名になっている。英語のモス・グリーン (Moss green) に相当する。

138. パルム　棕櫚の緑
Palme : Palm green

パルム(Palme)は棕櫚の木、またその葉のこと。棕櫚は、ヤシ科の常緑高木。主に中東において古くから、生命の樹、神の木として畏敬されてきた。またキリスト教では勝利の象徴、殉教者のシンボルとして崇められてきた。19世紀、ヨーロッパでは、この棕櫚の模様のテキスタイル・デザインが大流行し、同時に濃い緑色を表す色名も広まった。この勝利の象徴としての棕櫚に因んで、カンヌ映画祭では、最高作品にはパルム・ドール賞(Palme d'or 金の棕櫚賞)が与えられている。

139. アプサント　アプサン酒の緑
Absinthe : Absinthe green

アプサント(Absinthe)とはニガヨモギを原材料として作られたリキュールの色。薄い緑色をしているのが特徴である。1797年に製造され、アルコール度数が70%と高く、しかも安価であったため、19世紀末にはロートレックやゴッホなどの芸術家によって愛飲されたという。色名としては1892年に登場するが、黄みの強いジョーヌ・アプサント(Jaune 〜)という色名もある(1925年)。

140. ヴェール・オリーブ　オリーブ・グリーン
Vert olive : Olive green

オリーブ(Olive)はモクセイ科の常緑樹。そのオリーブの実の色の暗い黄緑系の色をさす。ノアの洪水の後、鳩がオリーブの枝をくわえて来た故事により、平和の象徴とされた。またギリシア神話ではアテナの象徴の木でもあった。油を意味するラテン語のOliva、ギリシア語のElaiaに由来する。古くから食用、化粧、薬用として利用し、生活に欠かすことができないものであった。色名としても古く1613年に用いられている。他に色みが異なるブラン・オリーブ(Brun 〜)という色名もある。

141. エピナール　ホウレン草の緑
Épinard : Spinach green

エピナール(Épinard)は「ほうれん草」の意味。アカザ科ほうれん草属の野菜。ペルシア原産で、中世にヨーロッパに伝えられ、野菜の代表的な食材として用いられるようになったという。色名としては、その葉の濃い緑色をさす。別にヴェール・エピナール(Vert 〜)という言い方もある。英語のスピナッシュ・グリーン(Spinach green)に相当する。

Vert

ヴェール 緑
Vert : Green

ヴェール(Vert)は、この色票に示される色を基準とした基本色名[注5]のひとつである。黄色系から青系にいたる広い範囲が含まれる。当然、自然の緑と結びつけられる色であり、カテゴリカル色知覚[注6]の基本色彩語である。ラテン語のViridisからフランス語のVert、イタリア語、スペイン語のVerdeが派生したという。中世では五月祭、五月柱にあるように、緑は再生復活の象徴であるとともに、青春、愛情のシンボルとして崇められたが、一方で悪魔の色、淫乱の色という負のイメージをもっていた。この色も光の3原色のひとつである。

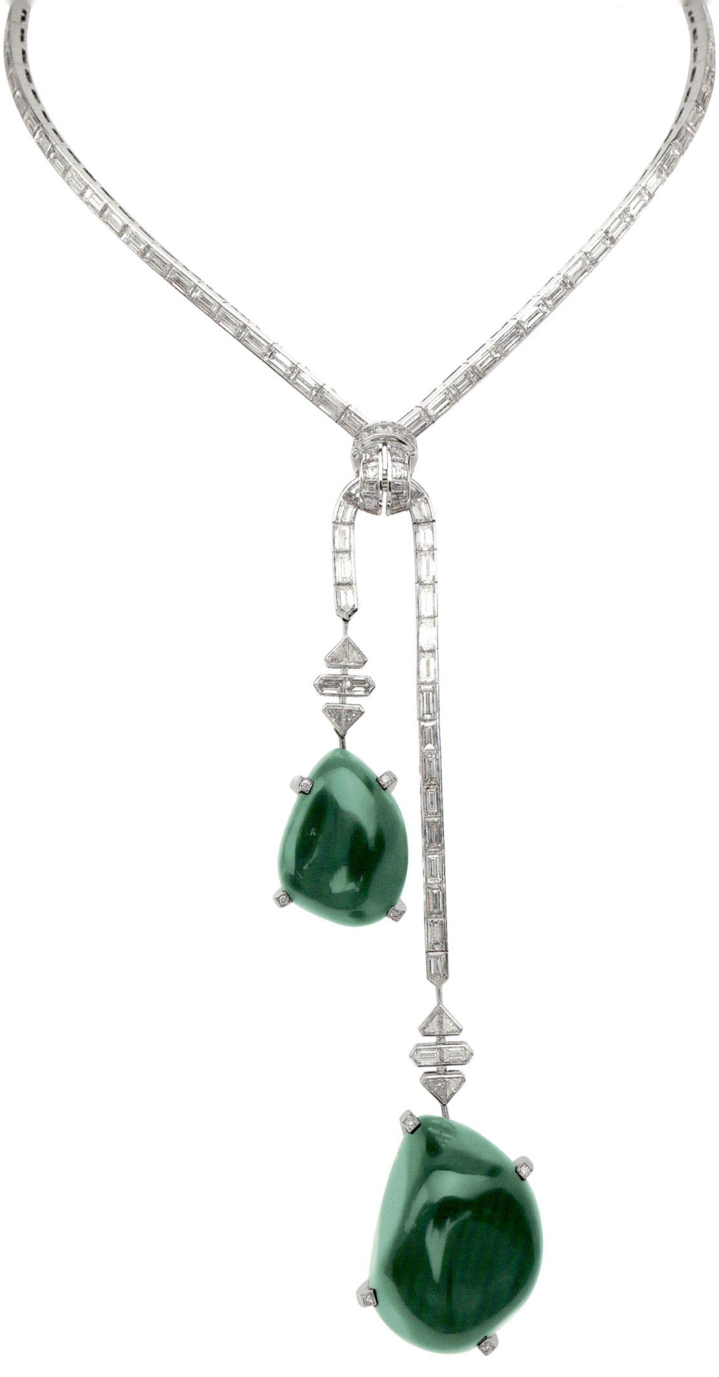

142. ヴェール・ドー 水の緑
Vert d'eau : Aqua green

中世フランスでは、ヴェール・ドー（Vert d'eau）で「水の緑」という意味があった。また、フランス語には「Eau」という色名もあり、これも淡い緑色をしている。ただ『考古学用語辞典』(1887年)の色名の項には、Eau は Escarlate（緋色）の色という注釈があり、『色彩─色材の文化史─』にはヴェール・ドゥ・グリ（Vert de Gris＝緑青）の現代的用語という解説もあって、この色名は多様な色を表している。

143. リッケヌ 地衣類の緑
Lichen : Lichen

リッケヌ（Lichen）とは地衣類のこと。一見、同じように見えるので苔と間違えられるが、苔ではなく陸上性で菌類と藻類からなるごく背の低い光合成生物である。英色名には該当色名がなく、フランス独特の色名である。緑みの強いヴェール・リッケヌ（Vert～）という色名があるが、英色名の Moss green より、明るい黄緑色である。

144. ヴェール・ドゥ・グリ 人工顔料の緑青色
Vert de Gris : Verdigris

ヴェール・ドゥ・グリ（Vert de Gris）とは銅板を酢酸や酸性の液に浸して発生させた錆の緑色のこと。この製法は古代ギリシア時代から行われていたので、フランス語でヴェール・ドゥ・グレック（Vert de Grec）と名づけられたのが、いつのまにかヴェール・ドゥ・グリになったという（1336年）。この色名は外国製の顔料の集積港であった南フランスの都市モンペリエの名に因んでヴェール・ドゥ・モンペリエ（Vert de Montpellier）といわれている。

145. エムロード エメラルド・グリーン
Émeraude : Emerald green

古代から緑玉、緑柱石として知られたエメラルドのこと。またその色合い鮮やかな緑色をさす。1572年にはフランス語の色名エムロード（Émeraude）になり、1598年には英色名のエメラルド（Emerald）になった。ヴェール・エムロード（Vert～）の色名もある。同意語の色名にスマラグダン（Smaragdin）がある。19世紀に水酸化クロムの合成顔料の緑が出現し、似た色なのでエムロードと呼ばれたが、基本的には別物である。

85

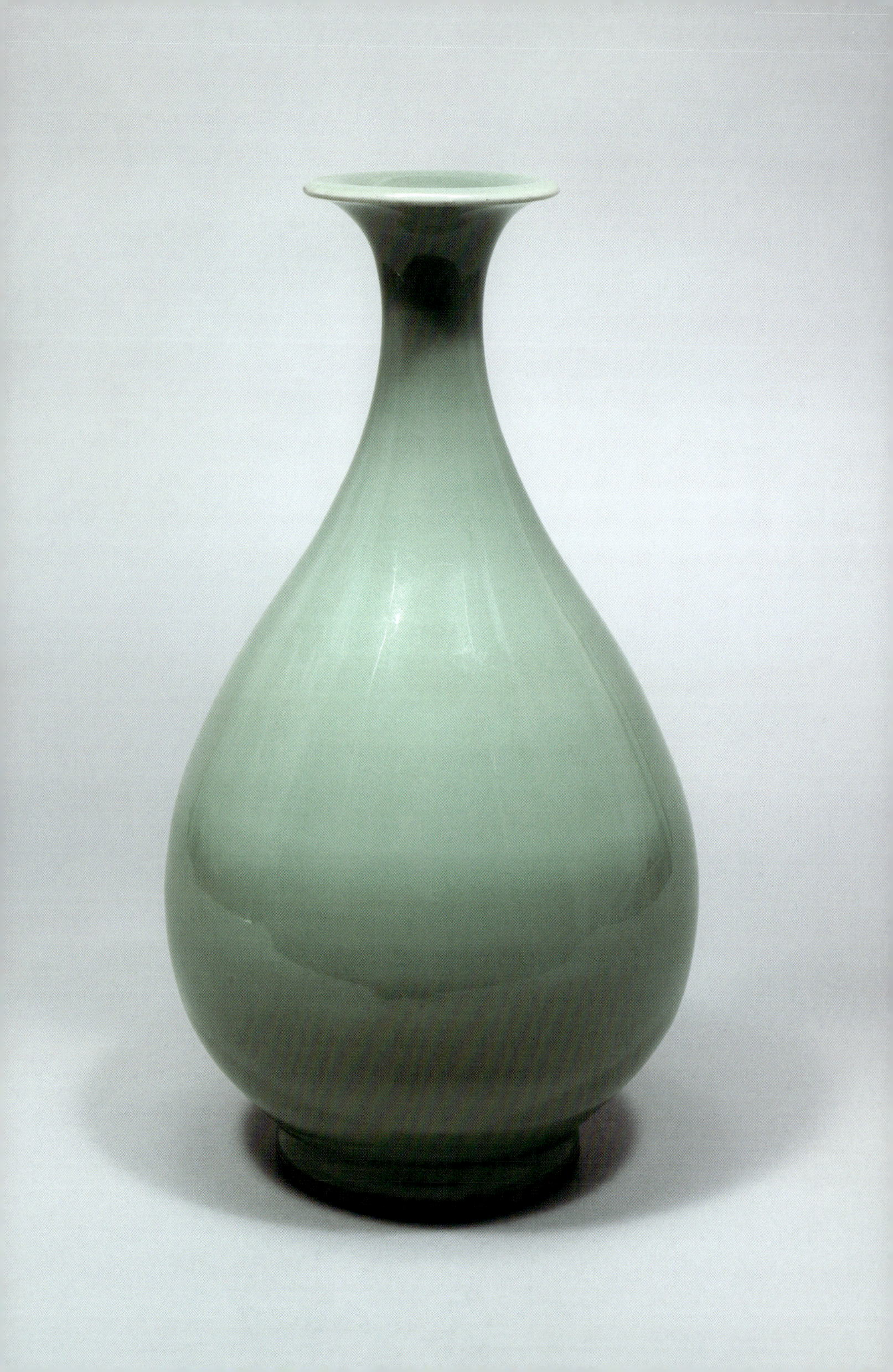

146. ヴェール・アンピール　ナポレオン皇帝の緑
Vert empire : Empire green

ヴェール・アンピール(Vert empire)は、ナポレオン皇帝(Napoléon Bonaparte 1769～1821年)が緑色を好み、政務室や室内をこの色で統一していたという故事による。当時、イギリス人のデザイナー・ロバート・アダムのアダム・グリーン(Adam green)やドイツのシュヴァインフルト・グリーン(Schweinfurt green)が大流行しており、ナポレオン皇帝もそれらの色を採用したと思われる。別にヴェール・ドゥ・パリ(Vert de Paris)とか、ヴェール・アンペリアル(Vert impérial)と呼ばれている。

147. セラドン　青磁色
Céladon : Celadon green

セラドン(Céladon)とは中国で発達した青緑～淡緑色の釉薬がかかった陶磁器のこと。17世紀にヨーロッパに大量に輸入され人気を集めた。フランスではオノレ・デュルフェ作の『アストレ』(1607～1628年)の主人公セラドンのセンチメンタルなロマンスが人気を集めていた。なぜか、この2つが結びつき、中国渡来の陶磁器が「セラドン」(Céladon)と呼ばれ、この青緑色の色名となった。

148. マント　ミントグリーン
Menthe : Mint green

マント(Menthe)はシソ科ハッカ属の総称で多年草のハッカのこと。学名のMenthaは、ギリシア神話のニンフのメンテに由来する。ペパーミント系とスペアミント系があるが、色名のマントはペパーミント油をアルコール液で溶かしたリキュール酒の薄い青緑をさす。英色名のミント・グリーン(Mint green)に相当する。別に緑みの強いヴェール・マント(Vert～)、水で割った薄い青緑色のマント・ア・ロー(～à l'eau)という色名がある。ミントの薄緑色の葉は、前菜などに添えられたりする。

149. シノープル　紋章の緑
Sinople : Green

中世紋章の緑色はシノープル(Sinople)という。ヴェール(Vert)が緑の織物に由来しているのに対し、この言葉は中世では森、草木を意味する言葉であった。この自然の緑が春を待つ人々の感情を想起させ、宝石のエメラルドと結びつき、やがて紋章の緑となった。だが、緑はイスラム教の象徴であったためか、紋章の緑はヨーロッパ全体で、またフランスでも、最も出現率の少ない色である。

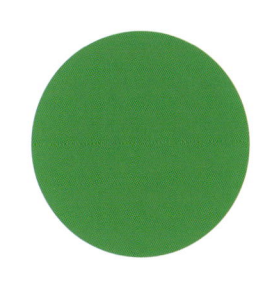

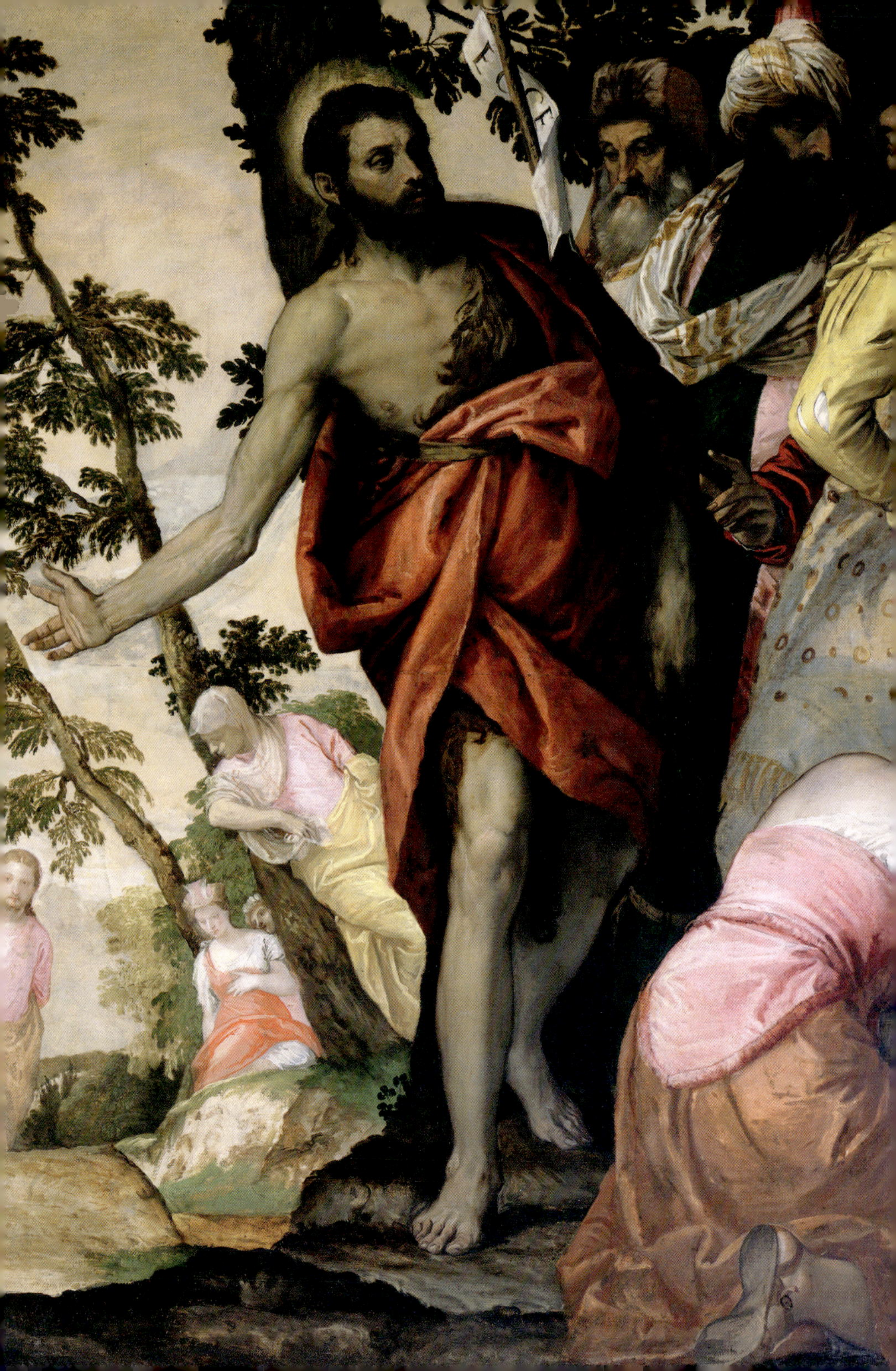

150. ヴェール・ドゥ・フッカー　植物学者フッカーの緑
Vert de Hooker : Hooker green

フッカー（Hooker）は、イギリス人植物学者サー・ウィリアム・ジャクソン・フッカー（Sir William Jackson Hooker 1785～1865年）のこと。彼は若くして植物学、特に苔などの地衣類に興味をもち、セイロン、フランス、スイス、北イタリアなどを歴訪し、研究を重ね、その分野で大きな業績を残した。後年はグラスゴー大学で教壇にたち、後進の指導に当たった。この色名は、彼の採取した数多くの苔を表す色みと考えられる。

151. グリ・アシエ　スチール・グレイ
Gris acier : Steel gray

グリ（Gris）は「灰色」、アシエ（Acier）は「はがね」、「鋼鉄」の意味。つまりグリ・アシエで、鋼鉄のような緑みをおびた灰色。英色名の「スチール・グレイ」を意味する。色名としては意外と古く、鋼鉄生産が本格的になる17世紀に現れている。色みに応じて、ブルー・アシエ（Bleu ～）などもある。

152. マラキット　マラカイト・グリーン
Malachite : Malachite green

マラキット（Malachite）は炭酸銅の鉱物「孔雀石」のこと。またその色の鮮やかな緑色を表す色名である。ギリシア語の「ゼニアオイ」を意味する Malakhe に由来する。その葉の緑色を連想させたのだろう。シナイ山に埋蔵されており、古代エジプトではアイシャドーや美顔材料として使用、以来、緑色の鉱物顔料として用いられてきた。色名としては13世紀頃、出現したといわれている。

153. ヴェール・ヴェロネーズ　ビリジャンの緑
Vert Veronese : Viridian

本来はイタリアの画家パオロ・ヴェロネーゼ（Paolo Veronese 1528～1588年）が使用したような青みの深い緑系の色である。この色に似た、19世紀半ばに開発されたクロム酸化物から作られた透明感のある緑系の絵具を、フランス語ではヴェール・ヴェロネーズ（Vert Veronese）といい、英語ではビリジャン（Viridian）になり、ともに絵具の定番品となった。

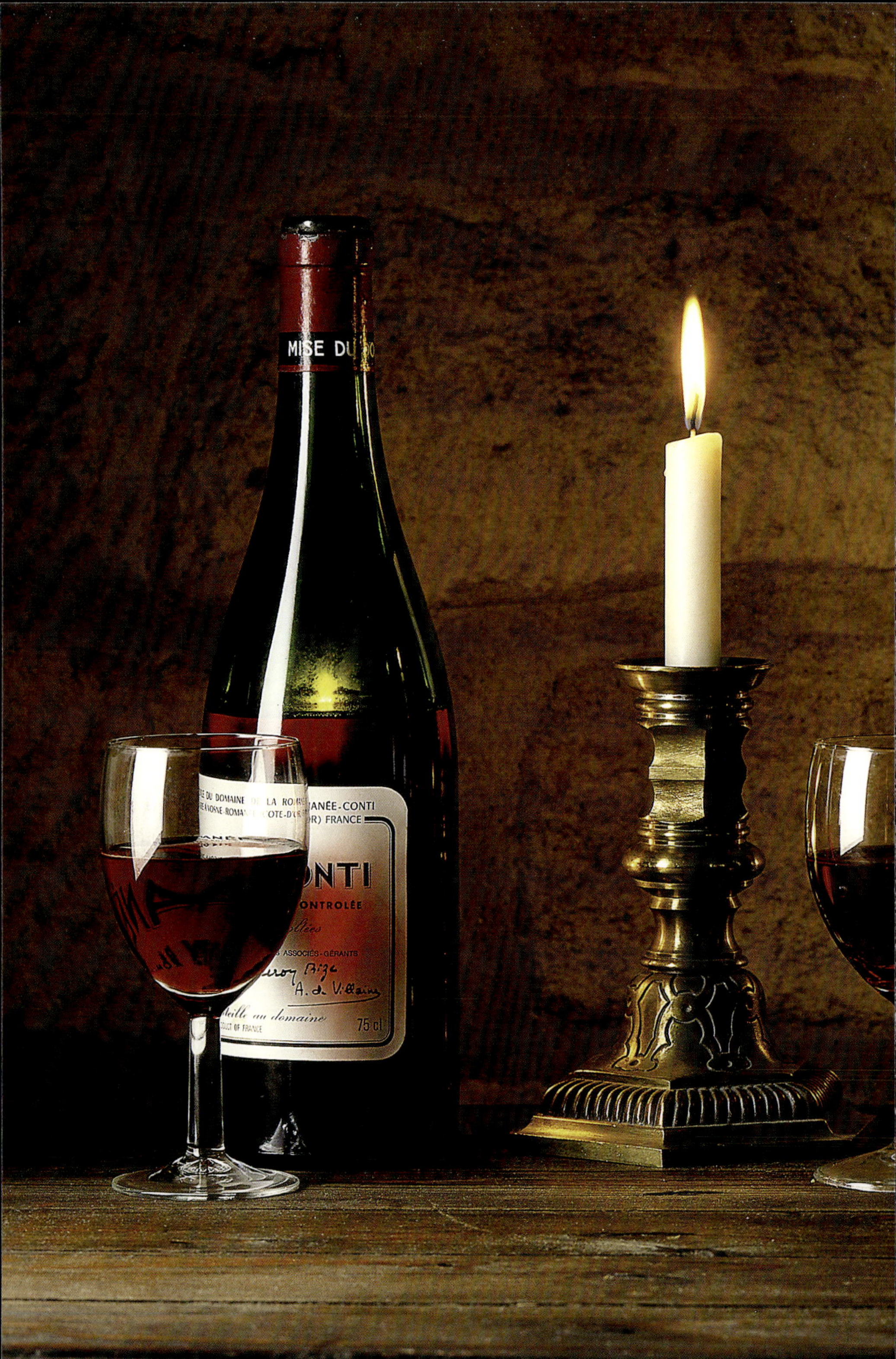
MISE DU
ANÉE-CONTI
FRANCE
ONTI
ONTROLÉE
75 cl

154. サパン　もみの木の緑
Sapin : Fir green

サパン(Sapin)はいわゆる「もみの木」のこと。マツ科モミ属の高木の常緑針葉樹で、いろいろな種類があり、寒冷な北半球から温帯にかけて分布している。色名としてはその葉の濃い緑色をさす。なかでもヨーロッパモミ(トウヒ)は、古くから不死、不変、再生のシンボルとして畏敬を集め、中世以後、クリスマスツリーとして愛用された。英色名のファー・グリーン(Fir green)に相当する。英色名の登場は1884年とあるから、仏色名もその前後であろう。濃い緑を強調したヴェール・サパン(Vert 〜)がある。

155. ヴェール・ブテーユ　緑色の瓶の色
Vert bouteille : Bottle green

ブテーユ(Bouteille)には「瓶」、「酒」の意味がある。ヴェール・ブテーユ(Vert 〜)は「酒瓶の緑」の意味であり、その暗い緑色を表す色名である。古くから葡萄酒は樽詰めで出荷、搬送されていたが、17世紀頃に緑色のガラス瓶に詰める方法が採用された。その前後に、その瓶の色を表す、この色名が出現したと思われる。英語の色名はボトル・グリーン(Bottle green)は、1789年に色名になっている。

156. シプレ　糸杉の緑
Cyprès : Cypress green

シプレ(Cyprès)は糸杉のこと。ヒノキ科の常緑針葉樹の一種で、色名としては、その尖った葉の濃く暗い緑色をさしている。西洋では生命、豊穣の象徴であり、ギリシア神話ではすべての神に捧げられた。西洋の墓所には糸杉が植えられ、死者の魂の再生、復活のシンボルとされた。19世紀末の画家ゴッホの晩年には『星月夜』や『糸杉と星のみえる道』など、糸杉を描いた傑作がある。英色名のサイプレス・グリーン(Cypress green)に相当する。

157. コリブリ　ハチドリの緑
Colibri : Colibri

フランス語でも英語でもコリブリ(Colibri)は共通の鳥の名前。熱帯に住むハミングバード(Humming bird)の一種で、鋭く尖ったくちばしに特徴がある。カリブ語(Carib)に由来する言葉であり、色名としては200年前に登場して、その羽根の暗い緑色をさしているという(『新色名事典』)。

158. ローリエ 月桂樹の緑
Laurier : Laurel green

ローリエ(Laurier)は月桂樹のこと。その葉のような暗い青緑をさす色名である。月桂樹にまつわる話は、ギリシア神話のアポロンとダフネの故事により、古くからヨーロッパ中に知られていた。その結果、月桂樹の葉と実は、花輪や冠に編まれ、競技の勝利者、学問の成績優秀者に与えられた。その慣習は今日まで続いているから、この色名も古くから用いられていたと思われる。

159. ヴェール・プランタン 春の緑
Vert printemps : Spring green

ヴェール・プランタン(Vert Printemps)は春の若葉の緑をさす色名である。中・北ヨーロッパは冬が長く、人々は若葉が薫る春の訪れを心待ちにしていたと思われる。ランブール兄弟の『ベリー公のためのいとも豪華な時禱書』(1416年)には、克明にその風景が描かれている。今なお各地に残る五月柱、五月の女王、五月祭などの風習はその春の緑を祈願する祭りである。

160. ブルー・パセ オールド・ブルー
Bleu passé : Old blue

Passéは「過ぎ去った」、「昔の」、「色の褪せた」などの意味なので、ブルー・パセ(Bleu passé)は、昔の色の褪せた青色のこと。1928年頃にアメリカとフランスの両国のファッション界で流行色になったという記録もある。同様な色名として、「オールド・ローズ」を意味するヴィウー・ローズ(Vieux rose)があり、よく用いられた色名だと思われる。

161. ペトロール 石油の青
Pétrole : Petrol blue

ペトロール(Pétrole)は「石油」の意味。ラテン語のPetroleum(石の油の意味)に由来する。一般的にオイル(Oil)系の色は暗い黄色系であるが、このペトロールはフランス独特の色名で、他の国のオイル系の色名には見られない鈍い青緑系の色をしている。一般用語としてもブルー・ペトロール(Bleu〜)で「緑がかったブルー・グレイ色」の意味がある。

ブルー 青
Bleu : Blue

ブルー（Bleu）は上の色票で示した青を基準とする色域の基本色彩語のひとつ。緑系から紫系にいたる幅広い領域の代表色である。語源は暗いとか黒を意味し、後に青を意味するギリシア語の Kyaneos か、アッシリア語の瑠璃を意味する Uknu に由来するといわれている。中世では、貴石の Lapis lazuli から作られたため、「聖母マリア」の色となり、のちにはフランス王のロイヤル・ブルー（王者の青）として畏敬され、やがてフランス革命の3色旗を彩るフランスの色となった。なお、青は、赤、緑とともに、色光の3原色のひとつである。

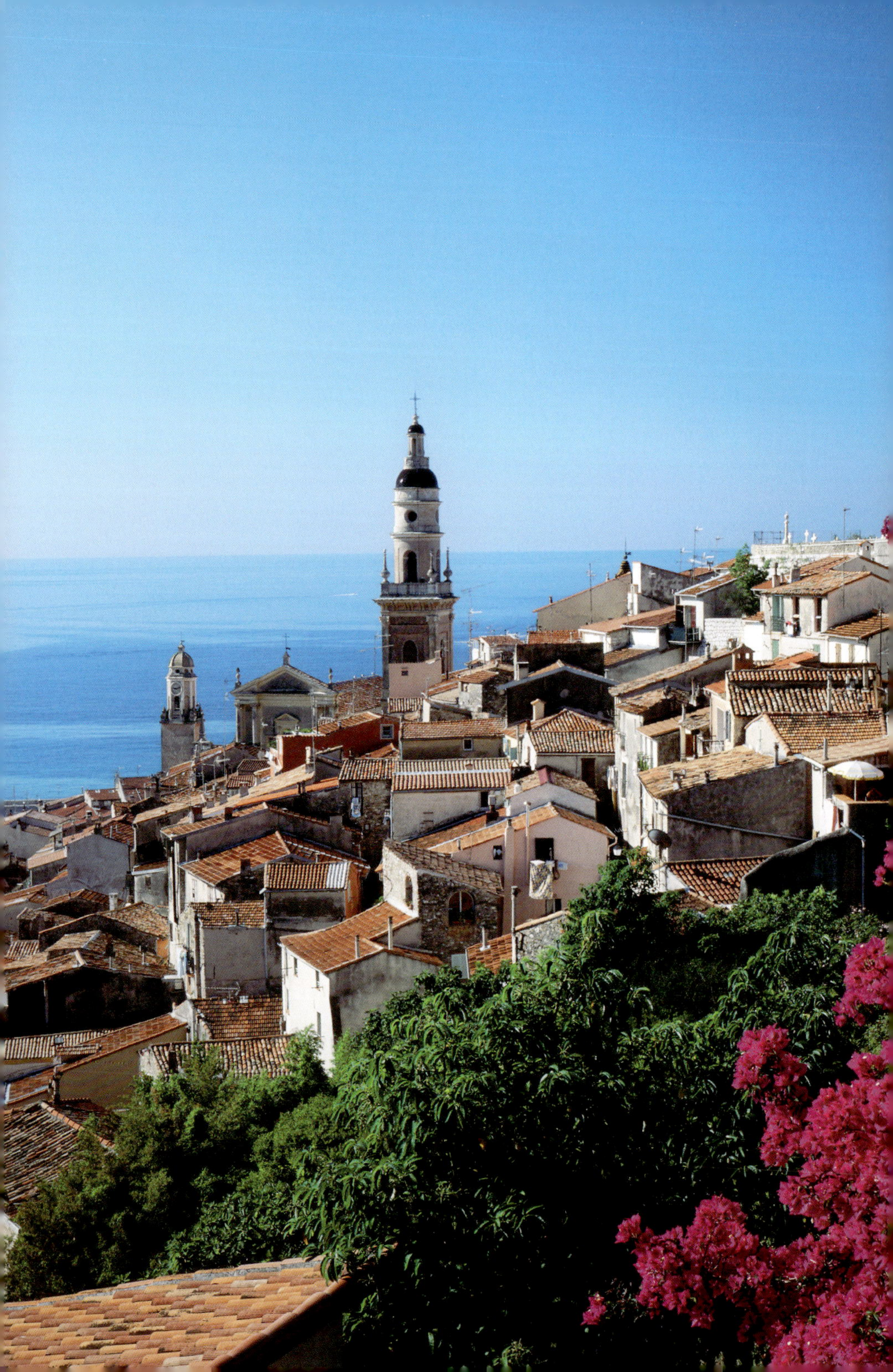

162. オパラン オパール色
Opaline : Opal

オパラン(Opaline)は「オパール色」の意味。宝石のオパールには無色透明や乳白色が多いが、なかには黄、赤、青、緑、黒、褐色などがある。内部に細かい割れ目があるため、光が干渉を起こして虹色に見えることもある。古くから珍重された宝石であるため、乳白色の色を表す色名として使われている。他にオパールの色みに合わせて、ブルー・オパラン(Bleu 〜)、ヴェール・オパラン(Vert 〜)などの色名がある。

163. アジュール 紋章の青
Azur : Azure

アジュール(Azur)は中世に始まる青い紋章を表す色である。アラビア語で青い石を表す al-lazaward, lazuwerd に由来する。ギリシア人は大神ゼウスの色として崇めたが、ローマ人は異教の蛮族の瞳の色として青に好感をもたなかったという。しかしキリスト教の普及と、貴石の Lapis lazuli が結びつき、この色は聖母マリアやフランス王位の象徴色、紋章の青となって、畏敬を集める色となった。

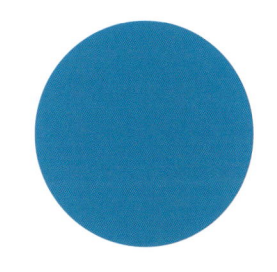

164. ブルー・ドゥ・プロヴァンス プロヴァンスの青
Bleu de Provence : Provence blue

プロヴァンス(Provence)はフランス南東部に位置する風光明媚な地域である。また古代ローマ時代から天然のオーカー(黄土)顔料を産出した地域でもある。19世紀以降では、セザンヌやゴッホ、マティス、シャガールなど幾多の芸術家が訪れ、住まいとした場所である。ブルー・ドゥ・プロヴァンス(Bleu de Provence)とは、その輝くような紺碧の空や海の青をさしている。セザンヌの描く『サント・ヴィクトワール山』の背景には、いろいろな表情のプロヴァンスの青い空が描かれている。

165. ブルー・シエル 空の青
Bleu ciel : Sky blue

シエル(Ciel)は「空」、また複数で神のいる「天界」を意味する。同意語に天界の空を表すセレスト(Céleste)があるが、ブルー・シエル(Bleu 〜)は単純に「青い空」を表すと解釈したほうがよいであろう。ただ、フランスではノルマンディーの空の色とアルルの空の色とでは青の濃さが異なるので、このブルー・シエルはフランス南東部の空と考えたい。1728年に色名として登場している。

Collection "Patrie"

HENRY DE CHAZELLE

AVEC UNE BATTERIE DE 95

60^c

Le récit comp[let]
illustré.

166. ブルー・セリュレエン　セルリアン・ブルー
Bleu céruléen : Cerulean blue

セリュレエン(Céruléen)はラテン語の「空色」を表す Caeruleum に由来する言葉である。15世紀頃にはブルー・セリュレエン(Bleu 〜)で「空の青」を表す色名としてすでに使われていた。ただ19世紀に硫酸コバルトとスズから美しい緑によった青色顔料が作られるにしたがって、1859年にはその絵具の色にこの名前がついた。同様な色を表す色名にセリュレ(Cérulé)、セリュレオム(Céruléum)がある。

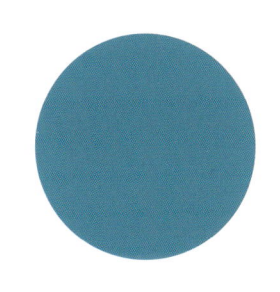

167. ブルー・ドゥ・ニーム　ジーンズ・ブルー
Bleu de Nîmes (Bleu denim) : Jeans blue

ブルー・ドゥ・ニーム(Bleu de Nîmes)はブルー・ジーンズの青である。デニムについては諸説があり、17世紀以降フランスのニーム地域で製造されていた羊毛と絹の裁ち屑の布地であるとか、亜麻と木綿の交織織物とかいうのである。この布地を、19世紀にアメリカで行商をしていたドイツ人商人のリーバイ・ストラウス(Levi Strauss 1829〜1902年)がアメリカに輸入して、ジーンズ・パンツとして売り出して人気を呼び、1960年代に世界の若者たちに定着した。

168. パステル　タイセイの青
Pastel : Woad blue

パステル(Pastel)は、最も古い青色の植物染料の名前。アブラナ科の植物タイセイにつけられた名前である。BC6000年頃のものと思われるタイセイの布地が発見されている。10世紀以降、隆盛を極め、フランス北部、スペイン、イングランドなどで栽培され、大量に消費されたため、多くのタイセイ長者を生み出した。当初はこの染料から薄い青色しか得ることができなかった。17世紀以降、鮮やかな藍色のインディゴが輸入され、タイセイは消滅した。同意語にゲド(Guède)という色名がある。

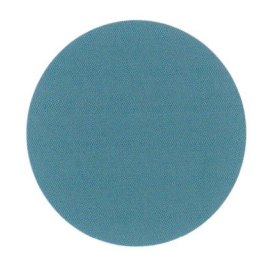

169. ブルー・オリゾン　ホライズン・ブルー
Bleu horizon : Horizon blue

「ブルー・オリゾン」とは水平線(地平線)上、約5度の角度で観測される空の色のことで、海と空が見分けにくい曖昧な薄い空色をさしている。1914年、フランス軍兵士は真紅のズボンを穿いて戦い、砲火を浴びて惨敗した。そこで急遽、採用されたのが「ブルー・オリゾン」(Bleu horizon)の色であり、以後、フランス軍兵士のズボンの色名として使用されている。

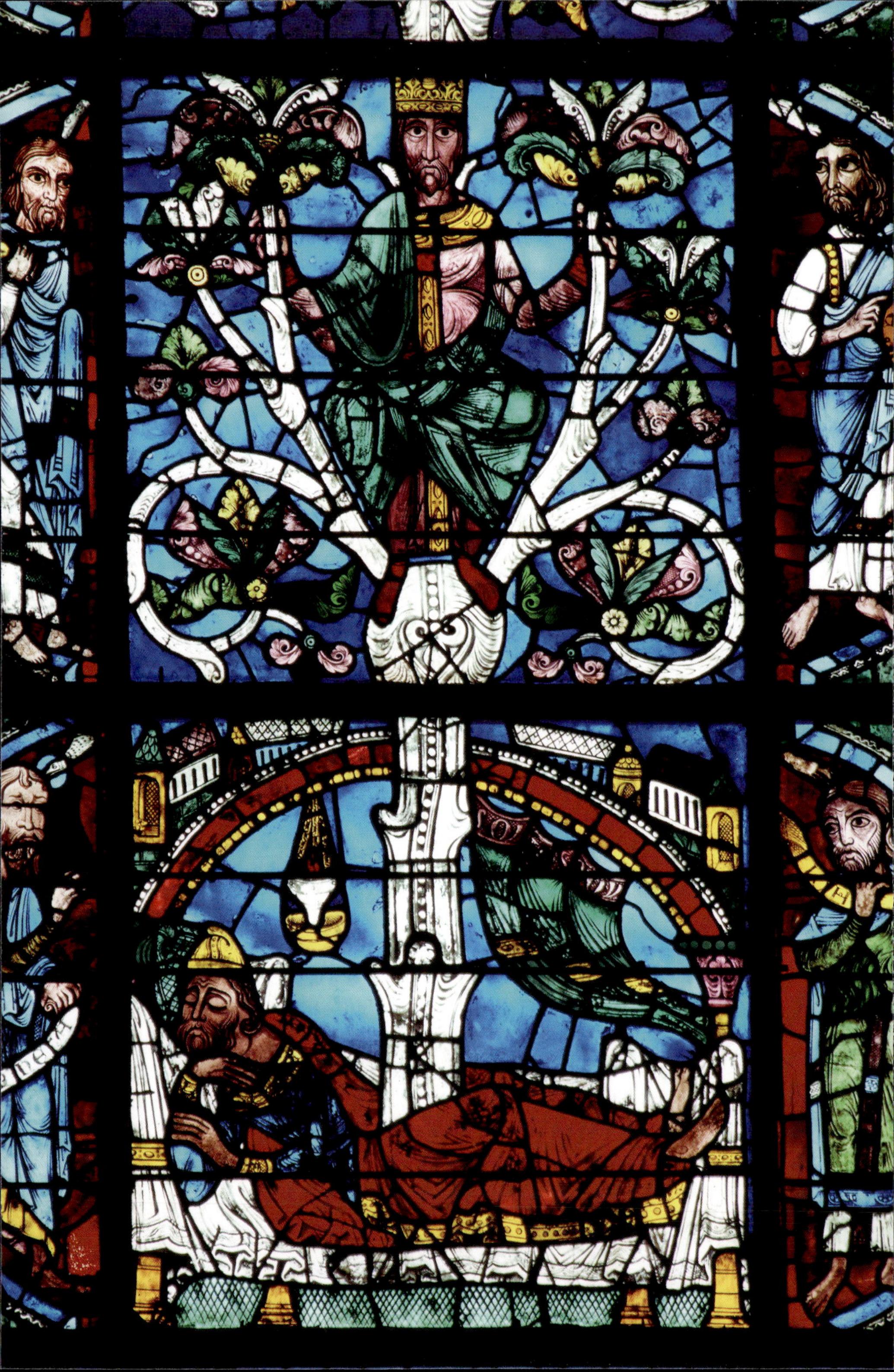

170. ブルー・ポルスレーヌ　陶器の青
Bleu porcelaine : Porcelain blue

ポルスレーヌ(Porcelaine)とは磁器のこと。1710年ドイツのマイセンでヨーロッパ最初の白い磁器が作られるまで、磁器は全部、中国の景徳鎮からの輸入品であった。その多くがコバルトの化合物を使った青の釉薬を施したものであり、ヨーロッパでは、それへの憧憬を込めて、その浅い緑の青をブルー・ポルスレーヌ(Bleu〜)といって珍重したという。同様な色名としてイタリア・ファエンツア焼に由来するブルー・ファイアンス(Bleu faïence)がある。

171. ブルー・ドゥ・コート・ダジュール　コート・ダジュール・ブルー
Bleu de Côte d'Azur : Côte d'Azur blue

南フランスのリグリア海に接するニースからモナコに至る避暑地のこと。コート(Côte)は海岸、アジュール(Azur)は青を意味するから、コート・ダジュール(Côte d'Azur)は、文字どおり紺碧の海岸の意味である。その海岸に接する海の緑みを帯びた美しい青色をさしている。特に、午後、太陽が斜めに入射すると、浜辺に近い海色が青緑色に変色し、沖のマルーン・ブルーの色と絶妙な美しさを現出する。

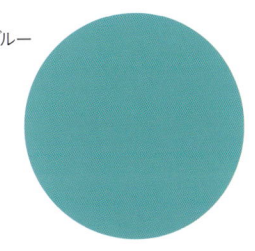

172. ブルー・ドゥ・シャルトル　シャルトル大聖堂の青
Bleu de Chartres : Chartres blue

ブルー・ドゥ・シャルトル(Bleu de Chartres)は、「ブールジュの赤」と並び称される「シャルトル大聖堂」のステンドグラスの青色である。この大聖堂は1145年に建立、後に火災で大部分を消失したが、1194年〜1220年に再建された中世を代表するゴシック様式の寺院で、聖母マリアの聖衣が保存されているとの伝説をもつ。特にステンドグラスで描かれたマリア像のコバルト顔料の青が美しく、「ブルー・マドン」(Bleu Madone)といわれ、古くから畏敬を集めている。

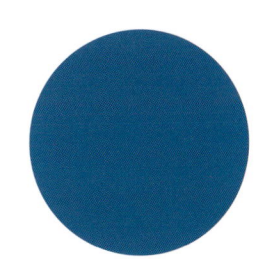

173. セレスト　天空の青
Céleste : Sky blue

Céleste(セレスト)を辞書でひくと「天上の」「天空の」「神の」などを意味しており、単なる空色ではなく、深みのある空色である。ラテン語の空(Caelum)の形容詞(caelestis)から派生した言葉であり、11世紀頃にフランス語のCélesteになり、英色名としては1584年に登場している。色名としてはブルー・セレスト(Bleu〜)で用いられることも多い。

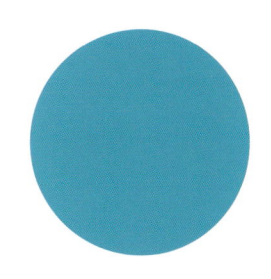

99

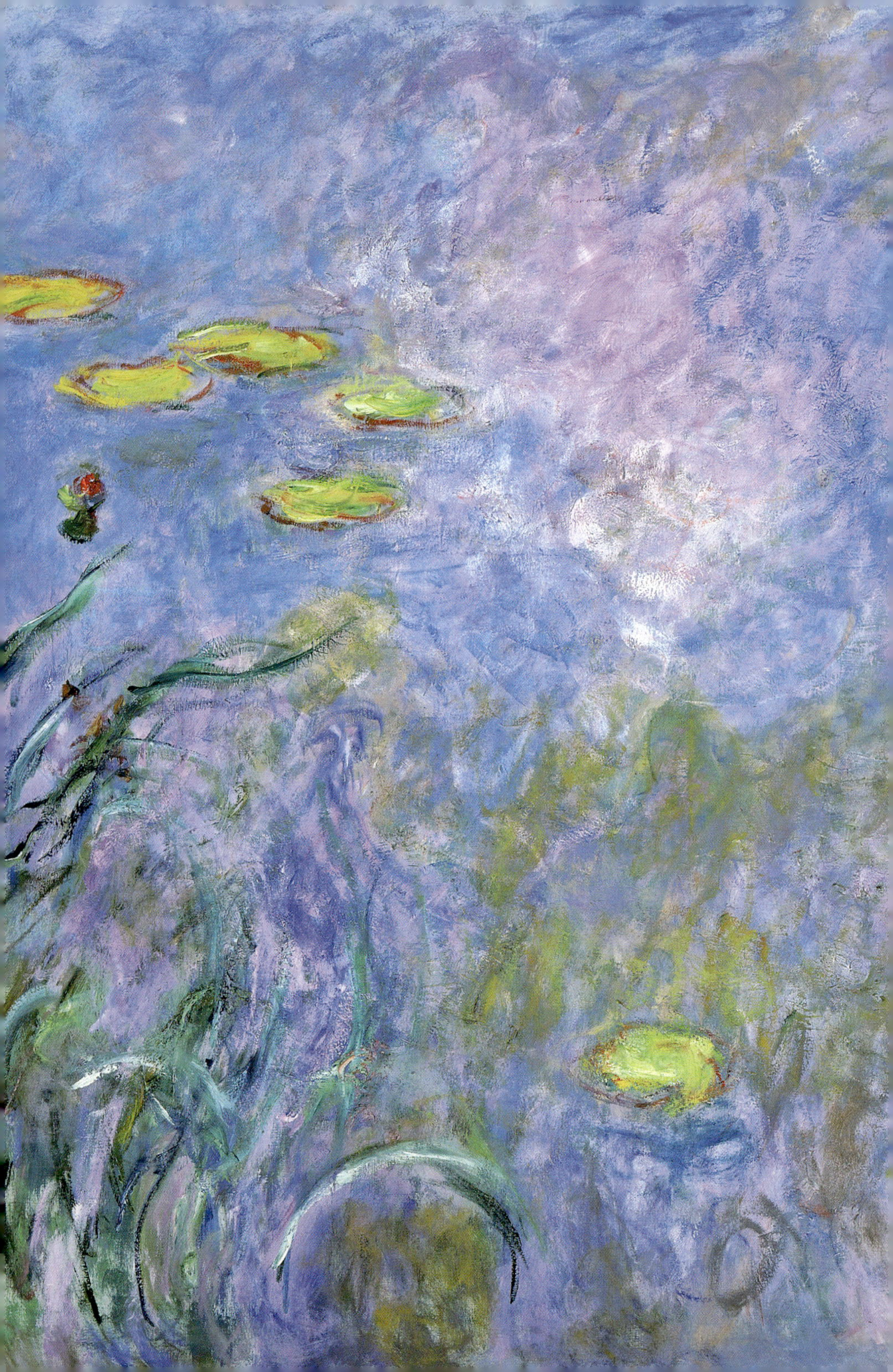

174. ヴェルサイユ ヴェルサイユ宮殿に由来する青
Versailles : Versailles blue

『メルツ＆ポール』に記載されている色名である。言うまでもなくヴェルサイユ（Versailles）は、17世紀ブルボン王朝の象徴として、1682年にルイ14世によって王宮（Château de Versailles）とされた建物のことである。バロック建築を代表する建物として世界遺産にも登録されている。色名との関係は、特にフランス革命の際、王党派の人々がこの場に集まったため、フランス王を象徴する青と結びつき、この色名になったと思われる。同様な青色の色名として、チュイルリー（Château de Tuileries）がある。

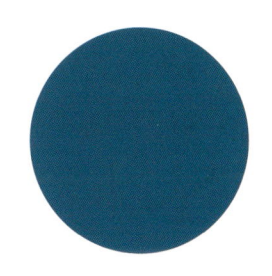

175. チュルコワーズ ターコイズ色
Turquoise : Turquoise blue

チュルコワーズ（Turquoise）は、伝説のシナイ山（現エジプト領シナイ半島）からエジプト人によって持ち込まれた宝石のこと。色はその鮮やかな青緑色である。古フランス語のTurcois、Turquois、またはTurqeis（Turkish トルコの意）、Pierre Turquoise（Turkish stone トルコ石）に由来する。古くから魔除けの効能があるとされ、トルコ石は珍重された。1573年には色名に記録されているが、青みのブルー・チュルコワーズ（Bleu ～）、緑みのヴェール・チュルコワーズ（Vert ～）など幅広い色域にまたがっている。

176. メール・ドゥ・シュド 南の海の色
Mer du sud : Southern sea

メール・ドゥ・シュド（Mer du sud）は「南の海」の意味である。色名としては、その南の海のような鮮やかな緑みの青である。フランスから見て南の海は、青い海岸コート・ダジュール（Côte d'Azur）に接する紺碧の海といわれる地中海であろう。色名としても地中海のブルー・メディテラネ（Bleu Méditerranée）、アドリア海のブルー・アドリアティック（Bleu Adriatique）がある。この色名は2つの海の色を総称したものであろう。

177. ブルー・モネ モネのブルー
Bleu Monet : Monet blue

印象派の画家クロード・モネ（Claude Monet 1840 ～ 1926年）に由来する色のこと。モネは、他の印象派の画家と同様に、固定色を否定して「色調の並列や移調」によって、光の移ろいの中で変化するモノの形を表現することを試みた。代表作『睡蓮』、『ルーアン大聖堂』、『積みわら』などの連作で表現されているくすんだ緑みの青色を、1928年にブルー・モネ（Bleu Monet）というようになった。

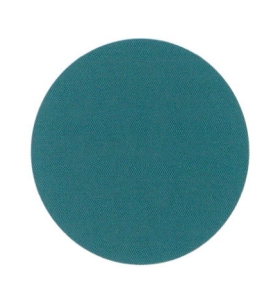

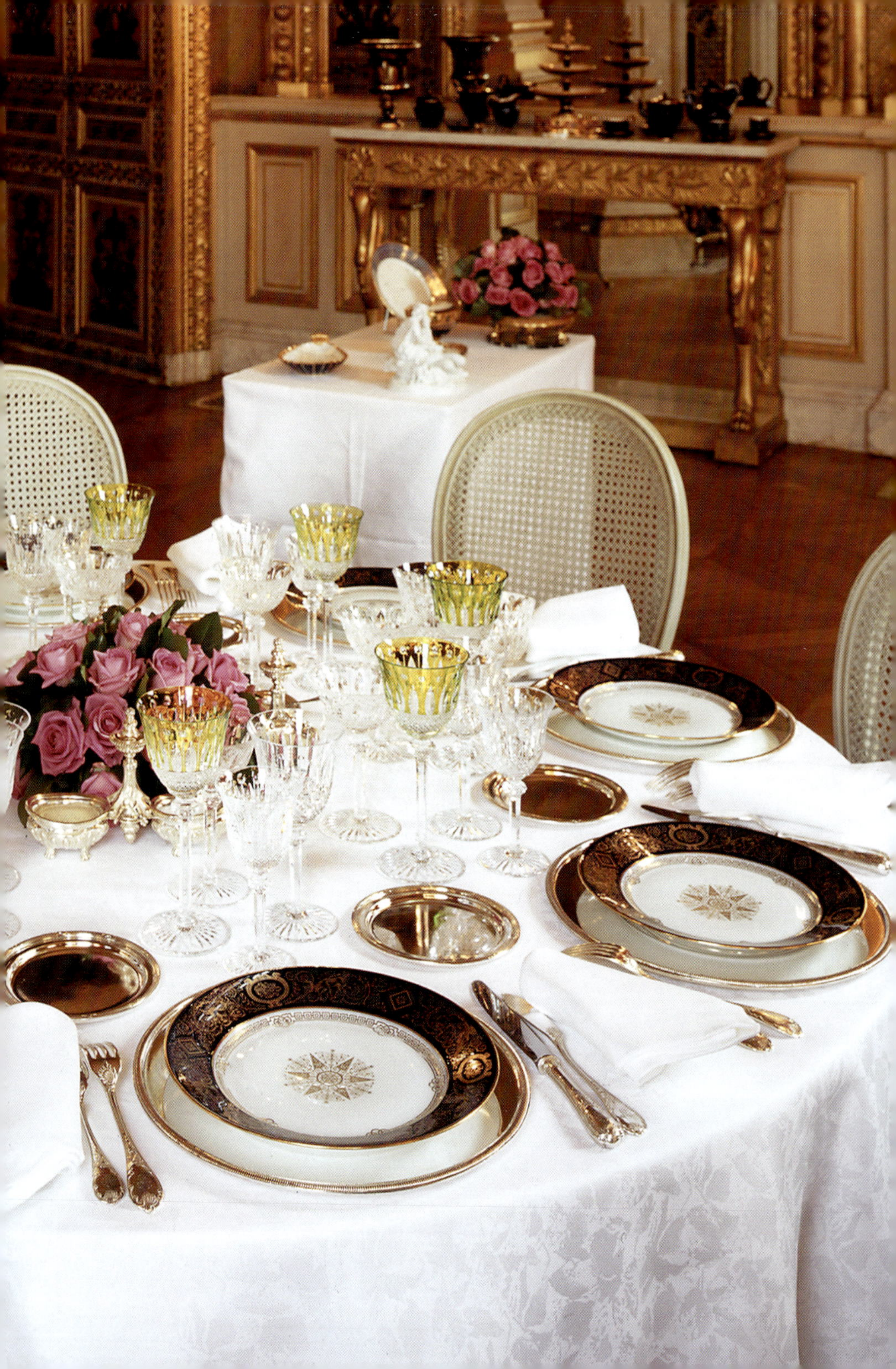

178. ヴァトー　ヴァトーに因んだ青
Watteau : Watteau blue

『メルツ＆ポール』に記載される色名である。18世紀の代表的雅宴画家ジャン・アントワーヌ・ヴァトー（Jean Antoine Watteau 1684〜1721年）に因んだ青色である。ヴァトーは18世紀サロン社会を背景に、華麗で優雅なピンク、ペール・ブルーやパール・グレイを駆使して雅宴画といわれる優美な絵画を描いた。色名のヴァトーは、その淡いブルーを表している。特に『シテール島への船出』（1717年）は彼の代表作である。

179. ブルー・アジュール　瑠璃色
Bleu azur : Azure blue

アジュール（Azure）の語源には諸説があり、アラビア語の青い石を意味するal-lazaward、ペルシャ語のlazhuward、また瑠璃を意味するlapis lazuliから派出したなどの説がある。いずれも青を表す言葉に由来し、Bleuと結合してブルー・アジュール（Bleu azur）で空や海の青を意味している。サッカーのフランス・ナショナルチームは、このBleu azurのユニホームを着用している。

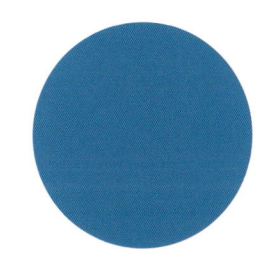

180. ポンパドゥール　ポンパドゥール侯爵夫人に因んだ青
Pompadour : Pompadour blue

ポンパドゥール（Madame de Pompadour 1721〜1764年）侯爵夫人に因んだ青色の色名。ルイ15世の愛情を獲得するため、青色の馬車に乗るときはピンクのドレス、ピンクの馬車のときには青のドレスを着たという逸話や、彼女が振興に努めたセーヴル磁器の「ロイアル・ブルー」に由来する説もある。革命派にとっては王党派（皇室保持派）のシンボルであり、フランス・ブルーに関連づけられる。ローズ・ポンパドゥール（Rose〜）は、この夫人に因んだピンク色である。

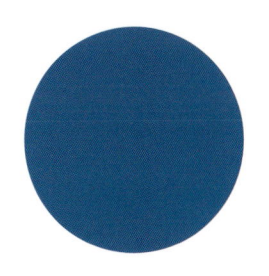

181. ブルー・パン　孔雀の青
Bleu paon : Peacock blue

パン（Paon）は孔雀のこと。ブルー・パン（Bleu〜）は、その羽根のような鮮やかな青緑色をいう。古代ローマ時代より、孔雀は皇女たちの神格化のシンボルであり、ビザンチン帝国の女帝の象徴であった。中世では紋章の図柄に数多く取り入れられた。したがって1598年には、早くも色名として登場している。19世紀には、さらに緑みの強いヴェール・パン（Vert〜）という色名が出現している。

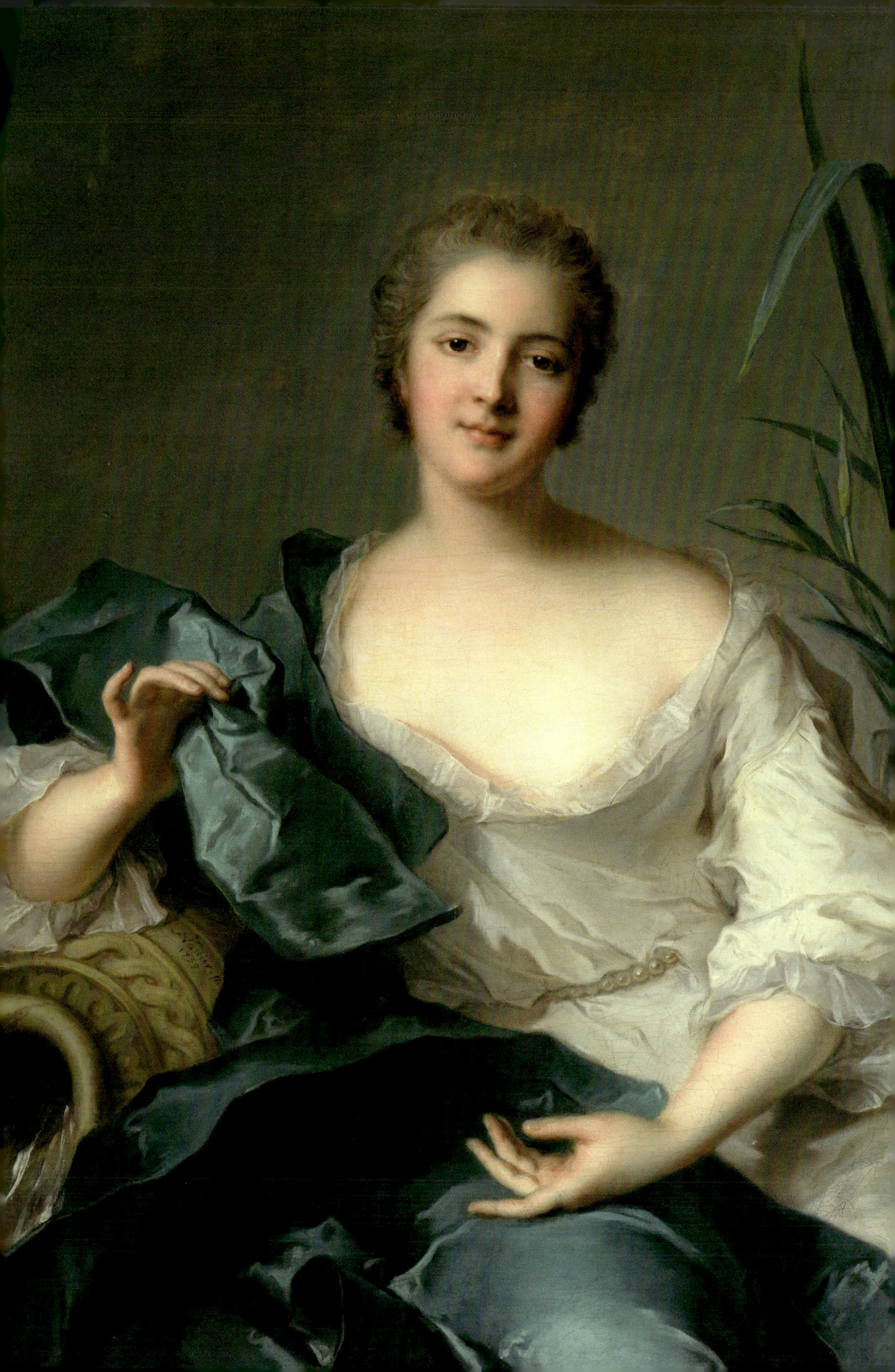

182. ブルー・ナティエ ナティエ・ブルー
Bleu Nattier : Nattier blue

フランス・ロココを代表する画家ジャン・マルク・ナティエ(Jean Marc Nattier 1685～1766年)に由来する青色。彼はフランス王室付きの肖像画家として、ルイ15世の娘たち、上流社会の婦人たちを華麗に描き、その描法や色彩では異常な人気を博した。『アレキサンダー・クラキンの肖像』(1728年)、『ロアンの姫』(1741年)に描かれた緑みの青は「ブルー・ナティエ」(Bleu Nattier)といわれ人気を集めた。

183. シアン シアン
Cyan : Cyan blue

シアン(Cyan)は Jaune(黄)、Magenta(マジャンタ)とならぶ色材の3原色のひとつ。語源は古代ギリシア語で暗いとか黒を意味する Cyanos に由来する。一説にはサンスクリット語の Cjana's(暗い)から派生したともいわれる。後にダークブルーを意味する色名になったが、プルシャン・ブルー(1704年)が開発されて同義語になり、1879年に明るい青緑を意味する色名となった。

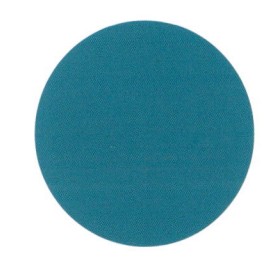

184. カナール 鴨の首の羽色
Canard : Duck blue

カナール(Canard)は、鳥綱のカモ科に属する鳥の総称である。大型の雁から家鴨といわれるアヒルまで幅広い種類がある。カモには地味な羽色の種類もあれば、美しい羽色をもった種類もある。特にマガモのオスは美しい「青首」をもっており、この色名はその首の羽色をさしていると思われる。この青を強調したブルー・カナール(Bleu〜)という色名がある。また同様な色みで、小鴨の色のサルセル(Sarcelle)がある。

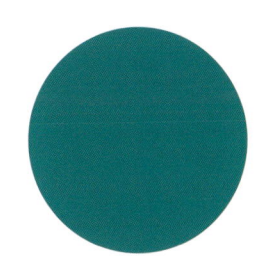

185. ブルー・マリーヌ 海の青
Bleu marine : Marine blue

1800年頃イギリスで水兵、水夫などの海事関係者が着用していた藍染めの労働着を「Marine Blue」の色名で呼ぶようになった。これがフランスにも伝わり、ブルー・マリーヌ(Bleu Marine)として、第1次大戦後(1919年〜)、水兵ばかりでなく、警察官、郵便配達夫などの制服の色となった。1920年代シャネルが発表したマリーン・ルックの色として、一躍、有名になる。この青に対して水夫を意味するマトロ(Matelot)をつけてブルー・マトロ(Bleu〜)という色名もある。

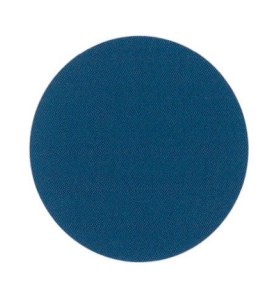

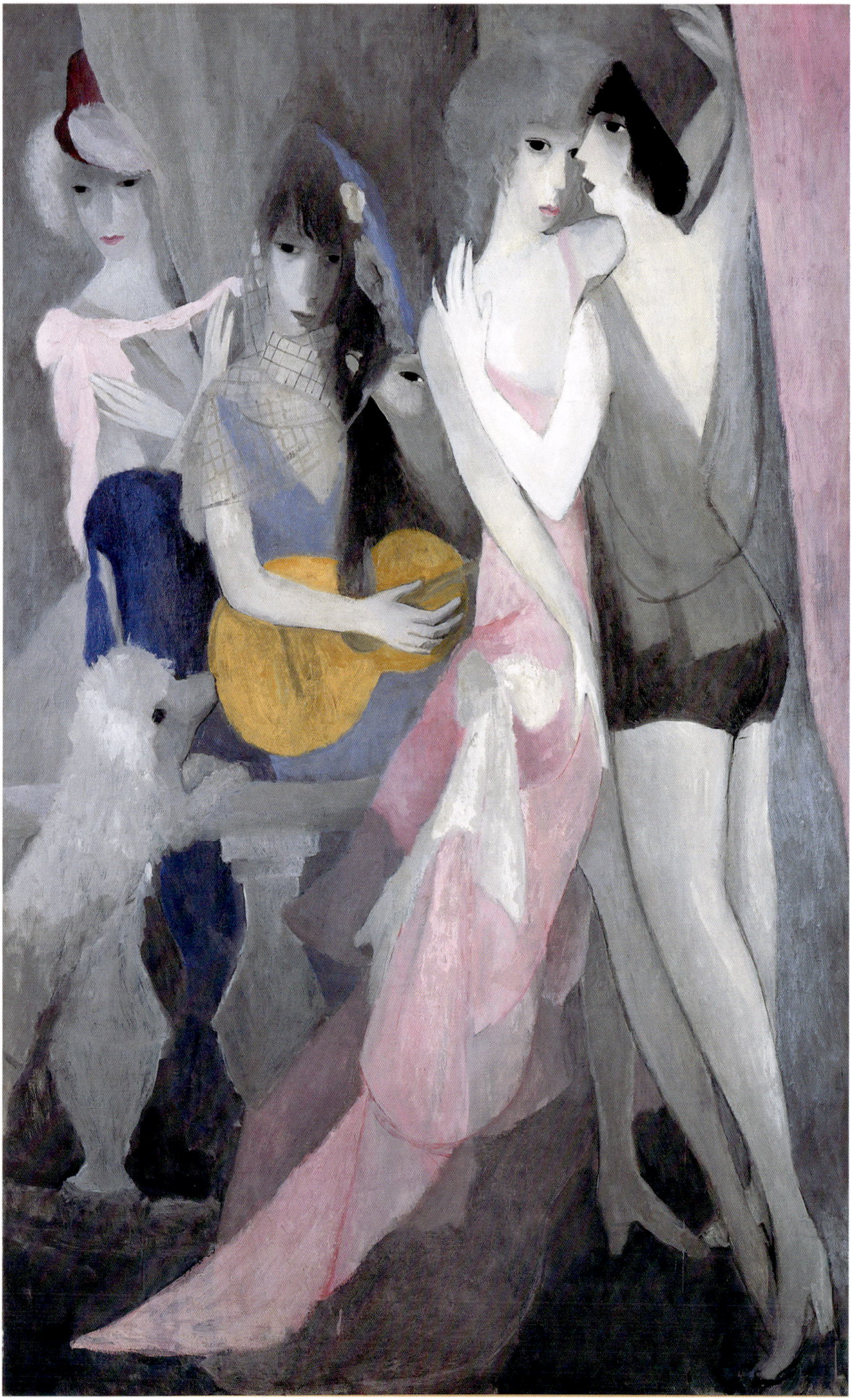

186. ショードロン　銅鍋の色
Chaudron : Cauldron

ショードロン(Chaudron)は「釜」、「大鍋」の意味。英語でも、これによく似たコールドロン(Cauldron または Caldron)という色名があって、いずれも料理用の濃い赤銅色の大鍋の色をさしているが、仏色名の方が黒みが強い。1920年頃、英・仏の色名となったとあるから、それほど古い色名ではない。

187. グリ・ローランサン　ローランサンのグレイ
Gris Laurencin : Laurencin gray

20世紀初頭にパリを中心にして活躍した女性画家マリー・ローランサン(Marie Laurencin 1883～1956年)の絵に表現されたグレイの総称。最初、ブラック、ピカソの影響を受け、キュビスム的な絵を志向していたが、次第にその影響から脱し、グレイをベースカラーとしたパステル調の甘美な女性像を描き、人気作家となった。グリ・ローランサン(Gris Laurencin)は、その色みを含んだ灰色をいう。

188. グリ・シエル　スカイグレイ
Gris ciel : Sky gray

英色名のスカイ・グレイ(Sky gray)に相当するフランス語の色名。つまり、「曇っている空」を表す言葉であるが、曇空といっても明るい色から暗い色まで広範囲にわたっている。だが色名になるとそれほど暗い色ではなく、南フランスの空のような比較的明るい色になっているのが普通である。

189. ミヨゾティス　忘れな草色
Myosotis : Forget-me-not blue

ミヨゾティス(Myosotis)は、「忘れな草の花」に似た淡い青色である。恋人のためにドナウ川の岸辺に咲く可憐な花を摘んでいた若者が急流に流され死んでいくとき、「Vergiß-mein-nicht」(私のことを忘れないで！)といった伝説に由来している。この言葉は、やがて花の名前、また色名となり、ヨーロッパ中に伝わった。英色名では「Forget-me-not blue」(1877年)である。

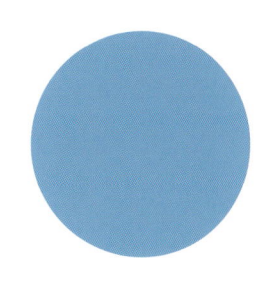

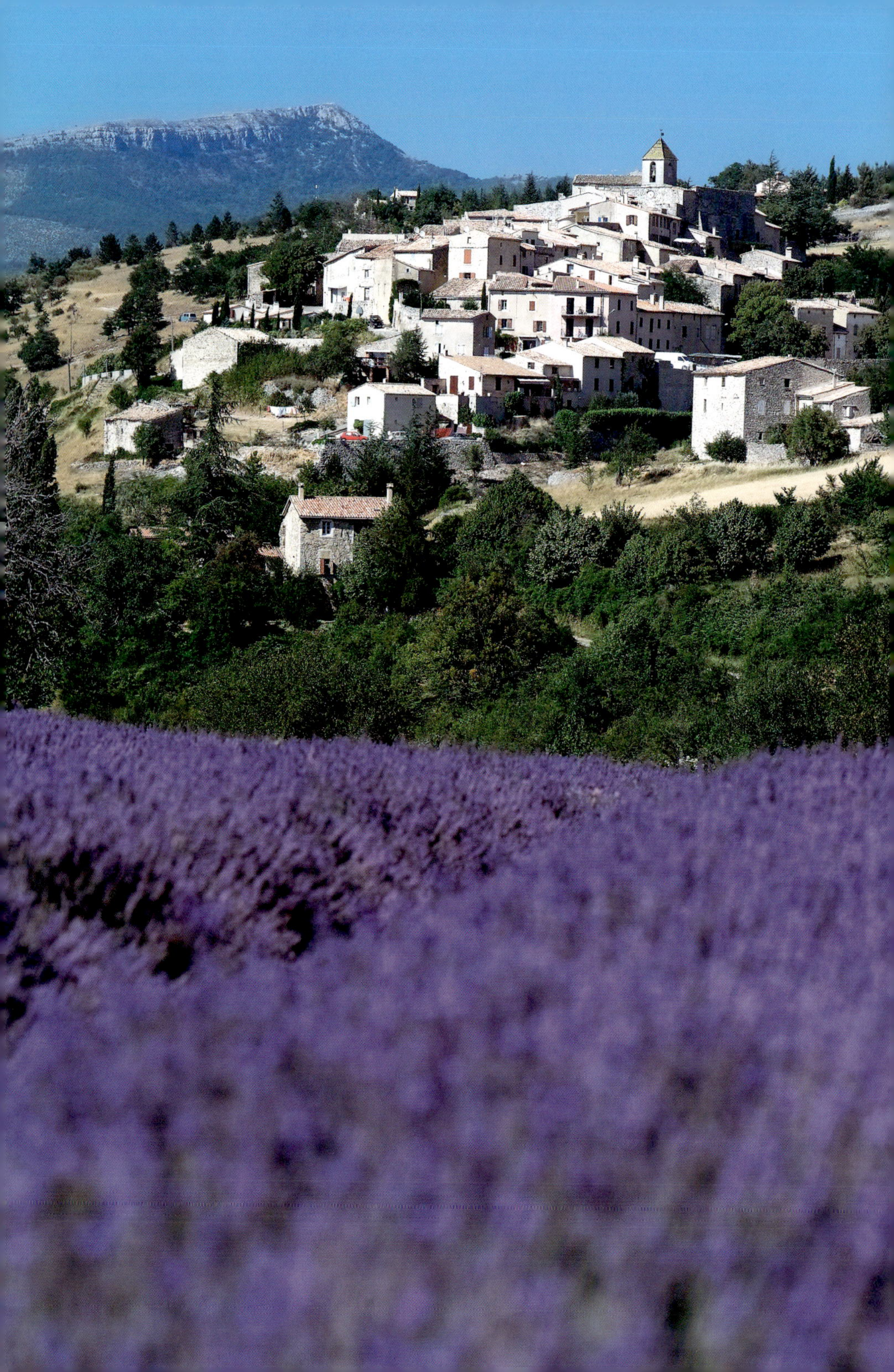

190. ブルー・ファイアンス 陶器の青
Bleu faïence : Faïence blue

ファイアンス(Faïence)はイタリア中部のファエンツア(Faenza)産のマジョリカ陶器のこと。11世紀頃から作られた珪石質の軟質陶器で、後にマジョリカ陶器の技術を取り入れた焼物である。青や黄褐色の釉が特徴で、その青をブルー・ファイアンス(Blue faïence)といって愛好した。白い磁器に施された染付けの青を、別にブルー・ポルスレーヌ(Bleu porcelaine)といって区別した。

191. ラヴァンド ラベンダーの紫
Lavande : Lavender

ラヴァンド(Lavande)はシソ科の常緑低木樹。春先に紫や白、ピンクの花を咲かせる。紫の花が最もポピュラーであり、色名としても薄い紫色をさしている(1796年)。昔、水浴のとき、この植物の香水を使ったため、ラテン語の lavare (洗うこと)に由来したという。色みによってブルー・ラヴァンド(Bleu 〜)、ピンクみは(Rose 〜)などの色名がある。なお Rose lavande の逆三角形の胸章は第2次世界大戦中、ホロコーストでは同性愛者の印であった。

192. ブルー・ゴロワーズ ゴロワーズの青
Bleu Gauloises : Gaulois blue

「ゴロワーズ」は 1910 年にフランスの煙草公社によって発売された銘柄である。名前の由来となったガリア(ゴール)人のシンボル、翼のついたヘルメットのイラストは、1947 年のジャクノ(Jacno)によるデザインを今日に受け継いだものである。1984 年に発売されたゴロワーズ・ブロンドはヨーロッパの若者の間で高い人気を誇る。このパッケージの青が「ゴロワーズ・ブルー」と呼ばれている。

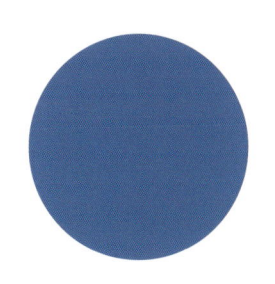

193. ブルー・ドゥ・パティニール ヨアヒム・パティニールの青
Bleu de Patinir : Patinir blue

パティニールは 16 世紀北方ルネッサンス時代を代表するフランドルの風景画家。本名ヨアヒム・パティニール(Joachim Patinir 1475 〜 1524 年)で、青の画家といわれている。代表作『三途の川を渡るカロン』や『聖クリストフォルスのいる風景』では、インディゴ濃淡の青色を遠景、中景、前景に配置して、ダ・ヴィンチの「青の遠近法」に近い表現を行っている。この色をブルー・ドゥ・パティニール(Bleu de Patinir)という。

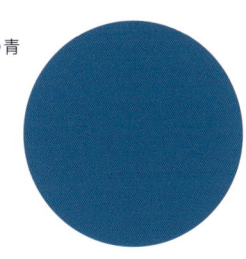

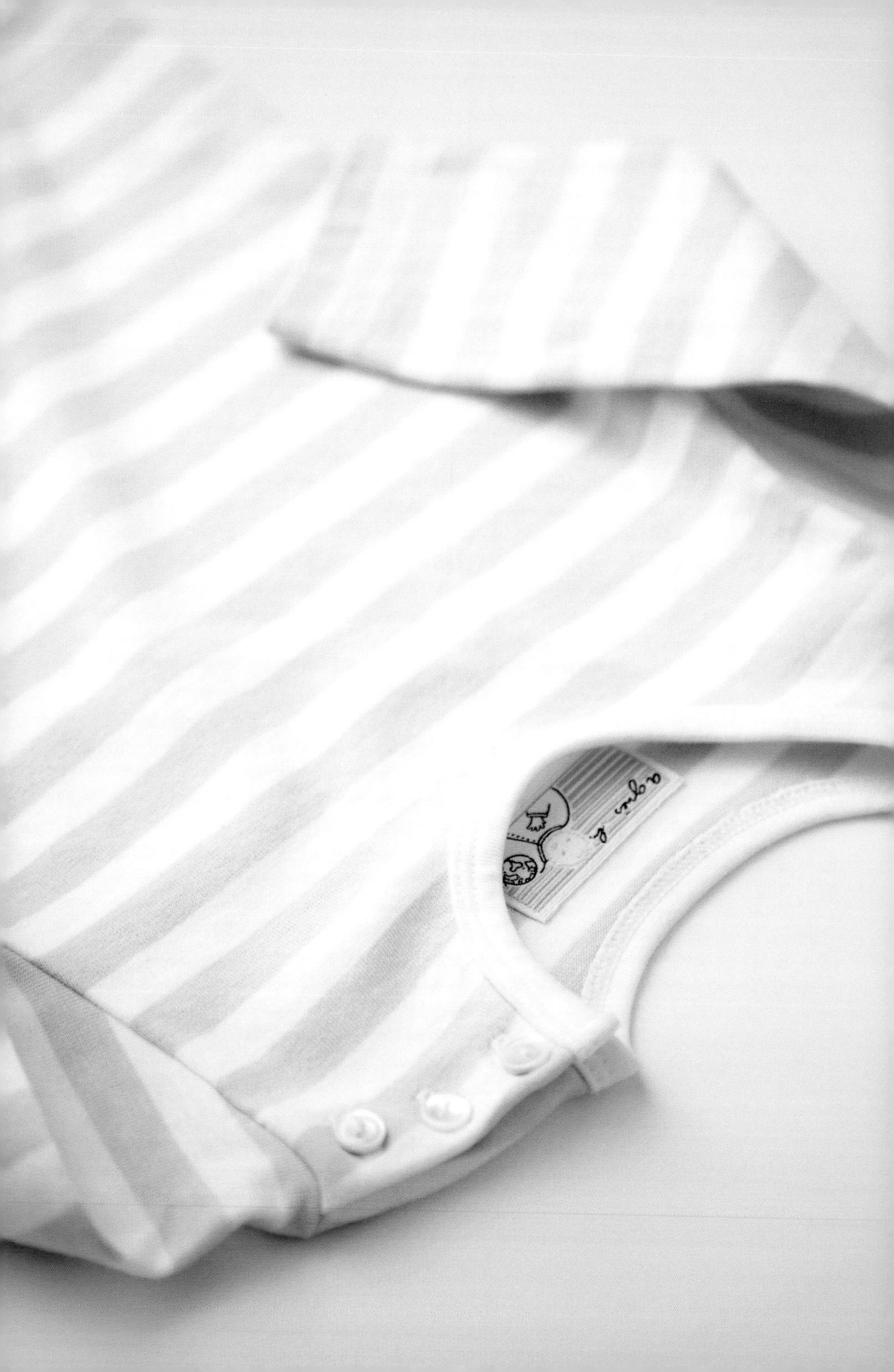

194. ブルー・ベベ　ベビー・ブルー
Bleu bébé : Baby blue

ブルー・ベベ(Bleu bébé)はローズ・ボンボン(Rose bonbon)と同様に、新生児・乳幼児が着るベビー・ブルー(Baby blue)の色である。Bonbon は子どもの好きなフランス伝統の菓子のことだが、色名のブルーと結合して、慣習の色となったのであろう。女の子にピンク、男の子に淡いブルーの色の服を着せる習慣は、19世紀末に誕生したという(『ヨーロッパの色彩』)。ただし、ベルギーでは男の子がピンクを着るそうである。

195. ブルー・オルタンシヤ　アジサイの青紫
Bleu hortensia : Hydrangea blue

ブルー・オルタンシヤ(Bleu hortensia)はアジサイの花の青紫色を表す色名。アジサイの原産地は日本で、ドイツの医者シーボルトにより、ヨーロッパに伝わった。アジサイはその色素のアントシアニンと土質によって花の色が変化する。土質が酸性なら青、中性なら紫、アルカリ性で赤になる。色名にも、ピンクの花を表すローズ・オルタンシヤ(Rose 〜)、紫みの花のヴィオレット・オルタンシヤ(Violette 〜)などがある。

196. ブルー・マリー・ルイーズ　マリー・ルイーズの青
Bleu Marie Louise : Marie Louise blue

ランバル公妃マリー・ルイーズ(Marie Louise)はルイ16世妃マリー・アントワネットの女官長を務めた女性である。フランス革命後も王家を助けるために、チュイルリー宮殿において自分の部屋を王家と王党派(皇室保持派)の連絡場所として提供し、王党派として活動した。王妃とともに捕えられ、虐殺された。王党派の象徴として「王家の青」がマリー・ルイーズに捧げられ、ブルー・マリー・ルイーズ(Bleu 〜)の色名になったと思われる。

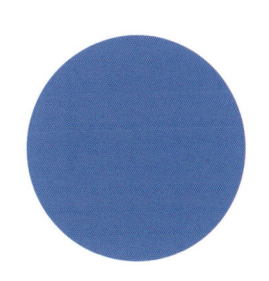

197. ブルー・ドゥ・シャンパーニュ　フィリップ・ドゥ・シャンパーニュの青
Bleu de Champaigne : Champaigne blue

フィリップ・ドゥ・シャンパーニュ(Philippe de Champaigne 1602〜1674年)は17世紀、フランスを代表する宮廷画家であり、人気作家であった。そのシャンパーニュによるラピスラズリの青をいう。1648年以降、世俗的なことを描く画家から、神の恩寵を讃えるジャンセニスト[注7]に転じ、陰のある静寂な青を用いて、数多くの宗教画を描いた。その代表作『苦しみの聖母』(1660年)には落ち着いた青によって聖母マリアが描かれている。この色のことをブルー・ドゥ・シャンパーニュ(Bleu de Champaigne)という。

111

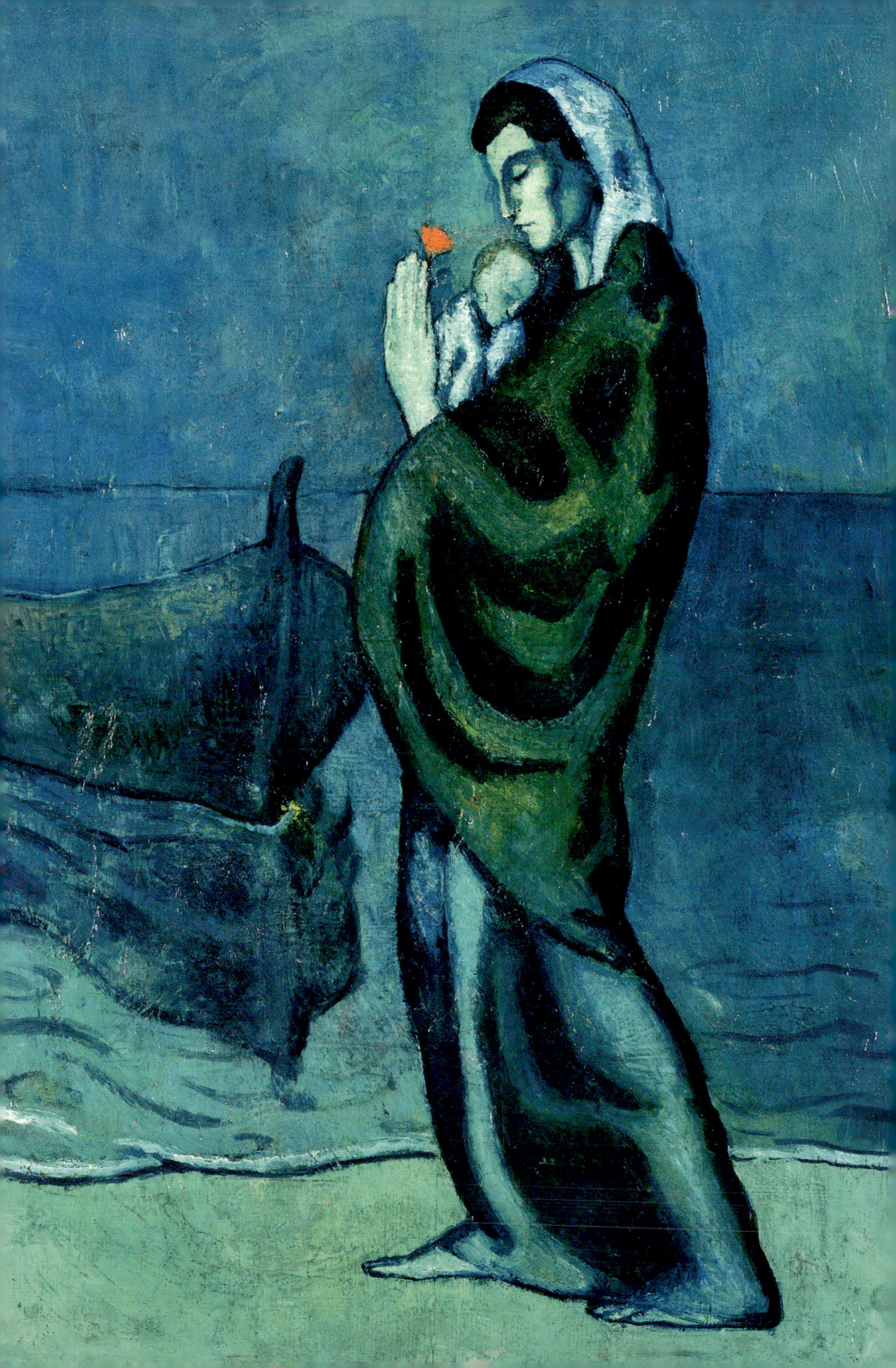

198. ブルー・マジョレル　ジャック・マジョレルの青
Bleu Majorelle : Majorelle blue

マジョレル（Majorelle）はフランスのアーティスト、ジャック・マジョレル（Jacques Majorelle 1886〜1962年）に因む鮮やかなコバルトブルーの色名のこと。特にモロッコがまだフランスの保護領であった1924年、彼がマラケシュに造った植物園のマジョレル庭園（Majorelle Garden）で、一躍、名声を獲得した。その植物園の建物やあずまや、ペーヴメントは、鮮やかなコバルトブルーで彩色されており、その色は彼の名に因んで、ブルー・マジョレルと命名された。

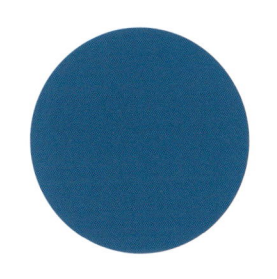

199. ブルー・ドゥ・ピカソ　パブロ・ピカソの青
Bleu de Picasso : Picasso blue

20世紀初頭、キュビスム（Cubisme）を提唱し、絵画の革命を引き起こした画家パブロ・ピカソ（Pablo Picasso 1881〜1973年）の「青の時代」に因んだ色名。プルシャンブルーの濃い青を基調として、友人の自殺の衝撃や人生の哀しみ、悲惨さに共感し、老人、乞食、親のない子などの虐げられた人々を写実的に描いた。この時代（1901〜1904年）をピカソの「青の時代」という。ピカソの青（Bleu de Picasso）は、そのときの色である。

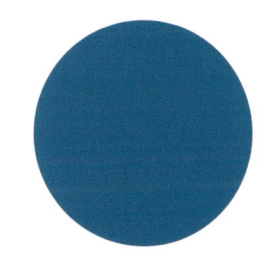

200. ブルー・ドゥ・マティス　マティス・ブルー
Bleu de Matisse : Matisse blue

野獣派（フォーヴィスム）を代表する画家アンリ・マティス（Henri Matisse 1869〜1954年）に因む明るい青色のこと。1905年の野獣派の立ち上げ以来、マティスは鮮やかな赤、黄、緑などの多彩な色彩を駆使して、現代絵画の幕を開いたが、その究極として、青一色で描く「青の連作」を開始する。1952年に発表した『Bleu nude』は、明るい青で描かれたシンプルな女性像で、晩年の代表作となっている。

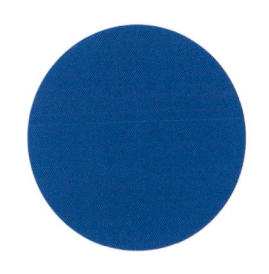

201. ブルー・ドゥ・リヨン　リヨンの青
Bleu de Lyon : Lyon blue

1860年、フランスの化学者ジラール（Girard）とド＝レール（de Laire）が、フクシンとアニリンを加熱して作った合成顔料のくすんだ青色のこと。リヨンで発見したので、ブルー・ドゥ・リヨン（Bleu de Lyon）の名がついた。『メルツ＆ポール』に記載されている色名である。現在、フランスの私立学校の総合案内書が、この色に似たブルーを使用しており、リヨン・ブルーブックといわれている。

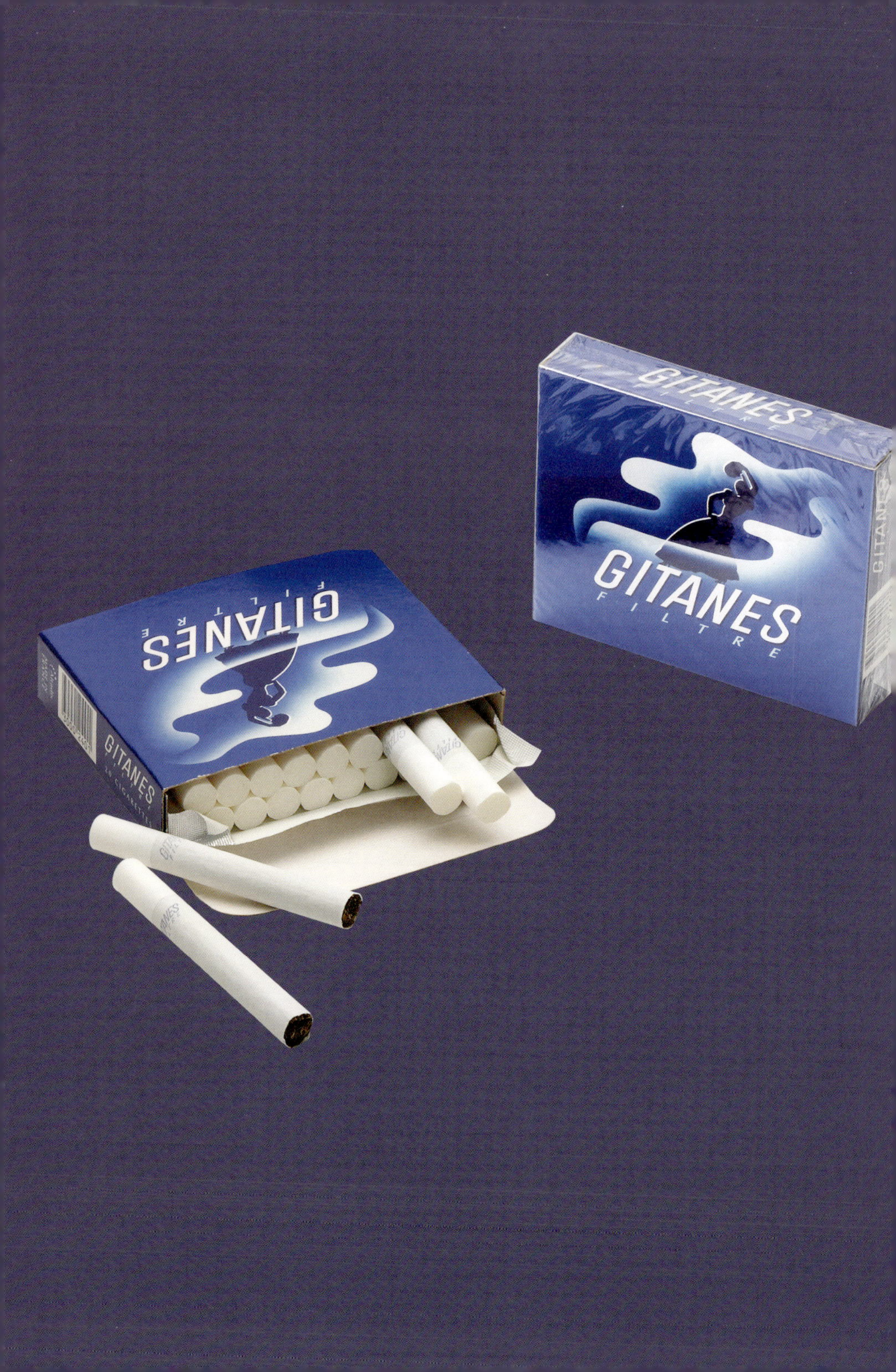
GITANES
FILTRE
GITANES
FILTRE

202. ブルー・ジタン ジタンの青
Bleu Gitanes : Gitanes blue

フランスを代表する煙草「ジタン」に由来する。ジタンとは、「ジプシー女」の意味である。青い背景にジプシーの女が紫煙をまとって踊る姿は、1947年マックス・ポンティによって描かれたデザインである。このパッケージの色が「ブルー・ジタン」(Bleu Gitanes)として、今日も世界中に知られている。ヌーヴェルヴァーグ時代のフランス映画の中にも、よく登場している。

203. ブルー・ギメ ギメの青
Bleu Guimet : Guimet blue

ギメはフランス人化学者ジャン・バティスト・ギメ(Jean Baptiste Guimet 1795〜1871年)のこと。1806年頃、天然のウルトラマリン(Lapis lazuli)の組成が明らかになり、ギメは1826年に鮮やかな人エウルトラマリンを開発した。その人エウルトラマリンのことをギメの名前に因んでブルー・ギメ(Bleu Guimet)という。実業家としても大成功し、その子息のエミール・ギメは、後に有名なギメ東洋美術館を開設した。別に、この色のことをウートルメール・フランセ(Outremer Français)という。

204. アガト 瑪瑙色
Agate : Agate

アガト(Agate)は宝石の「瑪瑙」を意味するフランス語。ギリシア語のAkhatesに由来する。シシリアの川の名前からとられたという説がある。瑪瑙は種類が多く、碧玉、紫水晶、紅玉髄、オパール、縞瑪瑙などがある。旧約聖書の「エゼキエル書」には「瑪瑙であなたの(未来のシオン)の尖塔をつくり」とあり、古くから天国の石として畏敬を集めた。本書では碧玉の色を採用したが、別に濃い赤をさす場合もある。色名は1598年に登場している。

205. サフィール サファイア
Saphir : Sapphire blue

英語のサファイア(Sapphire)に相当するフランス語のサフィール(Saphir)。ギリシア語のSappheiros、ヘブライ語のSafirに由来する。宝石のサファイアのことであり、その濃い青をしめしている色名である。日本語で「青玉」といわれるように濃紺、青紫をしたものが多いが、他に黄、茶、薄紅色などさまざまである。ブルー・サフィール(Bleu〜)という色名もあり、ブルー・ロワイヤル(Bleu Royal)ともいわれる。

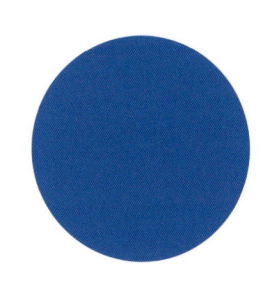

A MARIN KARMITZ PRODUCTION

**WINNER
BEST PICTURE
JULIETTE BINOCHE
BEST ACTRESS
(1993 VENICE FILM FESTIVAL)**

BLUE

A FILM BY
KRZYSZTOF KIESLOWSKI

206. イアサント ヒヤシンス
Hyacinthe : Hyacinth

イアサント(Hyacinthe)はギリシア神話の美少年ヒュアキントス(Hyakinthos)に由来する言葉で、ヒアシンスの花の色。本来はヒュアキントスの血の赤に関連づけられる色であるが、中世には天上の青、天空の青を表す尊い色名となった。1704年には化学染料が発見され、赤みのルージュ・イアサント(Rouge 〜)、1920年以降には青みのブルー・イアサント(Bleu 〜)、紫みのヴィオレット・イアサント(Violette 〜)などの色名が登場している。

207. ブルー・ドゥ・ナポレオン ナポレオンの青
Bleu de Napoléon : Napoleon blue

『メルツ&ポール』に記載されている色名である。皇帝ナポレオン・ボナパルト(Napoléon Bonaparte 1769〜1821年)は、青、白、赤の3色旗をフランスの国旗に採用することを試みたばかりでなく、フランス兵士の衣服に青を採用しようと試み、すたれてしまったタイセイの栽培に意を注ぎ、青色染料の普及に努めた。また彼も好んで青色の衣服を着たため、このブルー・ドゥ・ナポレオン(Bleu de Napoléon)という色名が生まれたと思われる。

208. ウートルメール ウルトラマリン
Outremer : Ultramarine

ウートルメール(Outremer)はラピスラジュリ(Lapis lazuli)から採取された天然の青色顔料のこと。遠くアフガニスタンなどから渡来したため、海を越えてという意味で Outremer の名がついた。ルネッサンス期の画家たちに珍重され、聖母マリアを描くときに用いられ、ブルー・マドン(Bleu Madone)とか、画家の名前に因み、ブルー・ラファエル(Bleu Raphaël)と呼ばれた。1826年、ギメが人工のウルトラマリンを開発し、1830年に工業生産を開始し、広く絵具として用いられるようになった。

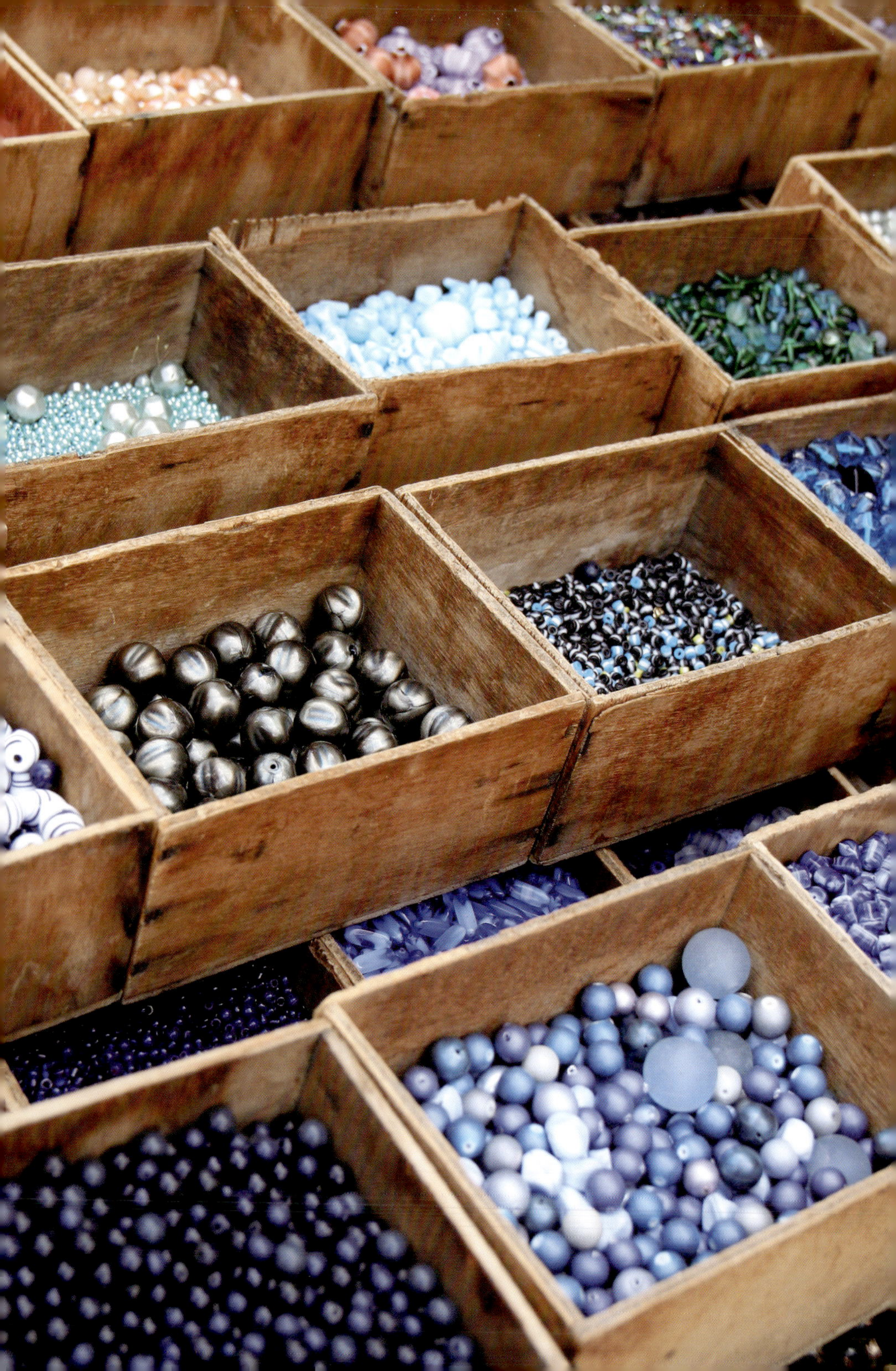

209. ブルー・ドゥ・コバルト　コバルト・ブルー
Bleu de cobalt : Cobalt blue

コバルト(Cobalt)の鉱石は、古代からエジプト、中国でガラスや陶磁器の彩色に用いられた青色顔料であった。ただ、その採取が難しいため、人間を困らせたというギリシアの山神 Kobolos に因んでコバルトといわれた。1735 年、スウェーデンの化学者ゲオルグ・ブラントが鉱石から元素単体を抽出することに成功し、この色は絵画にも革命を起こすことになった。1799 年、フランスの化学者テナール(L.J.Thenard)も酸化コバルトの抽出に成功したので、ブルー・テナール(Bleu 〜)と呼ばれている。

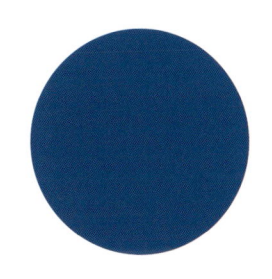

210. ラピスラジュリ　ラピスラズリ
Lapis lazuli : Lapis lazuli

ラピスラジュリ(Lapis lazuli)は、BC5000 年頃、すでに古代エジプト、バビロニア、シュメールなどで珍重されていた碧玉の宝石であった。アラビア語で青い石を表す Al-lazaward、lazuwerd に由来する。アフガニスタンから伝来し、海を越えてきたという意味でウートルメール(Outremer)といわれた。14 世紀イタリア人画家のフラ・アンジェリコがこのラピスラズリを粉末にし、卵白や膠で溶いて絵具として用いてテンペラ画やフレスコ画を描き、一躍、ウートルメールは画家たちの貴重な色材となった。

211. イリス　アイリスの青紫
Iris : Iris

イリス(Iris)は、ヨーロッパ及び地中海を原産とするアヤメ科アヤメ属の植物のこと。この花のような濃い紫色をさす色名である。ギリシア神話では、「虹の女神」イリスの象徴である。5 〜 6 世紀、フランク王国のクロヴィス 1 世が戦の際に用いた盾の「ヒキガエル」の模様を、聖者の進言に従って「アイリス」の花の模様に変えたところ、勝利がもたらされたので、以後、フランク王国の紋章になったという伝承が残っている。またイリスには虹彩の意味もある。

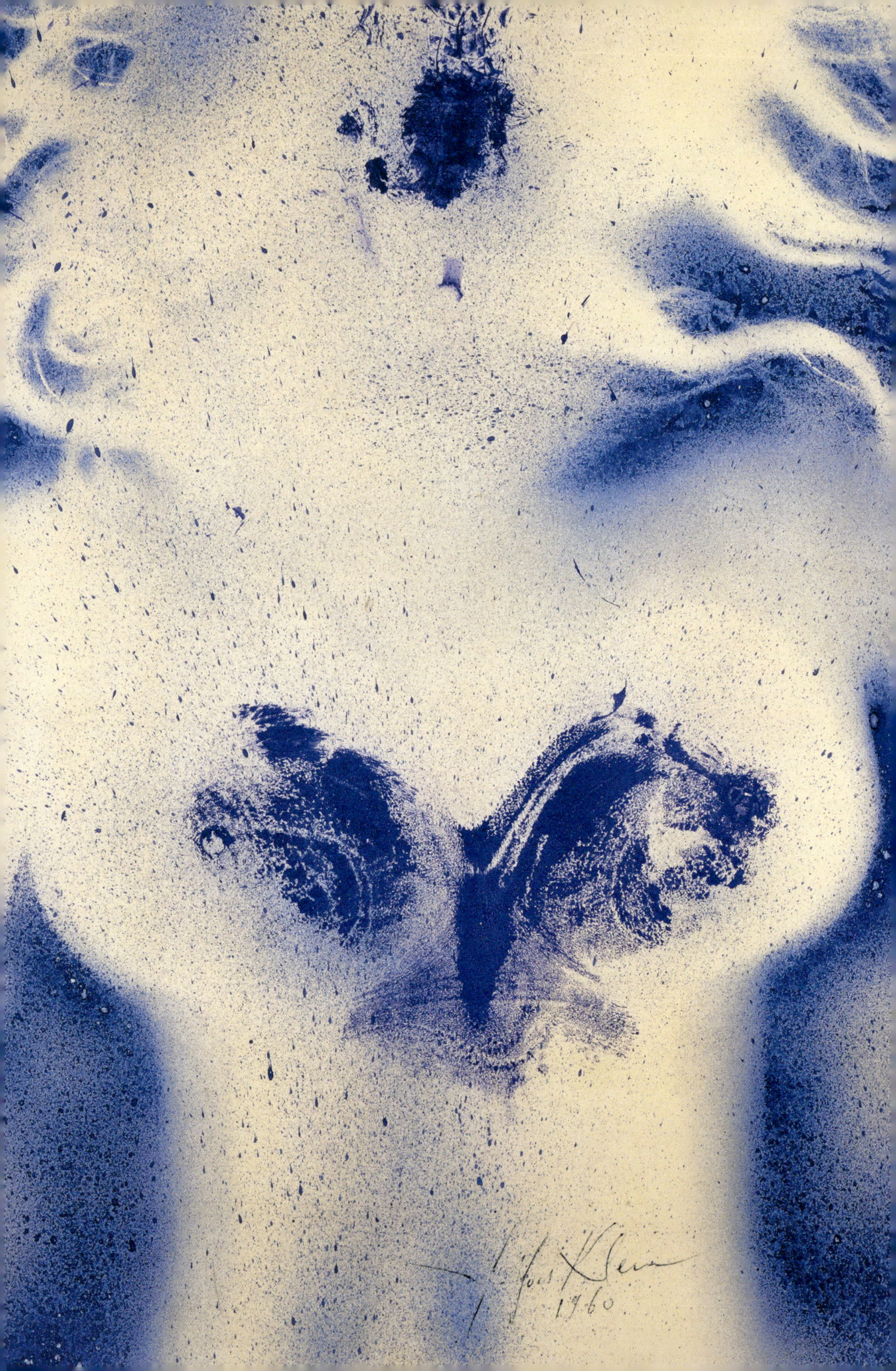
1960

212. ブルーエ 矢車菊の青
Bluet : Cornflower blue

ブルーエ(Bleuet)は矢車菊のこと。青を表す Bleu に接尾語の et がついたことで分かるように青い花を咲かせる。その花の色に似た強い青紫である。ナポレオン1世がプロシアに侵攻したとき、プロシアの皇后ルイーズがこの花の畑に紛れて逃げたり、逆にプロシア軍がナポレオン3世を撃破したとき、この勝利を記念して矢車菊を紋章とするなど、フランスにとっては苦い思い出の花である。別にブルー・ブルーエ(Bleu bleuet)の色名もある。

213. ブルー・クライン クラインブルー
Bleu Klein : International Klein blue

フランスの現代作家イヴ・クライン(Yves Klein 1928〜1962年)が創作した青色のこと。彼は、「青」が宇宙の神秘エネルギーに通ずる最も神秘的な色だとして愛好し、自ら理想的な青を創造した。1957年には、この独創的な深い「青」を「インターナショナル・クライン・ブルー」(International Klein blue)として発表し、特許をとった。

214. プードル・ブルー パウダーブルー
Poudre bleu : Powder blue

プードル(Poudre)は粉の意味。プードル・ブルー(Poudre Bleu)で粉っぽい青の意味になる。ただ、これは単なる粉ではなく、コバルトガラスの顔料として知られていたスマルトという粉であり、画家たちがこの粉状の顔料を練り合わせて、油彩絵具として使ったという。フランス語から派生した色名で、1707年には英色名のパウダーブルー(Powder blue)になり、絵具の色として定着していった。

215. ブルー・ドゥ・パリ パリ・ブルー
Bleu de Paris : Paris blue

1704年、ドイツ人ディースバッハ(Diesbach)がプルシャン・ブルーを発見したとき、ほとんど同時にパリで、フランス人化学者ミロリ(Milori)がフェロシャン化鉄を成分にアルミナ白を混合して同様な青色顔料を開発した。この顔料を発見地の名前をとってブルー・ドゥ・パリ(Bleu de Paris)とかブルー・ドゥ・フランス(Bleu de France)といい、また発見者に因んでブルー・ドゥ・ミロリ(Bleu de Milori)の名前でも呼ばれている。

諸國瀧廻り
和州吉野
義経馬洗滝

前北齋為一筆

216. ブルー・アシエ スチールブルー
Bleu acier : Steel blue

アシエ(Acier)は鋼鉄のこと。英語のスチール(Steel)に相当する。鋼鉄は鉄を主成分とする合金の総称で、16世紀頃、生産が始まったといわれている。最初は錆びた鋼の色であったが、本格的に生産されるようになって、現在の英語色名のスチール・ブルー(フランス色名ではブルー・アシエ(Bleu～))に相当する灰みの青色になった(1493年)。17世紀に鋼鉄の時代を迎え、色名にも緑みを帯びた鋼色のグリ・アシエ(Gris～)が出現している。

217. ブルー・ドゥ・ロワ 王者の青
Bleu de Roi : Royal blue

フランス・ブルボン王朝は、青地に金色の百合の花の紋章である。その起源には諸説があるが、その図柄はルイ6世(在位1108年～1137年)頃に採用されたといわれている。以来、この青はブルー・ドゥ・ロワ(Bleu de Roi 王者の青)といわれ、禁色となった。色名には1550年になった。ルイ15世時代に発足したセーヴル王立製陶所が開発した青色の釉薬も「王者の青」として他の製陶所が使用することを禁止した。同意語にブルー・ロワイヤル(Bleu Royal)がある。

218. パンセ パンジーの青紫
Pensée : Pansy

パンセ(Pensée)は「三色菫」、「菫色」のこと。その花の色に似た濃い青紫の色の色名である。ローマ神話では大神ジュピターの花であり、キリスト教時代には三位一体の象徴であった。この花がものを思う風情で咲いているところから、思索、思想を表すパンセ(Pensée)と同じスペルになったという。哲学者パスカルの『パンセ』のタイトルにもなっている。色名には18世紀登場する。

219. ブルー・ドゥ・プリュス プルシャン・ブルー
Bleu de prusse : Prussian blue

英色名のプルシャン・ブルー(Prussian blue)。1704年、ドイツ人絵具商ディースバッハ(Diesbach)とディッペル(Dippel)によってベルリンで発見された最初の合成無機顔料である。フェロッシャン化鉄を主成分とした濃い青色で、ブルー・ドゥ・プリュス(Bleu de prusse)と称した。この直後、パリで化学者ミロリが同様な発見をしたのでブルー・ドゥ・ミロリ(Bleu de Milori)とかブルー・ドゥ・フランス(Bleu de France)ともいわれる。この色は混色したとき、相手の色を殺してしまうことがあるので、狼色といわれた。わが国にも伝えられてベルリン・ブルー、略して「ベロ藍」として親しまれ、北斎などに愛好された。

220. アンディゴ インディゴ
Indigo : Indigo

アンディゴ(Indigo)はインド原産の植物 Indigofera anil や Indigofera tinctoria から作られた藍色染料。古ラテン語で Color Indicus（インドからの色）といわれ、人類最古の染料として知られていた。1289年には色名として記録されている。18世紀半ば以降、マルセイユを中継基地として大量に輸入され、ナポレオン皇帝が輸入禁止令を出した効果もなく、次第に当時の青色染料タイセイ(Pastel)を駆逐して、市場を席捲していった。

221. ブルー・ニュイ ナイトブルー
Bleu nuit : Night blue

ブルー・ニュイ(Bleu nuit)は夜のブルーを意味する。英色名のナイト・ブルー（Night blue)やミッドナイト（Midnight)に相当する暗い青である。1915年頃、ブルー・ニュイが流行したとの記録がある。またフランスでは画家のファン・ゴッホが描いた『夜のカフェテラス』（1888年)や『星月夜』（1889年)には、まさにこの色名に相応しい暗い夜を暗い青で描いた作品がある。

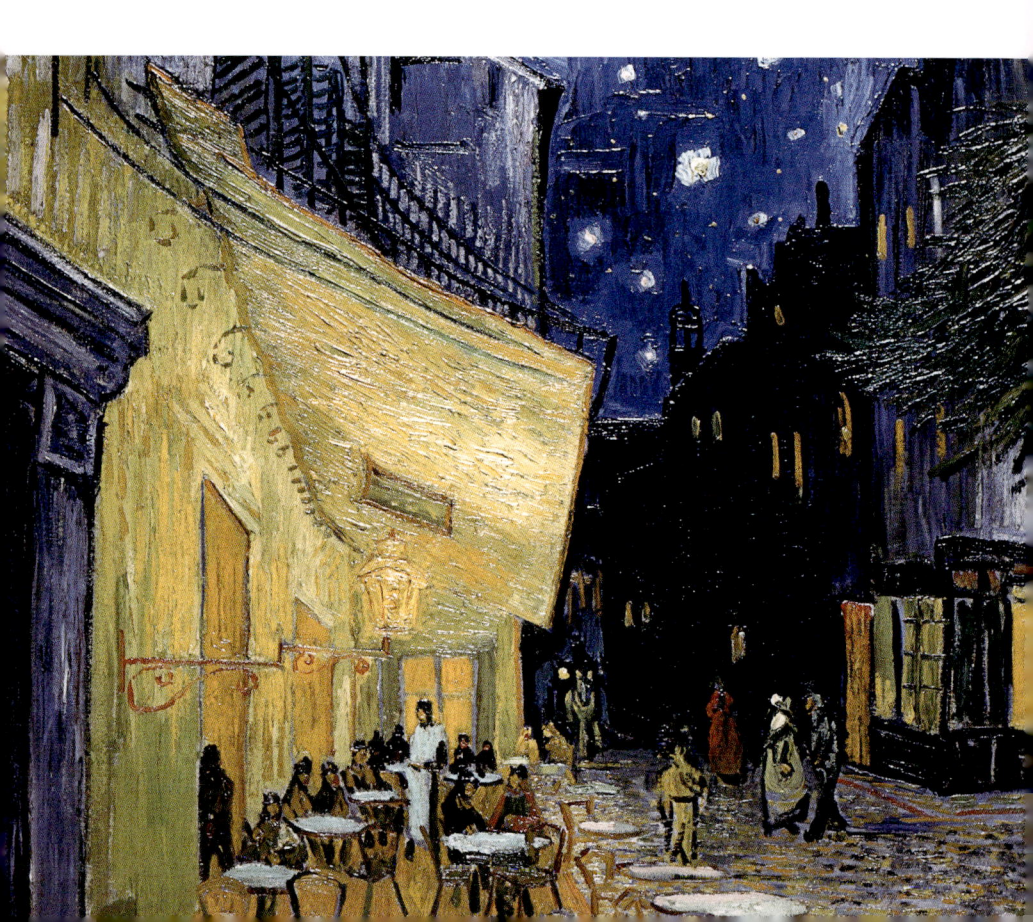

ヴィオレ 紫
Violet : Purple

ヴィオレ(Violet)は上の色票が示す青みから赤みにいたる紫の領域の基本色名である。1380年頃が色名として初出である。英色名のパープル(Purple)は紫であるが、フランス語のプールプル(Pourpre)は深紅色、赤紫であって、同じ色ではない。この色はスミレの花のヴィオラッセ(Violacées)の特別な色名であった。他の色と比べて、この色への関心は比較的薄く、中世には悲しみの色、喪服の色として遇されていたが、15世紀になって、青と赤の中間色への関心が高まって、紋章の色として使われるようになった。なお、薄紫色を表すフランス語にパルム(Parme)がある。

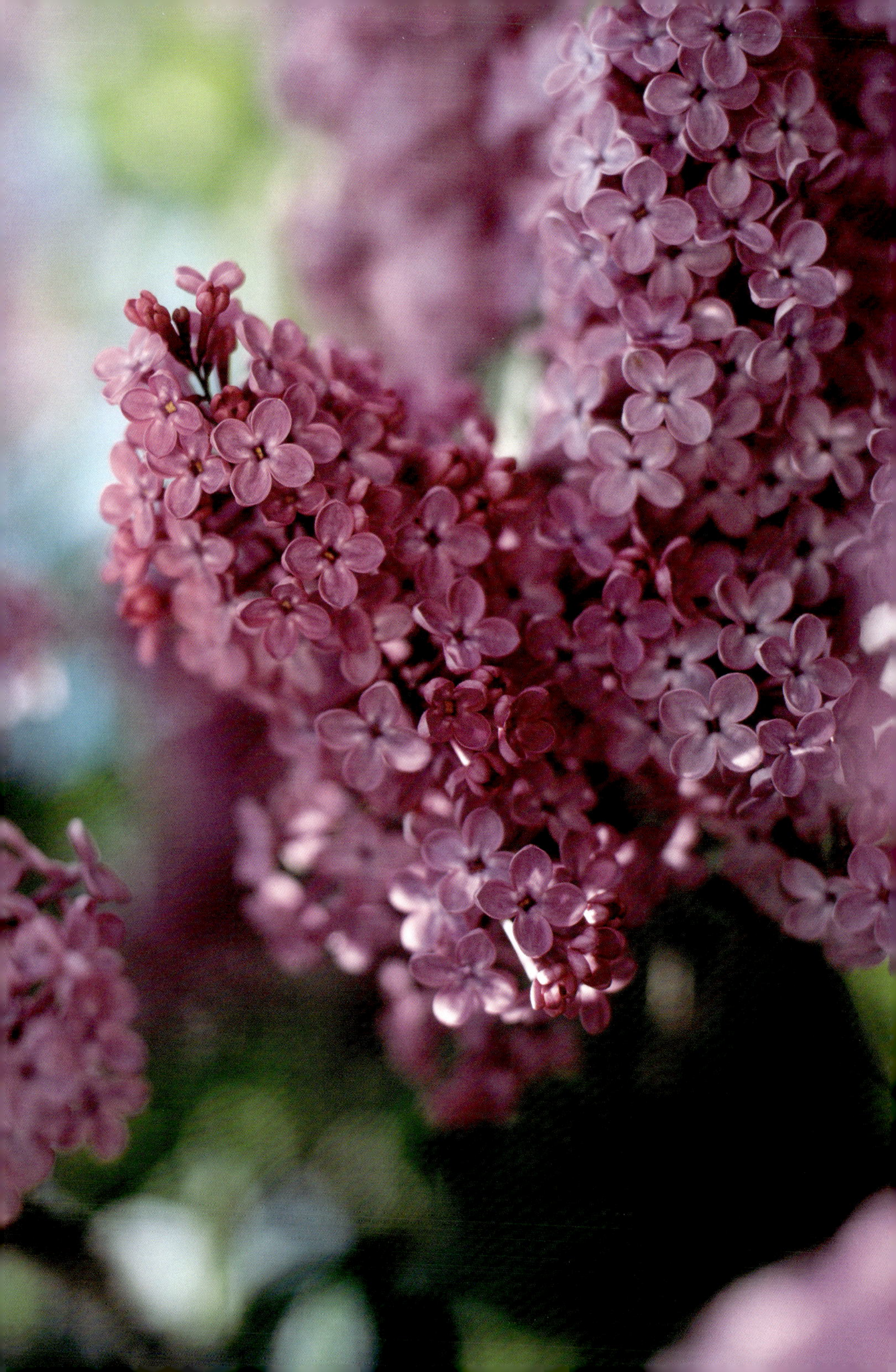

222. リラ　リラの花の紫
Lilas : Lilac

リラ（Lilas）は英語のライラック（Lilac）。モクセイ科の落葉低木で、初夏に美しい紫の花を咲かせる。色名はその柔らかな紫色をいう（1775 年）。フランスの作曲家エルネスト・ショーソンに「リラの花咲く頃」などがあり、フランスの香りの高い花として親しまれている。青を意味するアラビア語の Laylak、ペルシア語の Nilac に由来している。

223. モーヴ　モーブ色
Mauve : Mauve

フランス語のモーヴ（Mauve）は、葵、特に夏に薄い赤紫の花を咲かせるゼニアオイ（Mauva）を意味している。色名としては、1856 年にイギリスの化学者ウィリアム・パーキン（William Perkin）によって作られたアニリン系の合成染料の色として登場し、色素名モーベイン（Mauveine）として売り出された。19 世紀後半のヨーロッパで大流行した。パーキンの発見したモーヴをモーヴ・ドゥ・パーキン（Mauve de Perkin）という。

224. エリオトロープ　ヘリオトロープの紫
Héliotrope : Heliotrope

エリオトロープ（Héliotrope）はムラサキ科の多年草で、紫色の花を咲かせるヘリオトロープのこと。ギリシア神話の太陽神ヘリオスとクリュティエの故事に由来している。語源的にはギリシア語の Helios（太陽）と Trope（向く）の合成語である。ブラッドストーンといわれる鉱物のヘリオトロープは暗赤色か緑色であって、この色名とは別物である。1882 年に紫色を表す色名として登場している。

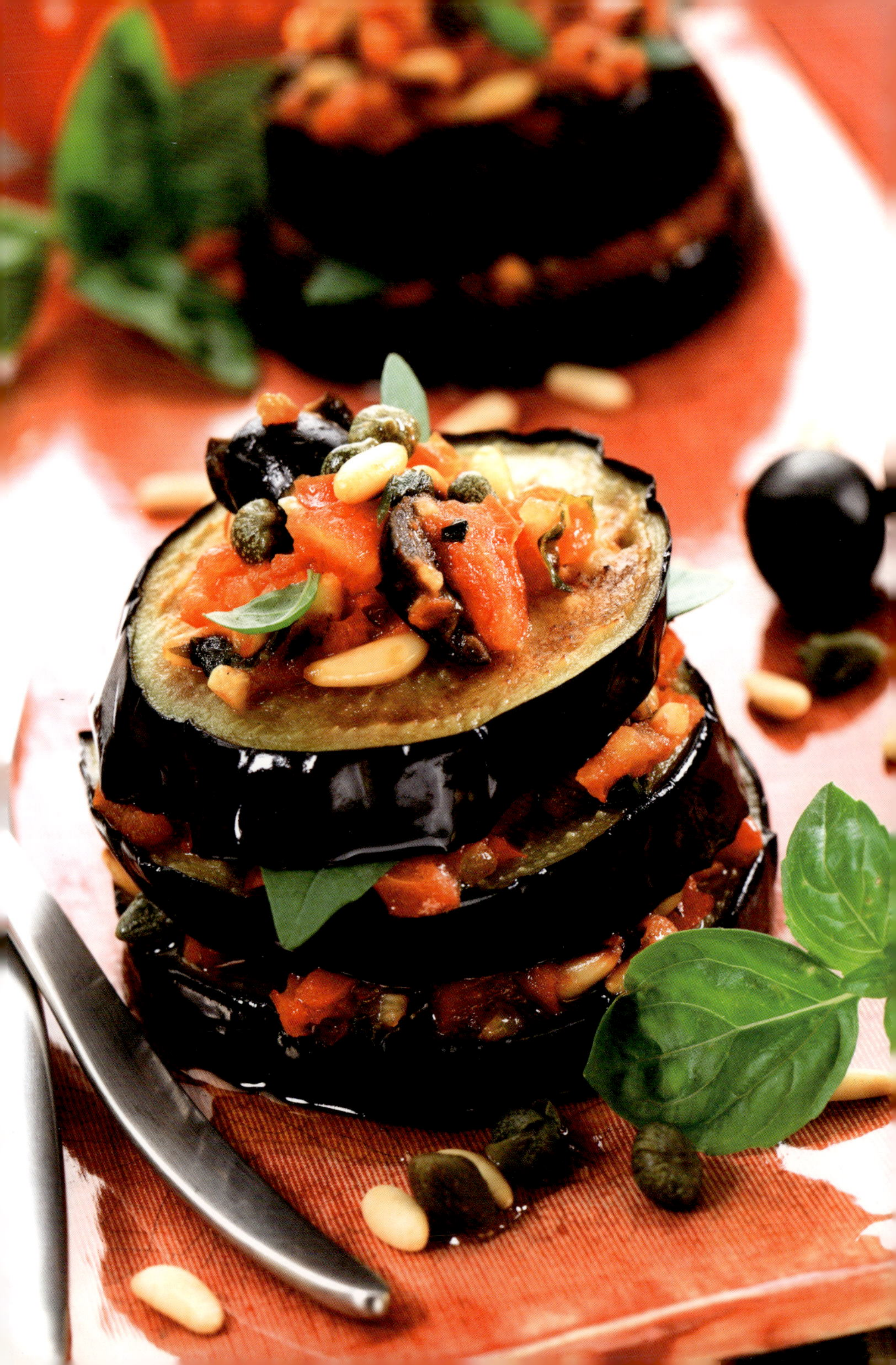

225. プールプル 紫
Pourpre : Purple

プールプル(Pourpre)はアクキ貝の一種の分泌物から抽出された染料の貝紫のこと。その赤紫の色である。ギリシア語のPorphyreosに由来する。フェニキアのチュロスに産し、1グラムの染料に2000個の貝を必要としたため、ローマ皇帝の衣服の色となり、以来、最も高貴な色として畏敬されてきた。乱獲がたたり、15世紀に消滅した色といわれる。赤紫だけでなく、その赤い色域にまで広がっている。色みは、むしろマジャンタ(Magenta)に近い色である。975年に色名として記録されている。

226. ペチュニア ペチュニアの花の赤紫
Pétunia : Petunia

ペチュニア(Pétunia)は、1767年、フランス人植物学者のフィリベール・コンメルソン(Philibert Commerson 1727〜1773年)によって、南米のウルグアイで発見され、ヨーロッパに紹介されたナス科の草本である。1831年にはブラジルから赤紫色の花が導入されて、観賞用として大流行した。その頃に鮮やかな赤紫を表す色名が登場している。

227. オベルジーヌ ナスの黒紫
Aubergine : Aubergine

オベルジーヌ(Aubergine)は食用のナスの実のこと。ナスに似た暗い紫色を表す色名である。このフランス語がそのまま英色名にも取り入れられて、ナスと暗紫色を表す言葉になっている。フランス語で場末の旅館を表すオベルジュ(Auberge)から転化した言葉というが、その関連性はよくわからない。色名としては1794年に初出。英色名としては、別にエッグプラント(Eggplant)という色名がある。

228. ミュール 桑の実色
Mûres : Mulberry

ミュール(Mûres)は桑の実のこと。その実のような濃い紫色をさす。古フランス語の(Meure)に由来する言葉である。類似語に「桑」を意味するミュリエ(Mûrier)がある。桑の実は、古くから青染料の素材として知られており、古代ローマ時代のプリニウスの『博物誌』や16世紀の染色書には、この桑の実の青色染色のことが紹介されている。

229. キュイッス・ドゥ・ナンフ 妖精の太腿
Cuisse de Nymph : Hymph's thigh

キュイッス・ドゥ・ナンフ(Cuisse de Nymph)は「妖精の太腿」の意味。変な色名だが、それを連想させる淡いピンク色である。18世紀フランス・サロンではピンク色が大流行し、それを形容するのにいろいろな表現がなされた。ヴァントル・ドゥ・ビッシュ(Ventre de Biche 雄鹿の腹)やフェス・ドゥ・フィーユ(Fesses de Fille 娘の尻)、ヴァントル・デプーズ(Ventre d'Épouse 妻の腹)などの非現実的な色名をつくり、女性の淡いピンク色の肌色のバリエーションを楽しんだと思われる。

230. ローズ・ベベ ベビー・ピンク
Rose bébé : Baby pink

英色名のベビー・ピンク(Baby pink)に相当する色名。新生児や乳幼児の女の子が着る淡いピンク色をいう。19世紀末には新生児の女の子にピンクの服を着せる習慣が誕生していたという(『ヨーロッパの色彩』)。特に北西ヨーロッパでは、この習慣が根強く残っているが、ベルギーは男の子にピンク、女の子にブルーを着せるとのこと。

231. ローズ・ドラジェ　ドラジェのピンク
Rose dragée : Dragée pink

ドラジェ（Dragée）は、生のアーモンドを砂糖でコーティングしたキャンディー菓子のこと。この菓子の歴史は古く、BC177年にローマの貴族であったファビウス家で、結婚の内祝い、子どもの誕生祝いとして、街中に配ったのが最初とされている。以後、ヨーロッパでは、ドラジェをもらった人には幸福が訪れるとされ、お祝いに用いられた。今日でも結婚、婚約、誕生、洗礼などの内祝いに用いられている。フランス製のドラジェは、イタリア産よりも、やや色が濃いめである。

232. ローズ・ルノワール　ルノワール・ピンク
Rose Renoir : Renoir pink

ピエール＝オーギュスト・ルノワール（Pierre Auguste Renoir 1841～1919年）は19世紀末に登場した印象派の画家。1874年第1回印象派展に出品し、酷評を浴びる。次第に印象派から離れ、独特のタッチで豊満な女性像、裸婦像を描き名声を博すようになった。1890年以降に描き出した裸婦像などに見るピンク色のことでローズ・ルノワール（Rose Renoir）という。

Fruits absolus banane passion
l'unité 7.00 €
321 511

Fruits absolus framboise
l'unité

233. ローズ・スキャパレリ スキャパレリのショッキングピンク
Rose Schiaparelli : Schiaparelli Pink

エルザ・スキャパレリ(Elsa Schiaparelli 1890〜1973年)は、イタリア人ファッション・デザイナー。1920年代、シャネルが打ち出した機能的なファッションに対し、ロング、スリムラインの女性らしいファッションを発表し、1930年代のパリ・オートクチュールをリードした。ローズ・スキャパレリ(Rose Schiaparelli)は、彼女のトレードマークとなったショッキング・ピンク(Shocking pink)の色。

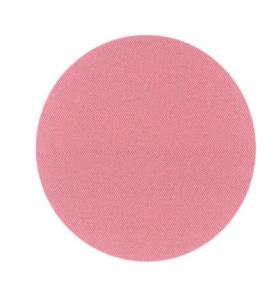

234. ボンボン 菓子のボンボン
Bonbon : Candy pink

ボンボン(Bonbon)は糖衣菓子の一種。元来は、外側を砂糖で固め、中にウイスキー、ブランデー、果実酒などを入れたもの。フランス語の良いという意味のボン(bon)が幼児語のボンボンに転じたのが由来である。最近では、外側の砂糖を着色したり、中にアーモンド、シロップ、果実などが入っているものがある。色名としては、外側をピンク色にしたローズ・ボンボン(Rose〜)が一般的だが、キャラメルで着色したブラン・ボンボン(Brun〜)などがある。

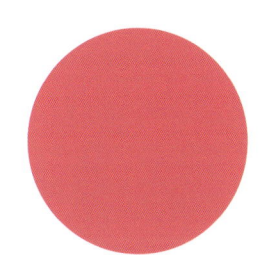

235. ローズ・ドゥ・フォッション フォッション・ピンク
Rose de Fauchon : Fauchon pink

フォッション(Fauchon)は、オーギュスト・フォッションによって1886年に設立された高級食料品メーカーのこと。当初は高級ワインを扱っていたが、1898年には「グラン・サロン・ドゥ・テ」をオープンし、紅茶と菓子部門を充実させ、世界的な名声を獲得した。1999年パリ本店のワイン・スピリット部門と「サロン・ドゥ・テ」のリニューアルを行うとともに、フランスの色であるピンク色をブランドカラーに採用し、積極的な販売促進を進めている。

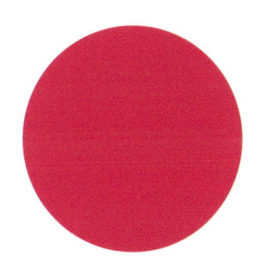

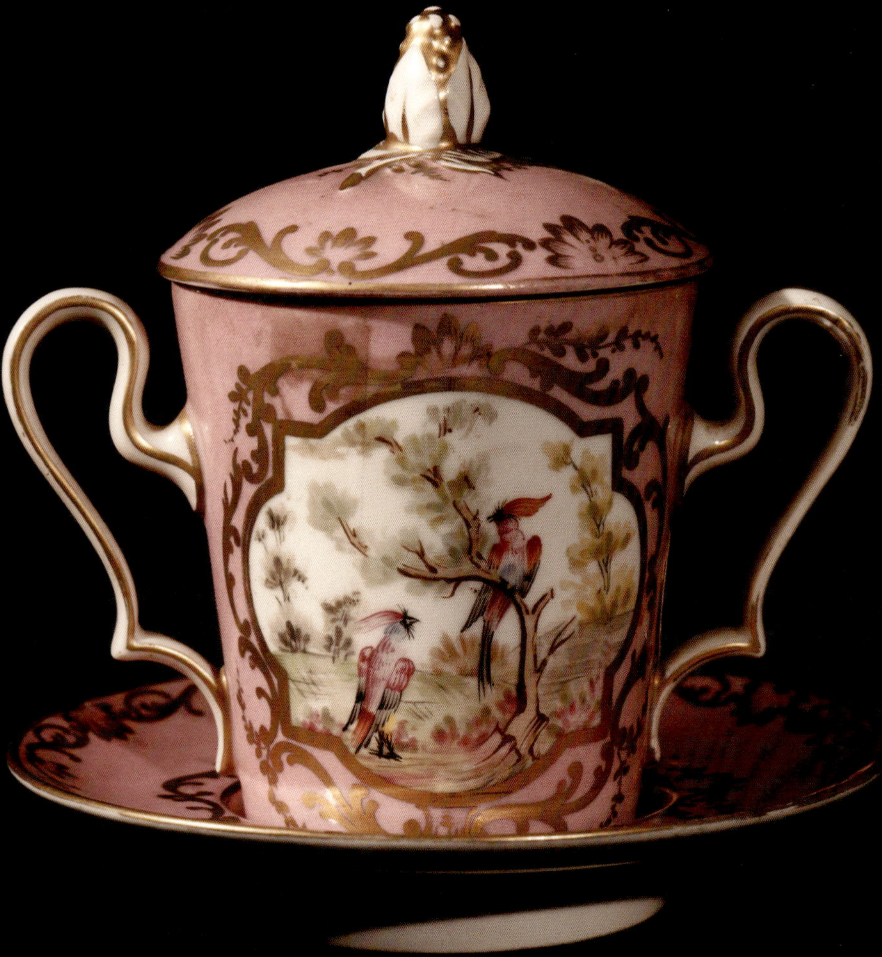

236. ローズ・ポンパドゥール　ポンパドゥール侯爵夫人に因んだピンク
Rose Pompadour : Pompadour pink

ポンパドゥール侯爵夫人（Madame de Pompadour 1721～1764年）に由来する色名。夫人はルイ15世の愛妾であったが、華麗なロココ文化の保護者として知られ、セーヴル王立製陶所を支援した。1757年、化学者エローが美しいピンク色の釉薬を作り上げ、夫人に因んで、その色をローズ・ポンパドゥール（Rose Pompadour）と命名した。夫人の没後、エローも急死したため、その色の製法は今もってわかっていない。

237. アザレ　ツツジ
Azalée : Azalea

アザレ（Azalée）はツツジ科の常緑樹ツツジの花のこと。4～5月にかけて咲く花色の鮮やかな赤紫をいう。ツツジは東洋原産であるため、西洋に導入されたのは近世であるが、19世紀後半にはテキスタイル・デザインのモチーフとして流行し、同時にその花の色も流行色となった。英色名のアゼイリア（Azalea）は、もっと赤みの濃い色である。

238. グロゼーユ　スグリの実の色
Groseille : Redcurrant

グロゼーユ（Groseille）は植物の西洋スグリのこと。西洋では古くから太陽、知恵の象徴として畏敬されていた。普通、その表皮は明るい緑色であるが、たまには濃い紫色もある。その実は色票のような鮮やかな赤い色である。フランス、ドイツには豊富に見られ、解熱剤や、ジャム、ゼリーの材料となった。さらに赤みの強いルージュ・グロゼーユ（Rouge ～）という色名がある。

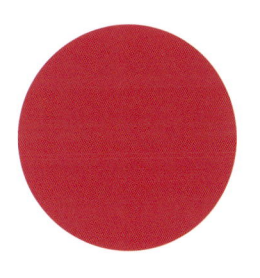

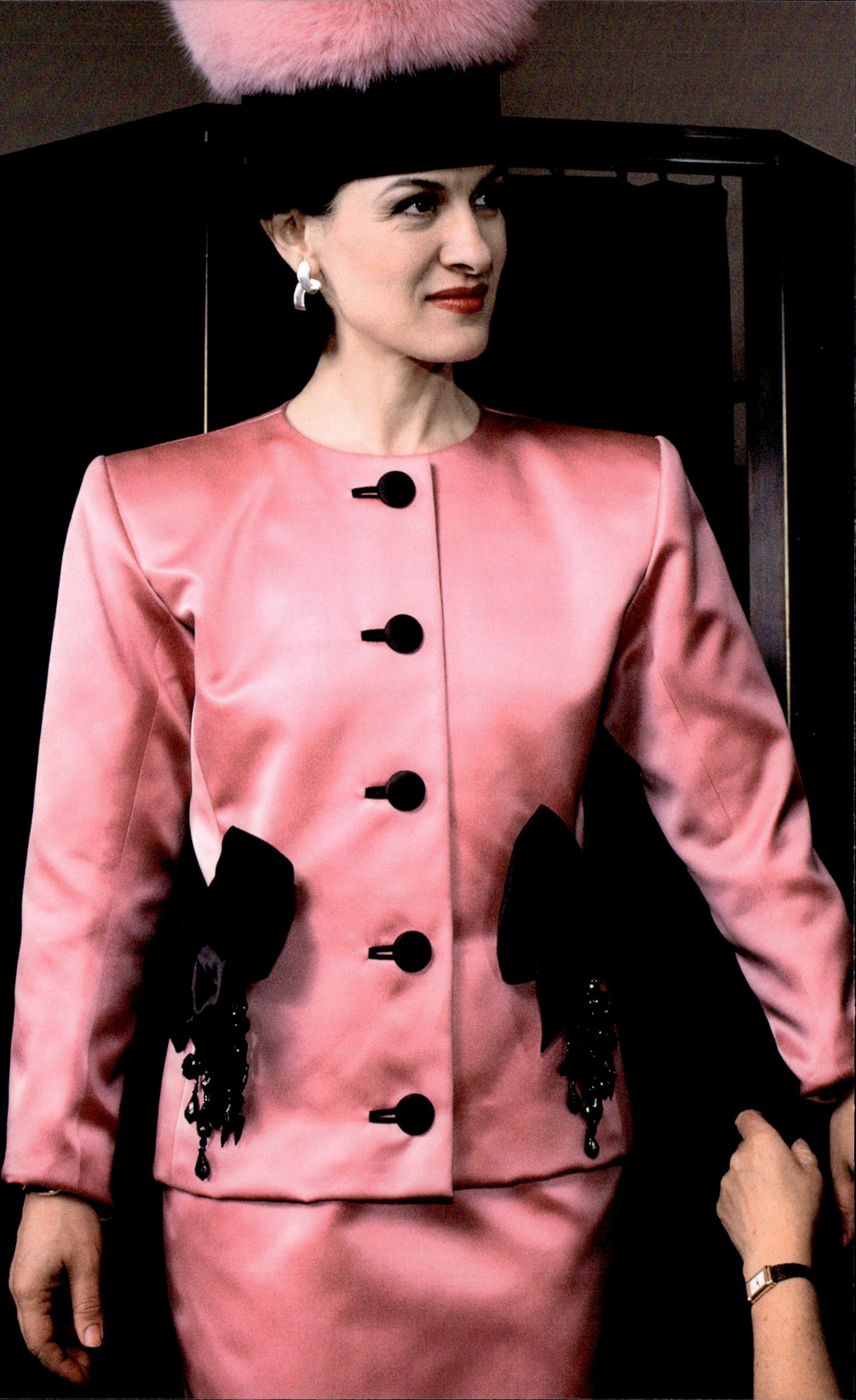

239. ローズ・サンローラン　イヴ・サン＝ローランのピンク
Rose Saint-Laurent : Saint-Laurent pink

イヴ・サン＝ローラン（Yves Saint-Laurent 1936 〜 2008 年）は、ディオール門下生。ディオール亡き後、トラペーズラインを発表、以後、世界のファッション界をリードし、「モードの帝王」といわれた。1966 年のポップアート・ドレス、1981 年のイブニング・ジャケットに使ったピンク色は、後にローズ・サンローラン（Rose Saint-Laurent）といわれ、ブランドのイメージカラーとなっている。

240. ヴィオレ・デヴェーク　司教の紫
Violet d'Évêque : Bishop purple

エヴェーク（Évêque）はカソリックの司教のこと。司教とは、カソリックの役職者名で、枢機卿に次ぐ役職で、その教区の統率者をいい、ローマ教区の司教はローマ法王である。ヴィオレ・デヴェーク（Violet d'Évêque）は色名で、司祭が公式に着用する衣服の濃い菫色のことをいう。13 世紀に行われたラテラノ公会議で、教皇、枢機卿などの役職制度とその服色を定めたといわれている。

241. スリーズ　さくらんぼの赤
Cerise : Cherry pink

スリーズ（Cerise）は桜桃と呼ばれる「さくらんぼ」のこと。バラ科サクラ属の落葉高木で、その青みによった赤い果実をさす。イラン北部が原産地であり、ローマ時代にすでにローマに伝えられ食用として愛好されていた。ノルマン語の Cherise に由来する。英語のチェリーピンク（Cherry pink）と同意語であるが、こちらは赤みであり、仏色名のスリーズは濃い赤紫色である。色名としては赤によった色名にルージュ・スリーズ（Rouge 〜）がある。

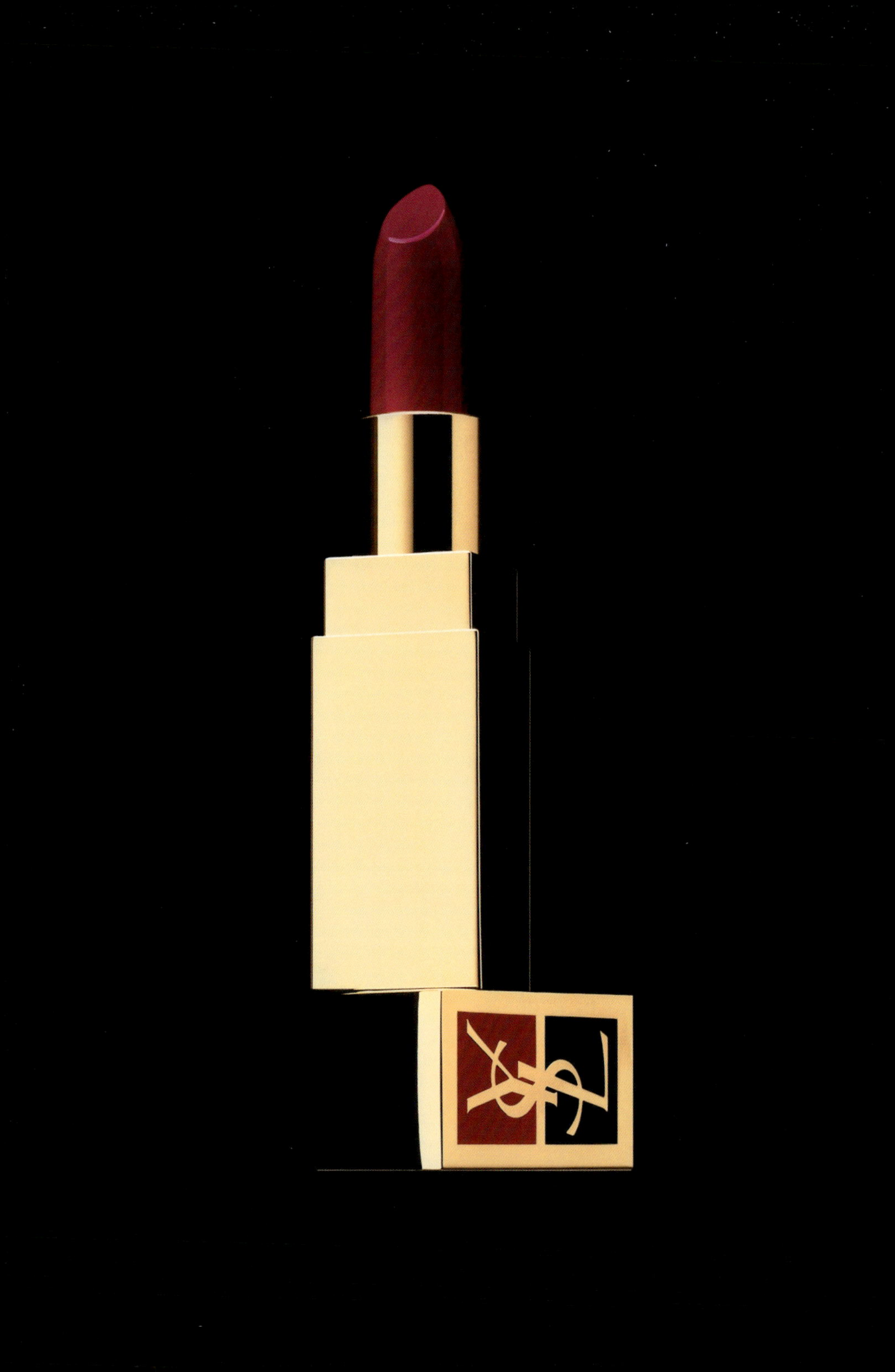

242. プリュヌ　プラムの実の色
Prune : Plum

バラ科の落葉低木の西洋スモモのことをフランス語でプリュヌ（Prune）という。英色名のプラム（Plum）に相当する。色名として古くから紫色を表す色名として用いられたが、次第に干した果実のプリュヌ（Prune）の暗い紫色をさすようになったという（1789年）。ただ英語のプラム色はもっと暗い色である。

243. マジャンタ　マゼンタ
Magenta : Magenta

Jaune（黄）、Cyan（青緑）とならぶ色材の3原色のひとつのマジャンタ（Magenta）。1859年に初めて開発された有機染料のフクシン（Fuchsine）の色で、鮮やかな赤紫である。この年、フランス軍は、イタリア北部の Magenta（マゼンタ）の町で、オーストリア軍と戦い勝利したため、これを記念してマジャンタの色名がついた。なお、この語は各国共通、同じ綴りとなっている。一般色名としてはローズ・フュクシャとして知られている。

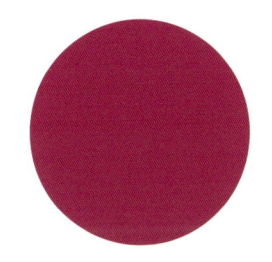

244. ローズ・フュクシャ　フクシア染料の赤紫
Rose Fuchsia : Fuchsia pink

1859年にリヨンの実業家ルナールの専属化学者ヴェルカン（Vercuin）によって開発されたアニリン系染料。彼はこの赤紫色がドイツ人植物学者フックスが発見・命名したフクシアの花の色に似ているところから、Fuchsia（フュクシャ）と名づけた。色名としては1892年に登場したという。当初、このフュクシャは1キロ当たり2000フランという大変高価な値段で売り出されたが、その染料で染めたローズ・フュクシャ（Rose Fuchsia）の毛織物は大流行した。

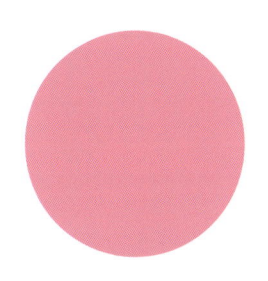

245. リュビ　ルビー
Rubis : Ruby

アジアを原産地とする宝石のリュビ（Rubis）の赤色である。古くから赤は魔除けの色であった。宝石のルビーは古代エジプトではファラオの笏に嵌めこまれ、神の力、王権を表した。またキリスト教の大司祭の胸当の1番目に用いられた。「鳩の血」とも「明かりの石」とも呼ばれ、平和の象徴、安全のシンボルでもあった。したがって色名としても古く、1572年以来、用いられている。

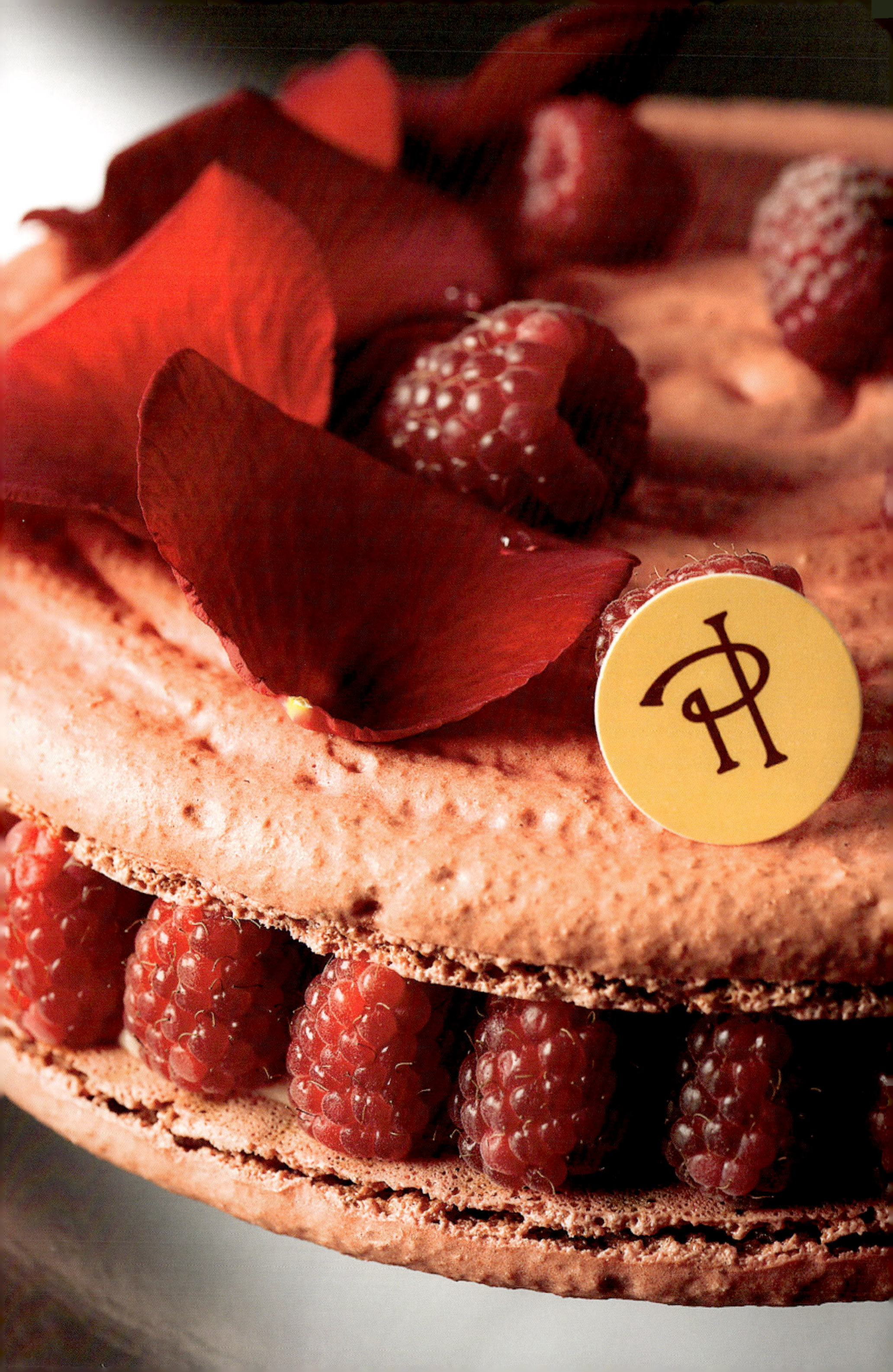

246. リ・ドゥ・ヴァン　酒糟の色
Lie-de-vin : Lie-de-vin

リ・ドゥ・ヴァン(Lie-de-vin)のリは糟、ヴァンは酒という意味で、すなわち酒糟の意味である。酒糟とはワインを作る過程において、ばら糟を足で踏み空気を追い出して、4〜6ヶ月間発酵させたもの。色もワイン色、黄色、茶色などさまざまあるが、主に色票に見るようなワインカラーの赤紫色が多い。フランスの数多い酒に関した色名のひとつである。

247. フレーズ　いちごの実の赤
Fraise : Strawberry

フレーズ(Fraise)は「イチゴの実」の意味があり、その表皮の強い赤色をさす。最初この色名は「薄い赤」を意味する Fraise から派生したが、次第にイチゴの実を意味するようになったという。色も赤みの色から、青みの濃い赤紫に変化している。聖母マリアに捧げられ、マリアの実とされた。関連語に、より濃い赤紫色のイチゴをいうフレーズ・エクラッセ(〜 écrasé)やフランボワズ(Framboise)という色名がある。

248. フランボワズ　木イチゴの実の赤紫
Framboise : Raspberry

フランボワズ(Framboise)は木イチゴの実のこと。バラ科の落葉低木で、小さな葉とともに、5、6月に白い花をつける。12月から4月にかけて収穫する。栽培のイチゴより、小粒であり、色名を表すその表皮の色も、フレーズより、紫みの濃い赤である(1892年)。属名のフラガリア(Fragaria)は、北欧神話の光の神フラグに由来するという。野生の木イチゴは神々への捧げものであった。

249. カシュー　トチの木から採られた暗褐色
Cachou : Cachou

カシュー(Cachou)は主産地がインドのウルシ科の熱帯性常緑樹。開花後、カシューナッツといわれる果実をつける。果皮にウルシに似た油性の液体を含むので、古くから黒色染料や革なめしに用いられている。また樹皮からは黄色いゴム物質が採取され、こちらは本を綴じる液体にも使ったり、黄色染料にも使われる。色名としてのカシューは黒に近い暗褐色である。

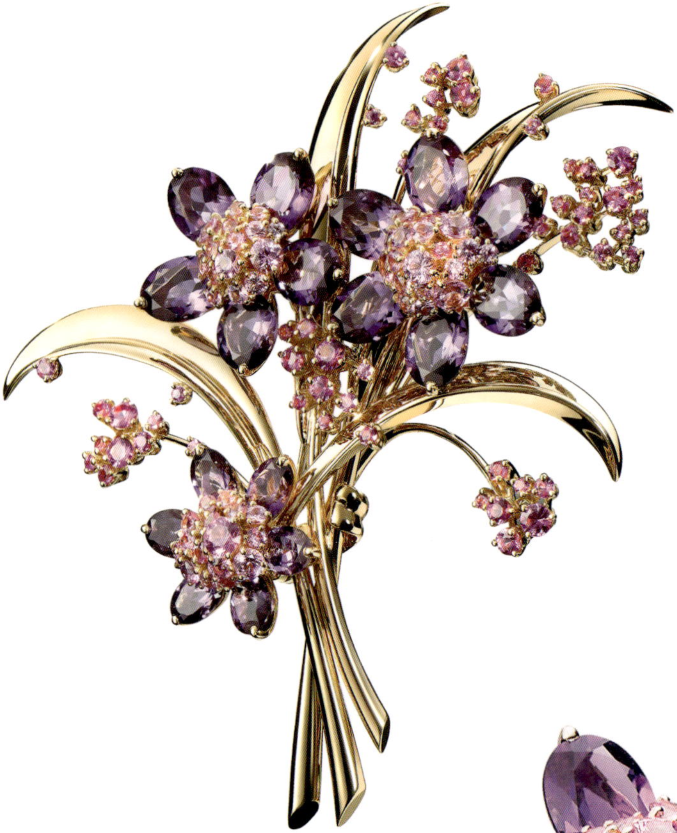

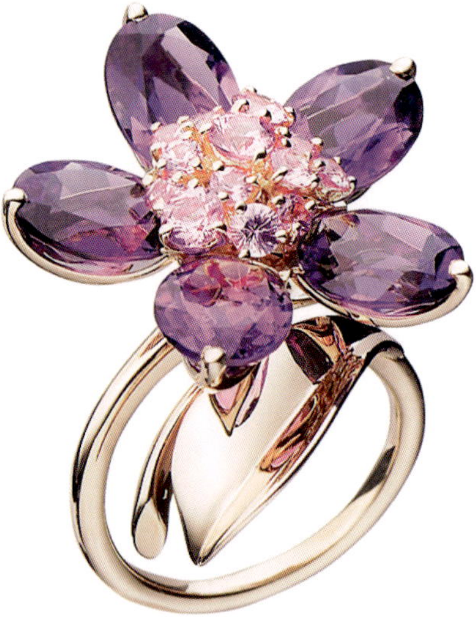

250. アメティスト　紫水晶の紫
Améthyste : Amethyst

アメティスト（Améthyste）は宝石の紫水晶の紫色である。ローマ神話では女神のディアナがバッカス（酒の神）に愛された妖精をアメジストに変えて守ったという故事から、酩酊を防ぐと信じられた。キリスト教では主教の宝石で、贖罪を象徴している。『カラーアトラス』によれば、1572 年には色名として登場し、幸福や誠実を象徴する色として用いられた。

251. アマラント　鶏頭の花の色
Amarante : Amaranth

ギリシア語の Amarantos（褪色しないの意味）に由来する色名。アマラント（Amarante）は伝説上、枯れることのない花といわれた鶏頭の花の赤紫の色をさす。フランス語の色名には、1690 年になっている。この色名は赤みによったローズ・アマラント（Rose ～）、紫みのプールプル・アマラント（Pourple ～）などのバリエーションがある。

252. カルマン　コチニールの赤
Carmin : Carmine

カルマン（Carmin）はクラモワジー（Cramoisi）と同じ。サボテンに寄生するエンジ虫（コチニール）を乾燥させて作った動物性の赤色染料。濃い紫みの赤である。中世ラテン語の Carminium または Cramoisinus から、フランス語の Carmin、Cramoisi、英語の Crimson（1400 年）、Carmine（1523 年）となった。1467 年教皇パウルス 2 世が、枢機卿の法衣の色を染める色材に採用したため、世界的に広まった。

253. ボルドー　ボルドー酒の赤紫
Bordeaux : Bordeaux

ボルドー (Bordeaux) はフランス南西部に位置するジロンド県の都市。古くからボルドーワインの産地として知られ、その暗い赤紫色は 19 世紀には色名として、ワインの代名詞となった。このボルドーワインには、大きく分けて 2 種類あり、濃い色はボルドー・フォンセ (Bordeaux foncé)、明るい色をボルドー・クレール (Bordeaux clair) という。いずれも色名になっている。

254. ブルゴーニュ　ブルゴーニュ酒の赤紫
Bourgogne : Burgundy

ブルゴーニュ (Bourgogne) は、フランス東部の地域で、ブルゴーニュワインの産地として知られている。そのワインの赤紫色をさしている。英語でバーガンディー (Burgundy) という。この英色名の出現は 1915 年というから比較的遅い。赤みの強いボルドーの色合いと比較すると、暗い赤紫色である。

255. グリ・シャルボン　チャコールグレイ
Gris charbon : Charcoal gray

シャルボン (Charbon) は「木炭」、「石炭」、「煤」のこと。炭のように真っ黒い色を表現するときの色名である。このグリ・シャルボン (Gris 〜) では、石炭・木炭のような真っ黒ではなく、黒に近い灰色をさしている。英語のチャコール・グレイ (Charcoal gray) に相当する。英語の色名は 1606 年に登場したとあるから、仏色名もその前後のことであろう。一般にチャコール・グレイは紫みの黒に近い灰色であるが、グリ・シャルボンは色みが感じられない。

Blanc

Gris

Noir

ブラン 白
Blanc : White

すべての色の中で、最も明るい色を表す基本色名をブラン(Blanc)という。カラーカテゴリーの最初の色名であり、黒、赤とともに最初の基本色彩語であった。古代から白はギリシアの神々や世界の光としてのキリストの象徴であり、また神の代理人たち(皇帝・法皇)などの衣服の色として畏敬された。また17世紀中頃の清教徒革命以後、聖母マリアの衣服の色にもなった。中世の紋章では銀の代用として用いられ、青年貴族の騎士の叙任式には、白い下着、白い帯、白い帽子を身につけることが定められていた。また敬虔なシトー修道会では、白い修道服を採用したため、白僧と呼ばれた。またシャルル5世(在位1364～1380年)が白を国王の色に採用して以来、代々の国王は白を、百合の花の紋章の一色として用い、それはやがてフランス革命の三色旗の一色ともなっていく。

グリ 灰色
Gris : Gray

グリ(Gris)の色票で示される白から黒にいたる灰色の基本色名。白、黒と同様に、色相と彩度を有しない、明るさのみの色である。中央の灰色を中心として、白み、黒みの含有量により、さまざまな色合いになる。最古の色名のひとつであって、その語源は、ノルウェー語Gryja、スエーデン語Gry、ドイツ語Esgrautのように「夜明け」を意味する各国の言葉に由来している。中世フランスでは黒と同様に「悲しみの色」、「喪の色」であったが、17世紀にプロテスタントの一派クェーカー教徒の服色となり、次第に一般市民にも受け入れられていった。

ノワール 黒
Noir : Black

ノワール(Noir)で示される黒い色票に代表される基本色名である。光のほとんどを吸収する物体色の黒い色で、人類が最初に知覚した夜(闇)色から連想される色である。闇に通ずるので、中世では黒は「悲しみの色」、「醜い色」とされていたが、14世紀以降には、黒の価値観が変わり、特にシャルル6世(1368～1422年)の奢侈禁止令が契機となって一般人が黒を着る機会が多くなり、流行色となった。16世紀にプロテスタント運動の象徴として、禁欲的な黒が採用され、17世紀にはヨーロッパ全土に広まった。

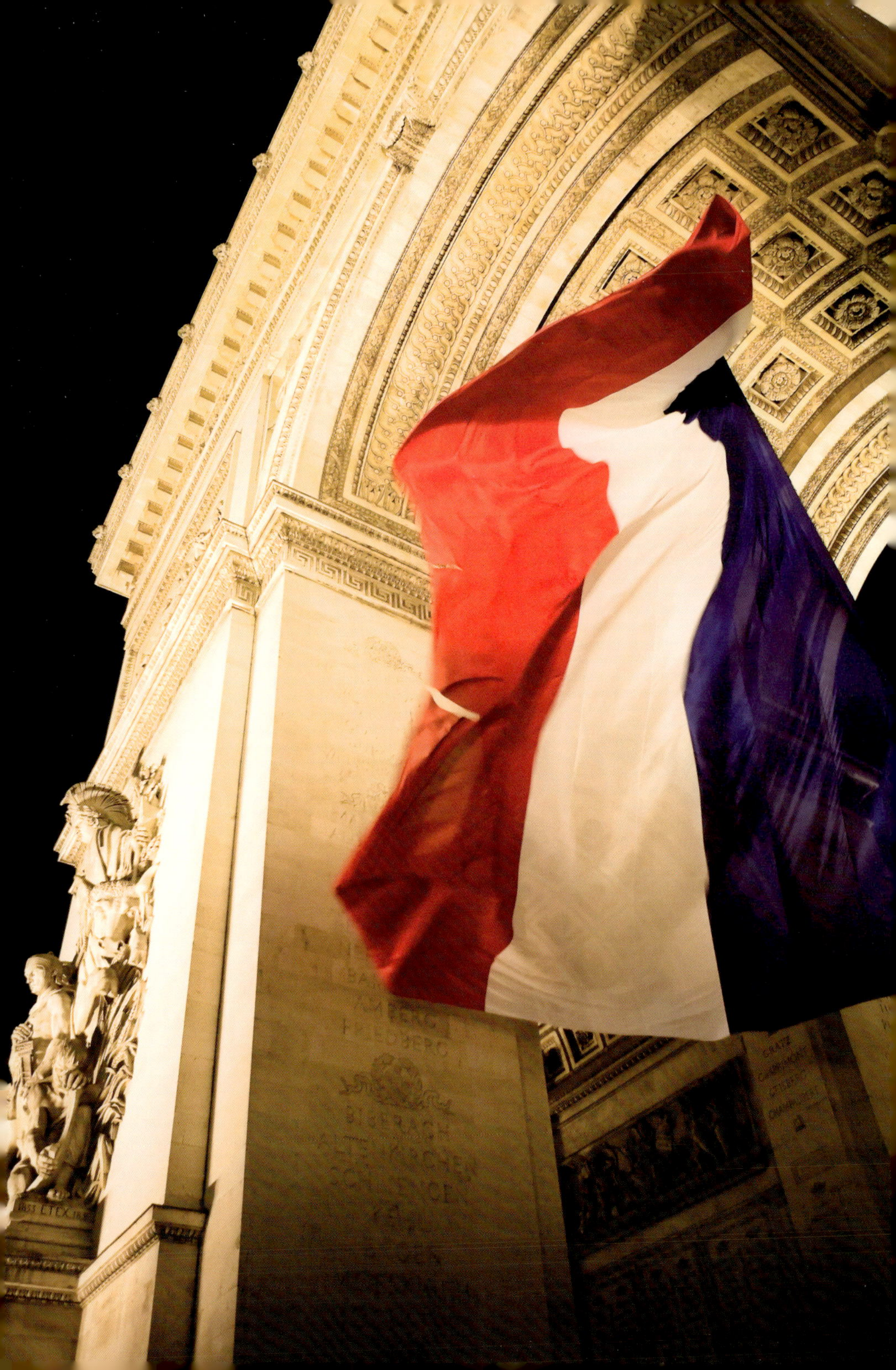
BIBERACH

256. ブラン・ドゥ・ザング ジンク・ホワイト
Blanc de zinc : Zinc white

ザング(Zinc)は酸化亜鉛の工業製品。亜鉛華ともいわれ、金属亜鉛から製造される顔料で、亜鉛白ともいう。白色顔料の主要製品で、白の塗料、白の絵具として最もよく使われている。英色名のジンク・ホワイト(Zinc white)に相当するが、英色名にあるジンク・グリーン(Zinc green)は、仏色名には見当たらない。19世紀以後の色名であり、古くから使われていた鉛白(Céruse)とは、同じ白でも物性は異なる。

257. グリ・ペルル パール・グレイ
Gris perle : Pearl gray

ペルル(Perle)は「真珠」の意味。真珠は光の具合によって、さまざまな色合いをみせるが、その中心的な色は、ほとんど中明度の灰色である。フランス色名のグリ・ペルル(Gris 〜)は、まさに真珠のような光沢感をもった中明度の灰色をさす色名である。英色名のパール・ホワイト(Pearl white)が1590年に先行し、仏色名のグリ・ペルルは1705年に出現している。

258. ブラン・ドゥ・ロワ 国王の白
Blanc de Roi : Royal white

「国王の白」の意味。フランスでは、すでに中世には国王の白として畏敬を集めていた。フランス・ブルボン王朝の紋章は「青地に金か白の百合の花」であり、白は金と同じ価値をもっていた。この白をブラン・ドゥ・ロワ(Blanc de Roi)という。太陽王ルイ14世は白いアーミン(貂)の毛皮を着た姿で描かれており、革命時には、王党派の国王旗を表す色であった。また革命派にとっても、白は「自由」を表して、後にフランス三色国旗の一色となった。

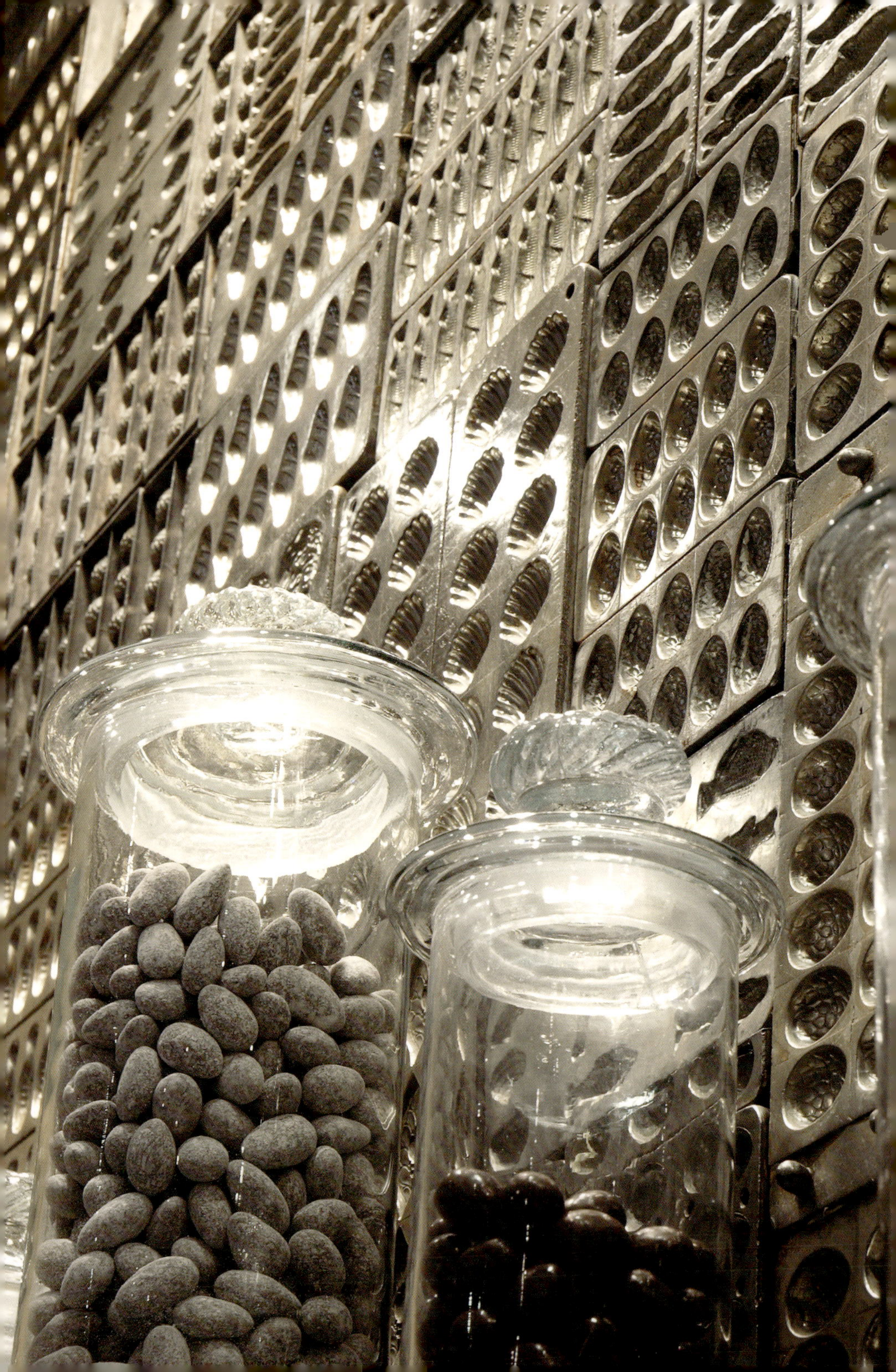

259. グリ・ダルジャン 銀鼠
Gris d'argent : Silver gray

アルジャン(Argent)は「銀」、「銀貨」のこと。グリ・ダルジャン(Gris 〜)で和色名の「銀鼠」、英色名のシルバー・グレイ(Silver gray)に相当する。グリ・ダルジャン(Gris 〜)で、銀色の輝きに似た光沢感をもった中明度の灰色をさしている。1607年に色名として現れている。

260. グリ・フュメ 煙の色
Gris fumée : Smoky gray

フュメ(Fumée)は「煙」のこと。グリ・フュメ(Gris 〜)で、その煙色の灰色をさす色名である。一般に煙の色は、比較的、明度の高い色であるが、この色は逆に低明度の灰みの濃い色である。青みになればブルー・フュメ(Blue 〜)になるから、この色は、色相に偏らない無彩色の灰色である。

261. シマン セメント
Ciment : Cement

シマン(Ciment)は土木、建築用のコンクリート、モルタルの原材料となるもの。主原料には石灰石と粘土、珪石や鉱滓が用いられる。色は中明度の灰色またはオフ・グレイの色である。同じ色合いの英色名のセメント(Cement)は1922年に登場するから、シマンもその前後の出現と思われる。

262. グリ・スーリ 鼠色
Gris souris : Mouse gray

スーリ(Souris)は「鼠」、「子鼠」の意味。Sourisだけでも鼠色を表す色名であるが、グリ・スーリ(Gris 〜)と複合して鼠の体毛の中位の灰色を表す色名である。鼠は古くから存在するから、色名としても古く、1606年には記録されている。15世紀には男性の服装の色として、黒、菫色と同時に流行したとの記録がある。英色名はマウス・グレイ(Mouse gray)である。

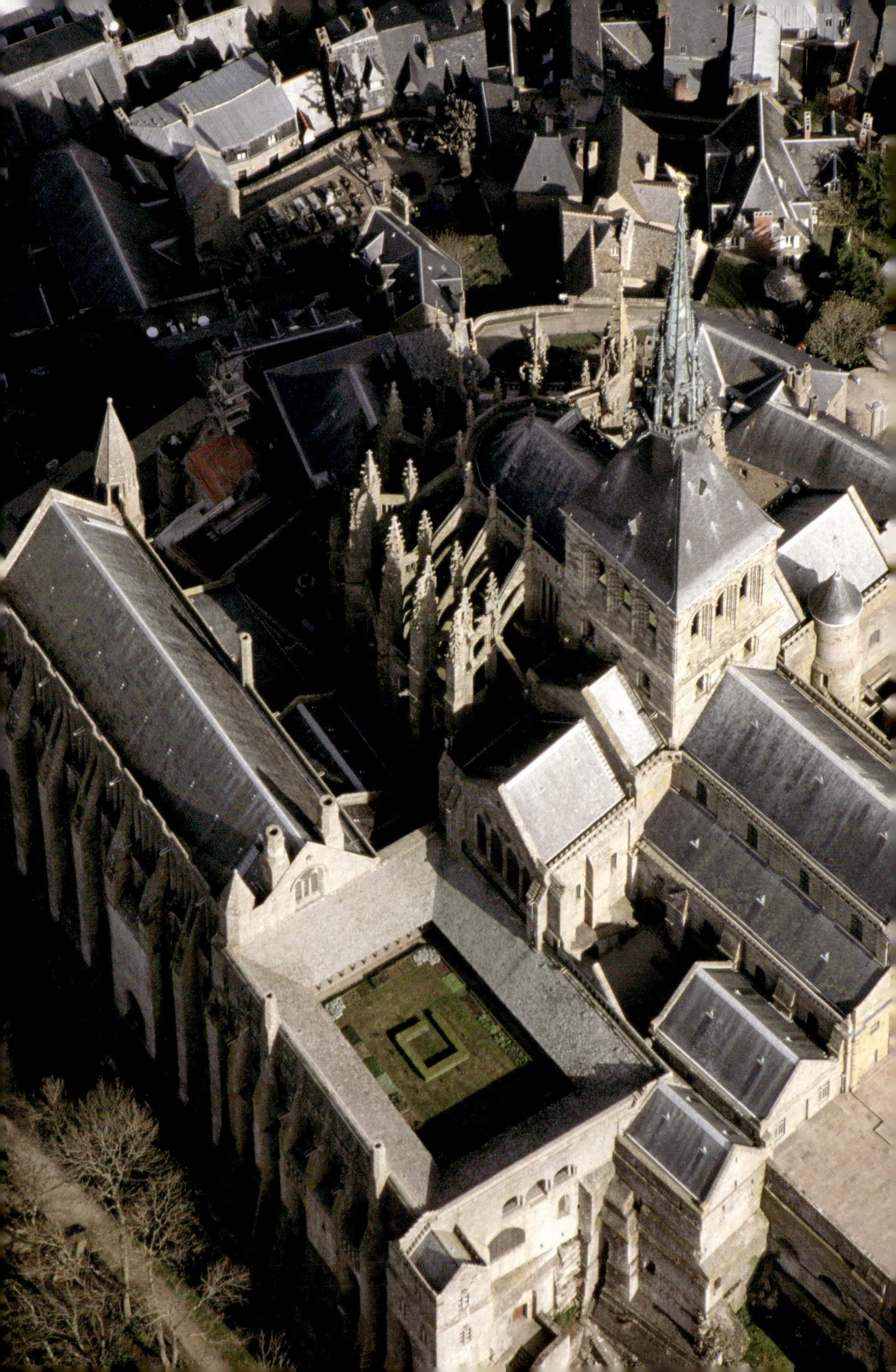

263. グリ・プロン 鉛色のグレイ
Gris plomb : Lead gray

プロン(Plomb)は鉛のこと。有史以前から使われてきた重要な鉱物顔料の成分である。ラテン語のPlumbumに由来する。本来は錆に覆われた鉛は「鉛色」といわれる青灰色である。古くから鉛は鉛白(Céruse)、鉛丹(Minum)、金密陀(Litharge d'or)などの色の色材として使われてきた。鉛色といえば、普通は灰色であるが、仏色名のプロンは灰色とともに、ブラン・ドゥ・プロン(Blanc de 〜)といわれる白も表している。

264. アルドワーズ 石板色
Ardoise : Slate gray

アルドワーズ(Ardoise)は「石盤」、「瓦」、「スレート」の意味。西洋の屋根瓦に使われている石盤(珪酸アルミニュームと炭素からなる)の暗い灰色をさす色名。『カラーアトラス』には1705年に初出とあり、『考古学事典』(1878年)にも掲載されているから、広く知られていた色名であろう。別にヴェール・アルドワーズ(Vert 〜)という緑みの灰色の色名もある。

265. アントラシット 消炭の灰色
Anthracite : Charcoal gray

アントラシット(Anthracite)は無煙炭のこと。その無煙炭のような黒い色をさす色名である。ギリシア語のAnthrakites(石炭のような宝石の意味)、及びAnthraz(石炭)に由来する色名。英語のコール・ブラック(Coal black)より、黒みが強い色である。この色が灰色みによったグリ・アントラシット(Gris 〜)という色名もある。

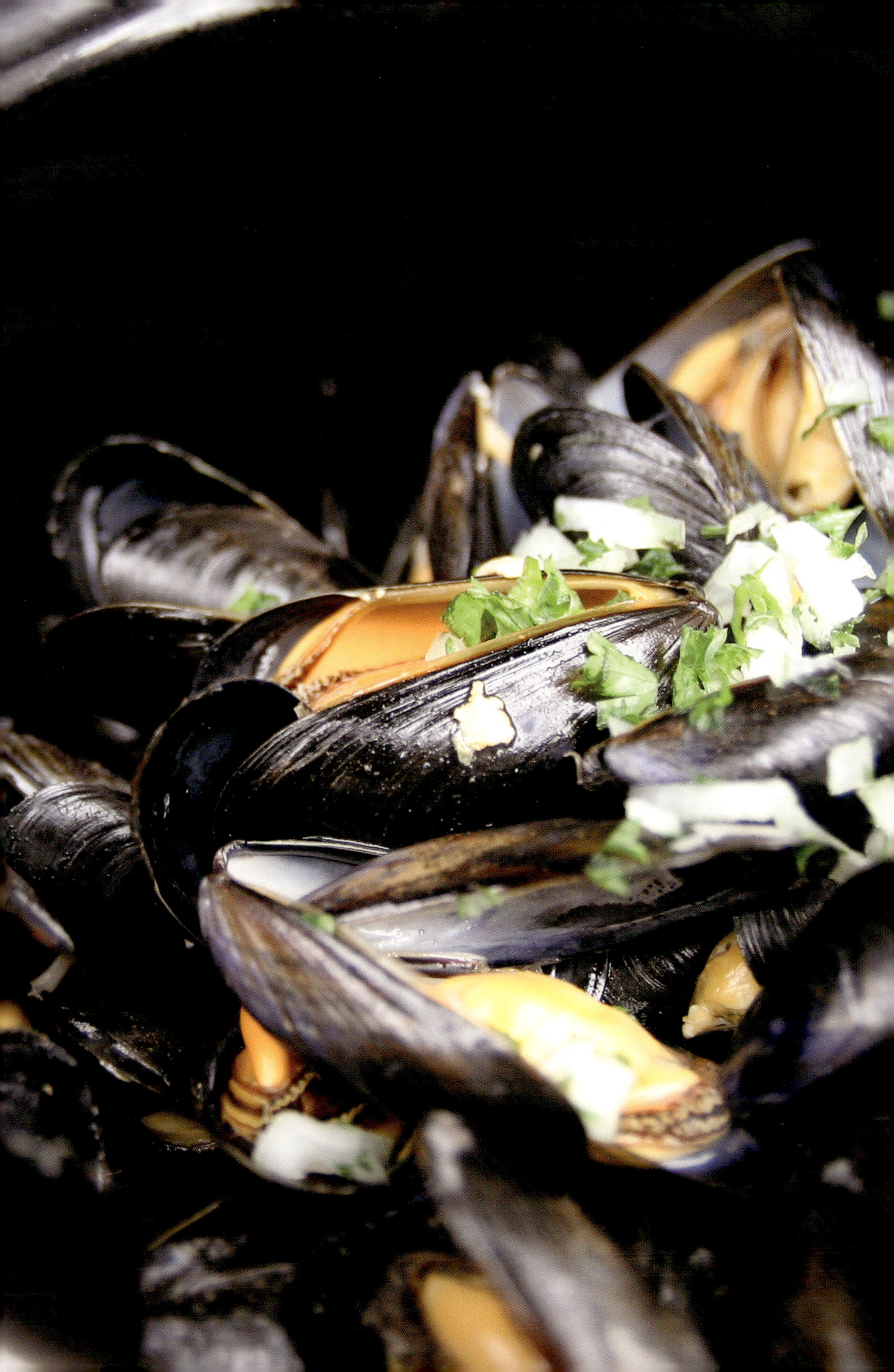

266. ノワール・ドゥ・シャルボン 炭色
Noir de charbon : Carbon black

シャルボン(Charbon)は「木炭」、「石炭」、「煤」のこと。いわゆるカーボン・ブラック(Carbon black)のような艶のない黒をいうときの色名である。炭や煤は、古代から身近にある優れた粉体で、溶かしてインキ、炭、絵具などの色材として用いられてきた。20世紀に入り、ゴム工業の発展とともにその着色料として工業生産されるようになった。これに関連して、シャルボヌー(Charbonneux)という色名もあり、こちらもカーボンのような黒という意味である。

267. サーブル 紋章の黒
Sable : Black

サーブル(Sable)は中世フランスにおいては「紋章の黒」や「黒貂」、「黒の毛皮」の意味で、特にこれらの黒を表す色名として使われている。紋章としての出現率も赤、白、黄、青と比較してフランス貴族が最も少ない比率になっている(『紋章の歴史』)。事例としては、マインツ大司教の黒地に車輪の紋章、獅子王リチャードの黒地に白の獅子の紋章などがある。

268. ノワール・ダンクル インクの黒
Noir d'encre : Ink black

アンクル(Encre)は「インク」、「墨汁」の意味。ラテン語のEncaustumに由来する言葉であり、これは「焼き板に焼き付ける」という意味である。つまり焼板に焼き付けて出来た炭のことを表す言葉であり、色名のノワール・ダンクル(Noir d'encre)は炭のような黒、黒インクのような黒を表している。特に中国から伝来した墨は、ローマ人がイカの分泌物から得ていた黒色色素(セピア)より、はるかに優れていたので珍重されたといわれている。

269. アルジャン　銀
Argent : Silver

黄金とならぶ2大金属のひとつの銀・アルジャン（Argent）のこと。ラテン語のArgentum（輝くもの）に由来する言葉である。光の反射率が最も高い色なので、ブラン・ダルジャン（Blanc d'argent）といういい方をされる（日本語で言えば白金、白銀に相当する）。古代から黄金とならび畏敬・崇拝・憧れの対象となり、ギリシア神話ではディアナの服の色、太陽神アポロの弓の色、キリスト教の聖杯や聖具の色とされた。中世には誠実、正義を表す紋章の色となり、金とともに不可欠な色となった。

270. オール　金色
Or : Gold

オール（Or）は「黄金」、「金色」を表すフランス色名。別にドーレ（Doré）で「金色の」意味を表す色名もある。英色名のゴールド（Gold）に相当する。最古の色名のひとつであり、アングロ・サクソン語のGoldenに由来する。古代から「金」はギリシアの神々、キリスト教の神、神の代理人としての為政者、聖職者などの威光を表す色として畏敬された。さらに中世には銀とともに、紋章の色として不可欠な色に定められた。金は知性、美徳、威厳を表す色であった。ただ、金の代わりに黄色が用いられたことも附記しておこう。また12世紀頃にルイ6世が「青地に金色の百合の花の散らし模様」を国の紋章に定めてから、金色は国家を象徴する色となった。また17世紀、ルイ14世は黄金の間をもつヴェルサイユ宮殿を建立し、太陽王といわれたルイ14世は光輝く黄金の象徴となった。

フランスの伝統色
解説編

フランスの配色　春夏秋冬
　　　　　　　色彩一覧
　　　　　　　色彩解説
色名索引　和仏・英仏
　　　　　参考文献
　　　　　写真図版一覧
　　　　　注釈一覧

フランスの配色
Color Harmony

春の配色
Spring

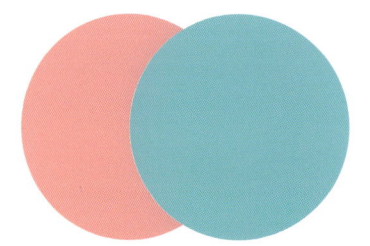

ローズ・ルノワール × ブルー・ポルスレーヌ
Rose Renoir × Bleu porcelaine

ブルジョン × ジョーヌ・ミモザ
Bourgeon × Jaune mimosa

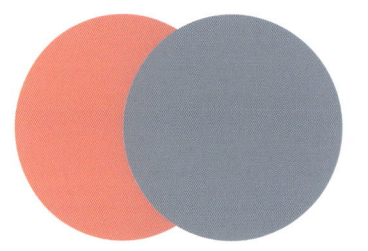

ボンボン × グリ・ローランサン
Bonbon × Gris Laurencin

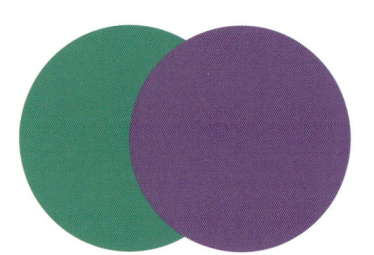

ヴェール・プランタン × エリオトロープ
Vert Printemps × Héliotrope

ブルー・ドゥ・プロヴァンス × ジョンキーユ
Bleu de Provence × Jonquille

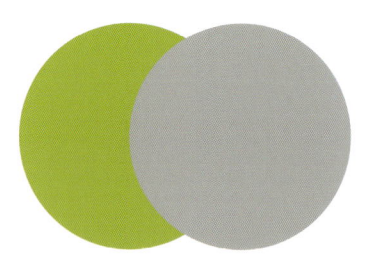

ヴェール・ピスタッシュ × グリ・ダルジャン
Vert pistache × Gris d'argent

長く暗い冬の曇り空が明るさを取り戻し、春の気配が訪れると、街路樹のプラタナスやマロニエの萌黄色の若葉が芽吹き、街の花屋には、春の象徴であるミモザ、水仙、カーネーション、矢車菊、チューリップ、バラやツバキなど、色とりどりの花が並ぶ。ランブール兄弟の描いた『ベリー公のためのいとも豪華な時禱書』にみるように、5月祭りには、長い冬が終わり、輝くような緑が再生する風習が今でも続いている。フランス人にとって春の色は、樹々に映える若葉の萌黄色であり、黄色やローズの花の色である。

　まだ灰色の空とグレイの建物を背景にした、春の色の佇まい。フランス人が最も「シック」な配色という、グレイとピンク、グレイとイエロー、グレイとペパーミントなどの配色が、街のあちこちで見受けられるようになる。まさに20世紀初頭の閨秀画家マリー・ローランサンの絵のように、グレイを背景にピンクやイエローが配される光景が、いたるところで繰り広げられるといってよいだろう。

　春はまた、オートクチュール、プレタポルテのファッションが、華やかに幕を開けるときである。「ベージュの女王」といわれたシャネル、ローズをキー・カラーとしたバレンシアガやイヴ・サン＝ローランなどの「色の魔術師」といわれたデザイナーのパリ発のファッションカラーは、常にグレイ、ベージュを中心にして、ローズ、イエロー、ペパーミントに彩られてきた。春の配色は、これらのイメージを中心にして作り上げたものである。

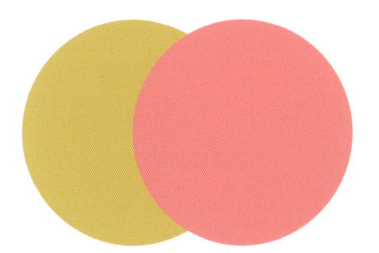

ムタルド × ローズ・サンローラン
Moutarde × Rose Saint-Laurent

ミヨゾティス × グリ・シエル
Myosotis × Gris ciel

夏の配色
Summer

ブラン・ドゥ・ザング × チュルコワーズ
Blanc de zinc × Turquoise

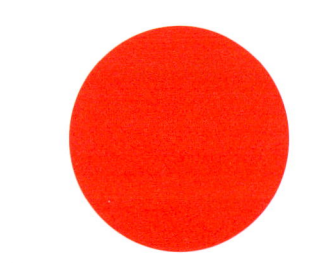

ブラン・ドゥ・ザング × コクリコ
Blanc de zinc × Coquelicot

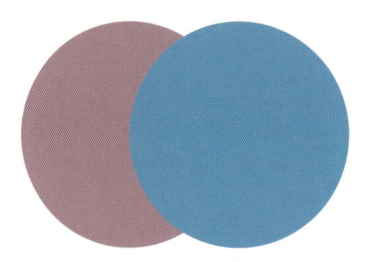

リラ × ブルー・ドゥ・プロヴァンス
Lilas × Bleu de Provence

ジョーヌ・ドゥ・プロヴァンス × ブルー・ドゥ・シャンパーニュ
Jaune de Provence × Bleu de Champaigue

ブラン・ドゥ・ザング × ヴェール・デルブ
Blanc de zinc × Vert d'herbe

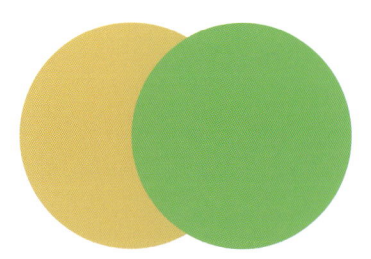

ムタルド × ポム
Moutarde × Pomme

夏の色といえば、南フランスのコート・ダジュールの紺碧のアジュール・ブルーや海の色マリーン・ブルーを思い出す。輝かしい陽の光のもとで、刻々と色みを変える海の色は息を呑むほど美しい。その紺碧の青を引き立てるかのように、海岸線ぎりぎりに白い建物が立ち並び、白い砂とともに青と白の見事なコントラストを創り出している。この青と白の配色は、ガブリエル・シャネルが創造した青と白のマリーン・ルックとなって、今日まで夏の彩りとして続いている。

　また画家のフィンセント・ファン・ゴッホやマルク・シャガールなどの北方生まれの画家たちが、まさに「色の啓示」を受けたプロヴァンスの太陽や、紺碧の空、そして野原を彩るオリーブの樹々の緑、そしてさまざまな黄色い花の彩りを思い出す。プロヴァンスの夏は、燦々と輝く太陽のもとで、その光に負けないように、菜の花、サフラン、ヤマブキ、ひまわり、マスタード、そして紫色のラベンダーが咲き誇る。ゴッホの『ひまわり』の連作にみるような青と黄の補色配色は、フランスの配色の基本でもある。

　また南仏の街の野菜売り場に並ぶ真っ赤なピマン、トマト、スリーズ、フランボワズなどの赤い果実の色は、フランスの街を彩る一服の清涼剤になっている。食卓に並ぶサラダ菜の緑とともに、赤は、強いコントラストになって食欲をそそるものとなっている。

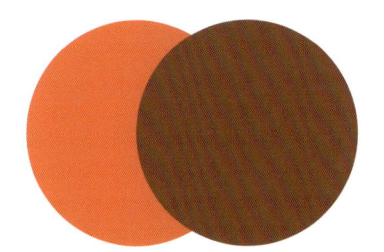

カピュシーヌ × テール・ドゥ・シエーヌ
Capucine × Terre de Sienne

ブラン・ドゥ・ザング × ノワール
Blanc de zinc × Noir

秋の配色
Autumn

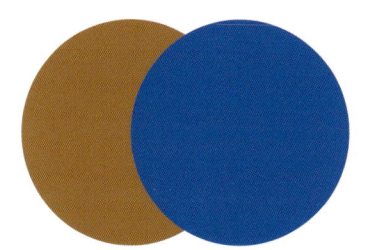

ジョーヌ・ダンブル × サフィール
Jaune d'ambre × Saphir

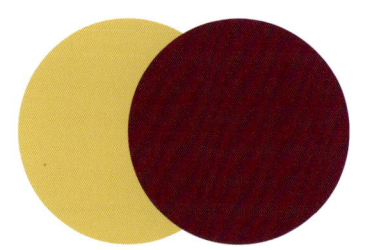

ジョーヌ・パーイユ × ブルゴーニュ
Jaune paille × Bourgogne

フーイユ・モルト × オール
Feuilles mortes × Or

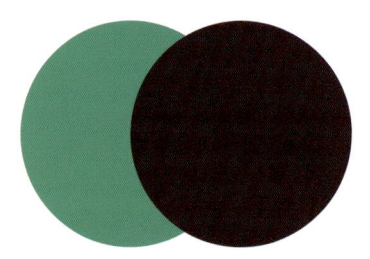

エムロード × ノワール・ドゥ・シャルボン
Émeraude × Noir de charbon

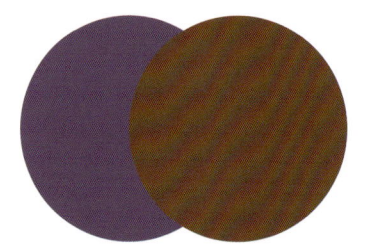

ペチュニア × テール・キュイット
Pétunia × Terre cuite

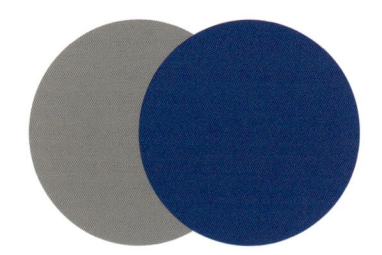

グリ × ブリュウエ
Gris × Bluet

「秋の日の　ヴィオロンの　ためいきの　身に滲みて　うら悲し」フランスの秋といえば、ヴェルレーヌの詩を訳した上田敏の一節を思い浮かべる。相当以前の詩であるが、フランスの、というよりパリの秋の雰囲気は、それほど変わっていない。イヴ・モンタンが歌ったシャンソンの名曲「枯葉」のように、秋は枯葉の舞う季節である。街路にはプラタナスやポプラ、そして銀杏の黄金色から茶色の枯葉が敷き詰められる。15時頃には翳り始める黄色の陽光に照らされて、枯葉は一層、黄みがかっていく。真っ赤に燃える日本の紅葉とは異なり、フランスの枯葉は、黄金色や茶色の枯葉である。だから、秋の配色はゴールド、ブラウン、ベージュ、ダークイエローが基本色となっている。

そして秋はワインの収穫のときである。ボルドー、ブルゴーニュ、プロヴァンス、シャンパーニュなど、濃い赤紫から、淡い黄色にいたる、それぞれ色名となるような特色のあるワイン色があふれるのである。収穫の季節ともなると、青い空の下、これらの地方では華やかな収穫祭が繰り広げられて、伝統的な民族衣装で着飾った村人たちの服装色に彩られていく。バルビゾン派の画家ミレーの『晩鐘』や『積みわら』に似た土の香りのする牧歌的な雰囲気を今でも見ることができる。

1970年代、サン＝ローランやカルダンが輝いたパリ・コレクションは、まさにこの土の香りのするフォークロアカラーであり、ナチュラルカラーでもあった。

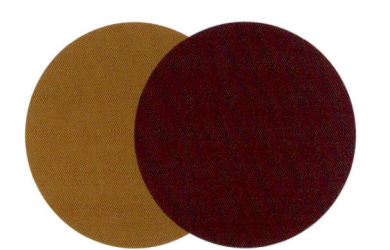

ノアゼット × ボルドー
Noisette × Bordeaux

シャテーニュ × アルドワーズ
Châtaigne × Ardoise

冬の配色
Winter

シマン × ノワール
Ciment × Noir

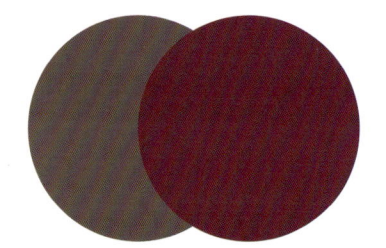

カシュー × ブルゴーニュ
Cachou × Bourgogne

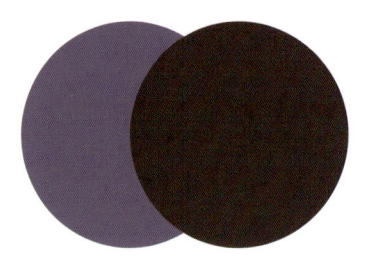

ペチュニア × ノワール・ドゥ・シャルボン
Pétunia × Noir de charbon

ショコラ × マロン
Chocolat × Marron

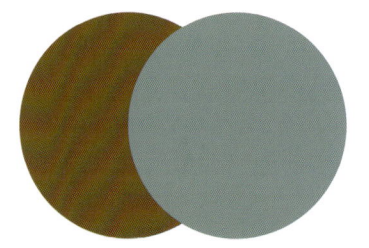

シャタン × ブルー・パセ
Chatain × Bleu passé

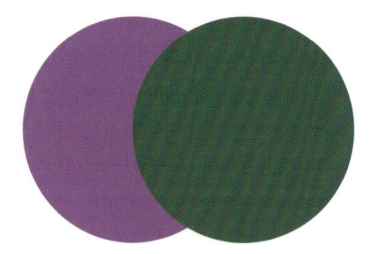

ヴィオレ × サパン
Violet × Sapin

スカイグレイの空、重く垂れこめた灰色の雲。そしてその色を反映するかのように、白亜の建物も灰色の影を落とし、セーヌ川も暗く澱んでいる。晴天の日が少なく、朝は7時でもまだ薄暗く、15時には陽が傾いていく。人々は厚いオーバーコートやブルゾンを着て、肩をすくめて足早に帰路に着く。冬の色は黒か濃いグレイである。

そんなフランスの冬を彩るものは12月のクリスマスであり、2月・3月の復活祭である。クリスマスには、人々はキリストの血を象徴する赤と柊の葉の緑と、神の色である白のクリスマスカラーで、キリストの誕生を祝う。また復活祭には、赤、青、緑、黄などの色とりどりのイースターエッグを作って、キリストの復活を祝う。これらは暗い冬の色の中で、人々に安らぎと生きる勇気を与える色であろう。

「パリの冬で美味しいものは生牡蠣と焼き栗」という言葉がある。暖炉の傍らで色とりどりの赤紫色のワインを片手に生牡蠣を食べるのは、フランス料理の醍醐味であろう。オイスターグレイとかオイスターホワイトという色名があるほど、牡蠣はフランス人の生活に馴染んでいる。またホットチョコレートを片手に、硬いマロン色の焼き栗を食べるのも、冬の風物詩のひとつである。チョコレートもフランス人の大好きな嗜好品のひとつであるが、冬の色としても忘れることのできない色である。

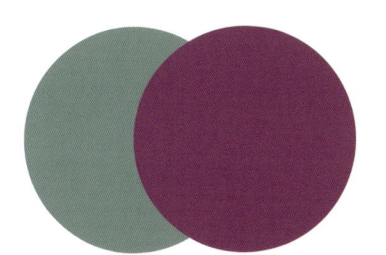

ブルー・パセ × アメティスト
Bleu passé × Améthyste

サパン × シプレ
Sapin × Cyprès

色彩一覧
Color Index

ルージュ
Rouge
4.0R 4.5/14.0
C5 M96 Y83 K0
R223 G33 B44
#DF212C

ローズ
Rose
10.0RP 6.5/7.0
C3 M62 Y30 K0
R233 G127 B138
#E97F8A

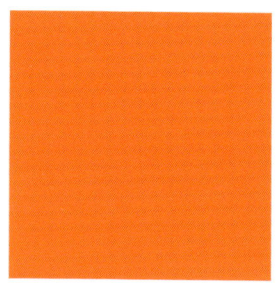

オランジュ
Orange
4.0YR 6.0/14.0
C0 M72 Y94 K0
R236 G104 B22
#EC6816

ブラン
Brun
7.5YR 4.0/4.0
C57 M72 Y87 K14
R122 G81 B53
#7A5135

ジョーヌ
Jaune
5.0Y 8.0/13.0
C0 M26 Y100 K0
R251 G198 B0
#FBC600

ヴェール
Vert
3.0G 5.5/11.0
C84 M14 Y84 K0
R0 G152 B86
#009856

ブルー
Bleu
3.0PB 3.5/12.0
C100 M68 Y19 K0
R0 G83 B146
#005392

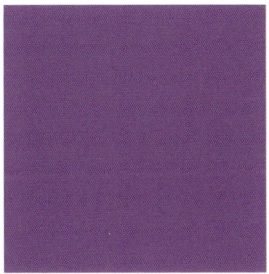

ヴィオレ
Violet
6.0P 3.0/12.5
C52 M81 Y4 K0
R142 G69 B147
#8E4593

ブラン
Blanc
N8.0
C0 M0 Y0 K0
R255 G255 B255
#FFFFFF

グリ
Gris
N5.5
C49 M41 Y39 K0
R147 G145 B143
#93918F

ノワール
Noir
N2.0
C79 M75 Y72 K47
R51 G49 B50
#333132

凡例
○ 色彩一覧は、色見本・色名 (和仏)・マンセル値・色のCMYK値・RGB値・Web値の順で表記した。
○ マンセル値の数値は、色相・明度・彩度の順に表記した。
○ CMYK値はオフセット印刷した際のプロセスインク4色の網点パーセントを、C (シアン・藍)、M (マゼンタ・紅)、Y (イエロー・黄)、K (ブラック・墨)の順に表記した。
○ RGB値はコンピュータ値で色を表現する際に用いられる表記で、R (レッド・赤)、G (グリーン・緑)、B (ブルー・青)の順に表記した。
○ Web値はRGB値をWebページ用に16進数各2桁の6種類で表記した。
○ 用紙は「シャモニーマットW・T76.5g」、インキは「東京インキCERV0110」を使用した。

No.	名称	Name	Munsell	CMYK	RGB	HEX
001	ローズ・テ	Rose thé	10.0R 8.0/6.5	C0 M32 Y38 K0	R247 G192 B155	#F7C09B
002	ペーシュ	Pêche	10.0R 8.0/6.0	C0 M37 Y39 K0	R246 G183 B149	#F6B795
003	オロール	Aurore	10.0R 7.5/9.0	C0 M56 Y53 K0	R240 G141 B108	#F08D6C
004	ローズ・ドゥ・マルメゾン	Rose de Malmaison	2.5R 7.5/8.0	C0 M42 Y18 K0	R244 G174 B179	#F4AEB3
005	ローズ・ソーモン	Rose saumon	9.5R 7.5/7.0	C0 M50 Y45 K0	R242 G155 B126	#F29B7E
006	オルセーユ	Orseille	1.25R 7.5/8.0	C0 M45 Y20 K0	R243 G167 B172	#F3A7AC
007	カロット	Carotte	10.0R 7.0/12.0	C0 M59 Y56 K0	R240 G135 B100	#F08764
008	グリ・ドゥ・ラン	Gris de lin	5.0R 7.5/1.0	C21 M25 Y19 K0	R208 G193 B194	#D0C1C2
009	ヴェルミヨン	Vermillon	7.5R 6.0/12.0	C0 M80 Y64 K0	R234 G85 B74	#EA554A
010	トマト	Tomate	7.5R 6.0/14.0	C10 M90 Y89 K0	R217 G58 B38	#D93A26
011	コラーユ	Corail	6.5R 6.0/12.0	C5 M75 Y66 K0	R228 G97 B75	#E4614B
012	ヴィウー・ローズ	Vieux rose	2.5R 6.0/8.0	C30 M60 Y44 K0	R188 G121 B120	#BC7978
013	マンダリーヌ	Mandarine	7.5R 5.0/14.0	C5 M95 Y85 K0	R224 G39 B41	#E02729
014	ゴブラン	Gobelin	5.0R 5.5/15.0	C5 M95 Y87 K0	R224 G39 B39	#E02727
015	ガランス	Garance	5.0R 5.5/14.0	C5 M96 Y83 K0	R223 G33 B44	#DF212C
016	ルージュ・ドゥ・ブールジュ	Rouge de Bourges	7.5R 5.0/14.0	C5 M95 Y87 K0	R224 G39 B39	#E02727
017	コクリコ	Coquelicot	5.0R 5.0/16.0	C0 M100 Y86 K0	R230 G0 B38	#E60026
018	エカルラート	Écarlate	7.0R 5.0/14.0	C0 M95 Y92 K0	R231 G37 B30	#E7251E
019	グール	Gueules	6.5R 5.0/12.0	C0 M94 Y81 K0	R231 G41 B45	#E7292D
020	シナーブル	Cinabre	7.5R 5.0/12.0	C10 M84 Y79 K0	R218 G75 B54	#DA4B36
021	グルナディーヌ	Grenadine	5.0R 5.0/16.0	C4 M93 Y70 K0	R225 G47 B60	#E12F3C
022	カメリヤ	Camélia	1.25R 5.0/12.0	C9 M78 Y45 K0	R221 G88 B102	#DD5866
023	フラゴナール	Fragonard	2.5R 5.0/10.0	C3 M84 Y30 K0	R228 G72 B116	#E44874
024	ルージュ・ドゥ・パルク・ドゥ・ラ・ヴィレット	Rouge de Parc de la Villette	5.5R 4.5/15.0	C10 M98 Y84 K0	R216 G22 B44	#D8162C
025	ルージュ・エクルヴィス	Rouge écrevisse	10.0R 5.5/14.0	C0 M90 Y81 K0	R232 G57 B46	#E8392E
026	クルヴェット	Crevette	2.5R 5.0/9.0	C0 M70 Y65 K0	R237 G110 B78	#ED6E4E
027	マリー・アントワネット	Marie Antoinette	7.0R 5.0/7.5	C9 M77 Y33 K0	R220 G91 B120	#DC5B78
028	ルージュ・ドゥ・ムーラン・ルージュ	Rouge de Moulin Rouge	5.0R 4.0/12.0	C10 M98 Y90 K2	R214 G25 B37	#D61925
029	キュイーヴル	Cuivré	10.0R 4.5/7.0	C25 M75 Y85 K0	R196 G92 B51	#C45C33
030	ルージュ・ディオール	Rouge Dior	6.0R 4.0/12.0	C35 M100 Y100 K12	R163 G27 B32	#A31B20

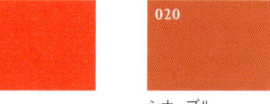

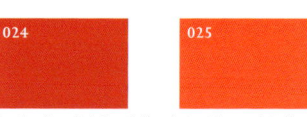

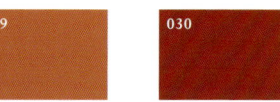

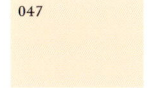

No.	名称	Name	Munsell	CMYK	RGB	HEX
031	ナカラ・ドゥ・プール	Nacarat de bourre	10.0R 4.0/11.0	C32 M80 Y90 K0	R184 G81 B46	#B8512E
032	カルディナル	Cardinal	3.0R 4.5/11.0	C20 M93 Y90 K0	R201 G51 B41	#C93329
033	ルージュ・オークル	Rouge ocre	2.5R 4.0/10.0	C23 M84 Y61 K0	R197 G72 B79	#C5484F
034	マロカン	Marocain	5.0R 4.0/10.0	C34 M92 Y81 K5	R173 G51 B53	#AD3335
035	コニャック	Cognac	10.0R 4.0/9.0	C38 M77 Y90 K5	R167 G83 B47	#A7532F
036	テール・ドゥ・シエーヌ	Terre de Sienne	10.0R 4.0/6.0	C48 M77 Y85 K18	R135 G73 B50	#874932
037	ルージュ・ドゥ・サン	Rouge de sang	4.0R 3.5/11.5	C25 M96 Y85 K5	R187 G38 B46	#BB262E
038	アルジル	Argile	0.5R 5.0/8.0	C36 M80 Y54 K0	R175 G79 B92	#AF4F5C
039	ルーイュ	Rouille	7.5R 3.5/6.5	C26 M83 Y97 K0	R194 G75 B34	#C24B22
040	ブラン・ヴァン・ダイク	Brun van Dyck	5.0R 3.0/3.0	C60 M75 Y62 K30	R100 G64 B69	#644045
041	グミエ	Goumier	6.25R 3.0/10.0	C42 M97 Y98 K19	R144 G34 B33	#902221
042	グレナ	Grenat	5.0R 2.0/6.0	C54 M93 Y80 K31	R110 G37 B45	#6E252D
043	ネーフル	Nèfle	10.0R 2.5/4.0	C55 M84 Y77 K35	R104 G49 B48	#683130
044	ルートル	Loutre	10.0R 2.5/3.0	C58 M87 Y90 K46	R87 G37 B29	#57251D
045	ビストレ	Bistre	10.0R 2.0/2.0	C69 M72 Y77 K40	R75 G59 B49	#4B3B31
046	フォー・ブラン	Faux blanc	7.5YR 8.0/1.0	C4 M2 Y1 K0	R247 G249 B252	#F7F9FC
047	シェール	Chair	8.0YR 9.0/2.0	C0 M12 Y21 K0	R253 G232 B206	#FDE8CE
048	ベージュ・シャネル	Beige Chanel	4.0YR 8.0/2.0	C10 M30 Y36 K0	R230 G190 B159	#E6BE9F
049	ベージュ	Beige	8.0YR 8.0/2.0	C25 M44 Y56 K0	R199 G154 B114	#C79A72
050	ベルランゴ	Berlingot	9.0YR 7.5/12.0	C0 M43 Y85 K0	R245 G166 B44	#F5A62C
051	ムロン	Melon	8.75YR 7.5/11.0	C1 M39 Y73 K0	R245 G175 B78	#F5AF4E
052	カピュシーヌ	Capucine	4.0YR 7.5/11.5	C5 M76 Y82 K0	R228 G94 B50	#E45E32
053	アブリコ	Abricot	5.0YR 6.0/12.0	C0 M50 Y85 K0	R243 G152 B45	#F3982D
054	オランジュ・タンゴ	Orange tango	1.25YR 6.0/13.0	C0 M68 Y99 K0	R237 G113 B0	#ED7100
055	ルー	Roux	5.0YR 7.0/12.0	C25 M64 Y88 K0	R197 G114 B48	#C57230
056	マイース	Maïs	7.5YR 7.0/8.0	C0 M52 Y75 K0	R242 G148 B69	#F29445
057	トパーズ	Topaze	7.0YR 7.0/6.0	C32 M54 Y74 K0	R185 G130 B77	#B9824D
058	ブロン	Blond	8.0YR 7.0/3.0	C25 M40 Y55 K0	R200 G161 B118	#C8A176
059	シャモワ	Chamois	7.5YR 6.5/6.0	C27 M51 Y95 K0	R195 G137 B36	#C38924
060	マスティック	Mastic	10.0YR 6.5/3.0	C45 M41 Y50 K0	R157 G146 B126	#9D927E

| 061 ビスキュイ Biscuit 7.5YR 6.0/4.0 C31 M46 Y65 K0 R188 G146 B96 #BC9260 | 062 グレージュ Grège 8.0YR 6.5/2.0 C36 M37 Y45 K0 R177 G160 B137 #B1A089 | 063 ピマン Piment 7.5R 5.0/14.0 C0 M89 Y88 K0 R232 G61 B36 #E83D24 | 064 オランジュ・エルメス Orange Hermès ※ エルメスにより マンセル数値等 は非公開 | 065 フォーブ Fauve 10.0YR 6.0/12.0 C18 M52 Y100 K0 R211 G138 B5 #D38A05 |

| 066 オークル・ジョーヌ Ocre jaune 10.0YR 6.0/7.5 C33 M60 Y100 K0 R183 G119 B29 #B7771D | 067 ヌガー Nougat 7.0YR 6.0/3.0 C45 M55 Y70 K6 R153 G118 B83 #997653 | 068 フー Feu 4.0YR 5.5/14.0 C13 M71 Y97 K0 R217 G102 B23 #D96617 | 069 ジョーヌ・ダンブル Jaune d'ambre 8.0YR 5.0/8.0 C40 M61 Y93 K0 R169 G113 B47 #A9712F | 070 ティスィヤン Titien 1.0YR 5.5/6.5 C38 M68 Y75 K0 R172 G103 B71 #AC6747 |

| 071 カフェ・クレーム Café crème 6.5YR 5.5/4.5 C47 M59 Y72 K3 R152 G114 B80 #987250 | 072 フーイユ・モルト Feuilles mortes 7.5YR 5.0/6.5 C43 M65 Y86 K0 R162 G105 B58 #A2693A | 073 タンヌ Tanne 5.0YR 5.0/4.0 C46 M63 Y73 K0 R157 G108 B78 #9D6C4E | 074 ブラン・ファン Brun faon 4.0YR 5.0/3.0 C53 M67 Y75 K10 R133 G92 B69 #855C45 | 075 ノワゼット Noisette 4.5YR 4.5/7.0 C39 M66 Y100 K2 R170 G104 B34 #AA6822 |

| 076 ポワル・ドゥ・シャモー Poil de chameau 10.0YR 4.5/8.0 C39 M61 Y100 K0 R172 G114 B34 #AC7222 | 077 ブリック Brique 4.0YR 4.0/9.0 C24 M73 Y100 K0 R197 G96 B26 #C5601A | 078 エネ Henné 8.0YR 3.5/6.0 C48 M100 Y87 K35 R115 G19 B34 #731322 | 079 モルドレ Mordoré 2.5YR 4.0/5.5 C50 M72 Y75 K10 R138 G85 B67 #8A5543 | 080 シャテーニュ Châtaigne 5.5YR 4.0/4.0 C56 M69 Y82 K19 R119 G83 B56 #775338 |

| 081 テール・キュイット Terre cuite 4.0YR 3.5/9.0 C53 M69 Y85 K17 R127 G84 B53 #7F5435 | 082 ショコラ Chocolat 1.5YR 3.5/7.0 C56 M80 Y93 K34 R104 G55 B34 #683722 | 083 カネル Cannelle 7.5YR 4.0/6.0 C52 M70 Y98 K16 R130 G83 B39 #825327 | 084 トープ Taupe 5.0YR 3.0/1.0 C71 M71 Y75 K38 R72 G61 B53 #483D35 | 085 シャタン Chatain 10.0YR 4.0/6.0 C55 M68 Y100 K20 R120 G83 B36 #785324 |

| 086 アカジュー Acajou 5.0YR 3.0/4.0 C59 M75 Y91 K35 R98 G62 B38 #623E26 | 087 カフェ Café 8.75YR 2.5/4.0 C52 M76 Y95 K35 R109 G60 B31 #6D3C1F | 088 ピュス Puce 3.5B 7.5/4 C50 M86 Y100 K23 R127 G54 B32 #7F3620 | 089 マロン Marron 1.25YR 3.5/7.0 C56 M83 Y85 K35 R103 G51 B40 #673328 | 090 ジョンキーユ Jonquille 7.5YR 2.0/2.0 C0 M22 Y100 K0 R253 G206 B0 #FDCE00 |

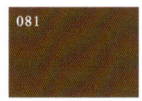

091	092	093	094	095
ジョーヌ・プランタン Jaune printemps 5.0Y 9.0/7.0 C0 M15 Y100 K0 R255 G217 B0 #FFD900	クレーム Créme 5.0Y 9.0/3.0 C4 M11 Y37 K0 R247 G229 B175 #F7E5AF	ヴァニーユ Vanille 5.0Y 9.0/2.0 C3 M7 Y23 K0 R249 G238 B206 #F9EECE	ジョーヌ・ブリヤン Jaune brillant 5.0Y 8.5/14.0 C8 M23 Y100 K0 R238 G198 B0 #EEC600	ジョーヌ・ミモザ Jaune mimosa 7.0Y 8.5/13.0 C4 M12 Y93 K0 R249 G221 B0 #F9DD00

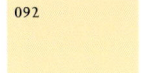

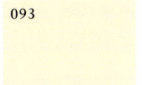

096	097	098	099	100
ジョーヌ・サフラン Jaune safran 2.5Y 8.0/12.0 C2 M33 Y96 K0 R246 G184 B0 #F6B800	カナリ Canari 5.0Y 8.5/11.0 C0 M19 Y65 K0 R253 G214 B105 #FDD669	ジョーヌ・パーイユ Jaune paille 7.5Y 8.0/10.0 C14 M25 Y88 K0 R226 G190 B45 #E2BE2D	ジャスマン Jasmin 5.0Y 8.5/9.0 C8 M20 Y94 K0 R239 G203 B0 #EFCB00	ジョーヌ・ドゥ・ナプル Jaune de Naples 2.0Y 8.0/4.0 C12 M20 Y49 K0 R229 G205 B142 #E5CD8E

101	102	103	104	105
ジョーヌ・ドゥ・クローム Jaune de chrome 5.0Y 8.0/12.0 C0 M10 Y90 K0 R255 G227 B0 #FFE300	ジョーヌ・ドゥ・プロヴァンス Jaune de Provence 2.0Y 8.0/13.0 C0 M26 Y96 K0 R251 G197 B0 #FBC500	シトロン Citron 9.0Y 8.0/12.5 C21 M16 Y94 K0 R213 G200 B12 #D5C80C	ムタルド Moutarde 5.0Y 8.0/8.0 C14 M24 Y79 K0 R226 G194 B69 #E2C245	クゥ・ドゥ・バシュ Queue de vache 5.0Y 8.0/4.0 C17 M19 Y52 K0 R220 G203 B137 #DCCB89

106	107	108	109	110
イヴォワール Ivoire 2.5Y 8.0/4.0 C4 M13 Y30 K0 R246 G226 B188 #F6E2BC	エクリュ Écru 2.5Y 8.0/2.0 C10 M20 Y38 K0 R233 G208 B165 #E9D0A5	シャンパーニュ Champagne 2.5Y 8.0/2.0 C15 M40 Y80 K0 R220 G165 B65 #DCA541	サーンドル Cendre 7.0Y 8.0/2.0 C26 M22 Y38 K0 R199 G193 B162 #C7C1A2	ジュネ Genêt 2.5Y 7.5/13.0 C0 M32 Y96 K0 R249 G187 B0 #F9BB00

111	112	113	114	115
ジョーヌ・スフル Jaune soufre 8.0Y 7.5/12.0 C4 M30 Y85 K0 R243 G190 B45 #F3BE2D	ミエル Miel 2.0Y 7.5/6.0 C5 M38 Y84 K0 R239 G174 B51 #EFAE33	サーブル Sable 1.0Y 7.5/4.0 C22 M33 Y49 K0 R207 G177 B133 #CFB185	シャルトルーズ Chartreuse 6.0Y 7.0/7.0 C21 M25 Y67 K0 R212 G188 B102 #D4BC66	マカロン Macaron 7.5Y 7.0/4.0 C21 M35 Y63 K0 R209 G172 B105 #D1AC69

116	117	118	119	120
カフェ・オレ Café au lait 1.5Y 7.0/4.0 C24 M35 Y50 K0 R202 G171 B129 #CAAB81	アルマニャック Armagnac 3.75Y 6.5/6.0 C32 M38 Y72 K0 R187 G158 B88 #BB9E58	ブトン・ドール Bouton d'or 4.5Y 7.0/7.0 C10 M27 Y73 K0 R232 G192 B85 #E8C055	リヴィド Livide 1.0Y 6.5/2.5 C35 M25 Y50 K0 R180 G180 B137 #B4B489	マロングラッセ Marrons glacés 8.5Y 6.0/4.5 C28 M42 Y58 K0 R194 G155 B110 #C29B6E

121	122	123	124	125
カラメル	ブラン・セピア	ブロンズ	カキ	メルド・ドワ
Caramel	Brun sépia	Bronze	Kaki	Merde d'oie
6.5Y 5.0/11.0	1.5Y 4.5/5.0	2.5Y 4.0/4.0	5.0Y 5.0/4.0	4.0Y 4.0/2.0
C25 M66 Y98 K0	C55 M66 Y100 K18	C64 M68 Y100 K16	C66 M54 Y85 K6	C56 M65 Y80 K15
R197 G110 B29	R121 G87 B37	R106 G83 B41	R106 G109 B66	R122 G91 B62
#C56E1D	#795725	#6A5329	#6A6D42	#7A5B3E

126	127	128	129	130
タバ	レグリス	ゴード	ブルジョン	ポム
Tabac	Réglisse	Gaude	Bourgeon	Pomme
1.0Y 3.5/5.0	1.25Y 3.0/2.0	5.0GY 8.0/4.0	2.5GY 8.0/4.0	9.0GY 7.0/10.0
C57 M67 Y100 K21	C69 M68 Y77 K33	C30 M11 Y49 K0	C24 M5 Y60 K0	C61 M0 Y85 K0
R116 G83 B36	R81 G70 B55	R193 G207 B149	R207 G218 B127	R105 G186 B80
#745324	#514637	#C1CF95	#CFDA7F	#69BA50

131	132	133	134	135
アヴォカ	ヴェール・リム	ヴェール・ピスタッシュ	ヴェール・デルブ	ペロケ
Avocat	Vert lime	Vert pistache	Vert d'herbe	Perroquet
7.5GY 7.0/10.0	8.5RP 3.5/2.5	1.0GY 7.0/12.0	7.0GY 4.5/8.0	10.0GY 6.5/10.0
C51 M5 Y85 K0	C40 M15 Y71 K0	C37 M16 Y100 K0	C74 M43 Y100 K3	C64 M5 Y85 K0
R140 G190 B73	R170 G188 B100	R179 G187 B10	R81 G122 B53	R96 G178 B81
#8CBE49	#AABC64	#B3BB0A	#517A35	#60B251

136	137	138	139	140
ヴェール・レテュ	ムス	パルム	アブサント	ヴェール・オリーブ
Vert laitue	Mousse	Palme	Absinthe	Vert olive
9.0GY 6.0/11.0	2.5GY 6.0/6.0	3.0GY 5.0/9.0	2.5GY 7.0/4.0	4.0GY 3.5/5.0
C72 M7 Y100 K0	C56 M38 Y92 K0	C58 M35 Y100 K0	C38 M24 Y65 K0	C72 M51 Y100 K13
R62 G167 B55	R131 G141 B59	R127 G145 B45	R174 G178 B109	R84 G105 B48
#3EA737	#838D3B	#7F912D	#AEB26D	#546930

141	142	143	144	145
エピナール	ヴェール・ドー	リッケヌ	ヴェール・ドゥ・グリ	エムロード
Épinard	Vert d'eau	Lichen	Vert de Gris	Émeraude
7.5GY 3.0/2.0	5.0G 9.0/3.0	1.25G 7.5/5.0	7.5G 6.0/4.0	4.0G 5.5/10.5
C76 M61 Y100 K36	C27 M2 Y25 K0	C45 M2 Y48 K0	C81 M38 Y66 K0	C77 M17 Y61 K0
R62 G72 B35	R198 G225 B203	R151 G204 B154	R41 G127 B105	R32 G156 B122
#3E4823	#C6E1CB	#97CC9A	#297F69	#209C7A

146	147	148	149	150
ヴェール・アンピール	セラドン	マント	シノープル	ヴェール・ドゥ・フッカー
Vert empire	Céladon	Menthe	Sinople	Vert de Hooker
5.0G 6.0/9.0	10.0G 6.0/6.0	2.5G 5.0/12.0	2.5G 5.0/12.0	2.5G 5.0/8.0
C82 M15 Y71 K0	C72 M14 Y53 K0	C93 M20 Y96 K0	C84 M14 Y84 K0	C84 M29 Y83 K0
R0 G153 B107	R59 G163 B138	R0 G140 B69	R0 G152 B86	R0 G136 B83
#00996B	#3BA38A	#008C45	#009856	#008853

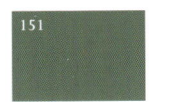

151
グリ・アシエ
Gris acier
2.5G 5.0/2.0
C70 M48 Y60 K2
R93 G119 B105
#5D7769

152
マラキット
Malachite
5.0G 5.0/8.0
C87 M29 Y78 K0
R0 G134 B91
#00865B

153
ヴェール・ヴェロネーズ
Vert Veronese
9.0G 4.0/8.5
C94 M43 Y73 K5
R0 G112 B91
#00705B

154
サパン
Sapin
6.5G 3.5/7.0
C89 M50 Y80 K12
R0 G101 B75
#00654B

155
ヴェール・ブテーユ
Vert bouteille
4.0G 3.0/4.5
C83 M53 Y89 K12
R49 G99 B63
#31633F

156
シプレ
Cyprès
2.5G 2.0/4.0
C91 M60 Y100 K49
R3 G59 B30
#033B1E

157
コリブリ
Colibri
1.5G 2.0/4.0
C94 M61 Y93 K46
R0 G60 B39
#003C27

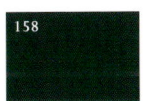

158
ローリエ
Laurier
10.0G 2.0/4.0
C93 M67 Y77 K44
R4 G58 B51
#043A33

159
ヴェール・プランタン
Vert printemps
2.5BG 6.0/8.0
C81 M18 Y55 K0
R0 G152 B133
#009885

160
ブルー・パセ
Bleu passé
10.0BG 6.0/2.0
C60 M35 Y40 K0
R116 G147 B147
#749393

161
ペトロール
Pétrole
7.5BG 5.0/6.0
C85 M39 Y51 K0
R0 G125 B127
#007D7F

162
オパリン
Opaline
3.5B 8.5/2.0
C22 M0 Y10 K0
R208 G234 B233
#D0EAE9

163
アジュール
Azur
7.0B 7.0/12.0
C92 M25 Y12 K0
R0 G139 B194
#008BC2

164
ブルー・ドゥ・プロバンス
Bleu de Provence
7.5B 6.0/8.0
C77 M21 Y14 K0
R0 G154 B197
#009AC5

165
ブルー・シエル
Bleu ciel
10.0B 6.5/7.5
C52 M0 Y14 K0
R125 G203 B220
#7DCBDC

166
ブルー・セリュレエン
Bleu céruléen
7.5B 6.0/8.0
C78 M28 Y21 K0
R16 G145 B181
#1091B5

167
ブルー・ドゥ・ニーム
Bleu de Nîmes (Bleu denim)
10.0B 6.0/8.0
C74 M29 Y16 K0
R55 G147 B188
#3793BC

168
パステル
Pastel
7.5B 7.0/6.0
C73 M23 Y21 K0
R53 G154 B185
#359AB9

169
ブルー・オリゾン
Bleu horizon
5.0B 7.0/5.0
C59 M18 Y23 K0
R111 G172 B189
#6FACBD

170
ブルー・ポルスレーヌ
Bleu porcelaine
5.0B 7.0/4.0
C56 M0 Y21 K0
R110 G198 B206
#6EC6CE

171
ブルー・ドゥ・コート・ダジュール
Bleu de Côte d'Azur
2.5B 6.5/8.0
C78 M8 Y28 K0
R0 G168 B186
#00A8BA

172
ブルー・ドゥ・シャルトル
Bleu de Chartres
10.0B 6.0/12.0
C99 M54 Y20 K0
R0 G100 B156
#00649C

173
セレスト
Céleste
6.25B 6.0/10.0
C86 M10 Y18 K0
R0 G160 B199
#00A0C7

174
ヴェルサイユ
Versailles
1.0PB 4.0/8.0
C97 M57 Y31 K0
R0 G98 B141
#00628D

175
チュルコワーズ
Turquoise
1.5B 5.5/10.0
C81 M19 Y23 K0
R0 G153 B185
#0099B9

176
メール・ドゥ・シュド
Mer du sud
8.75B 5.5/11.0
C88 M24 Y13 K0
R0 G143 B194
#008FC2

177
ブルー・ドゥ・モネ
Bleu de Monet
5.0B 5.5/9.0
C91 M32 Y35 K0
R0 G131 B155
#00839B

178
ヴァトー
Watteau
3.0PB 5.0/10.0
C85 M49 Y12 K0
R12 G113 B171
#0C71AB

179
ブルー・アジュール
Bleu Azur
10.0B 5.0/9.0
C90 M36 Y12 K0
R0 G127 B184
#007FB8

180
ポンパドゥール
Pompadour
1.0PB 4.0/10.0
C94 M53 Y18 K0
R0 G103 B159
#00679F

No.	Name (JP)	Name	Munsell	CMYK	RGB	HEX
181	ブルー・パン	Bleu paon	2.5B 5.0/6.0	C86 M15 Y36 K0	R0 G153 B166	#0099A6
182	ブルー・ナティエ	Bleu Nattier	2.5B 4.5/8.0	C87 M27 Y39 K0	R0 G138 B153	#008A99
183	シアン	Cyan	5.0B 4.0/10.0	C94 M29 Y27 K0	R0 G133 B169	#0085A9
184	カナール	Canard	5.0B 3.0/8.0	C100 M33 Y45 K0	R0 G125 B139	#007D8B
185	ブルー・マリーヌ	Bleu marine	5.0B 3.0/8.0	C100 M60 Y25 K0	R0 G93 B145	#005D91
186	ショードロン	Chaudron	5.0B 1.5/3.0	C77 M69 Y66 K30	R66 G68 B69	#424445
187	グリ・ローランサン	Gris Laurencin	5.0PB 7.0/3.0	C48 M33 Y20 K0	R147 G160 B182	#93A0B6
188	グリ・シエル	Gris ciel	3.0PB 7.5/1.0	C49 M31 Y24 K0	R145 G162 B177	#91A2B1
189	ミヨゾティス	Myosotis	3.0PB 7.0/6.0	C65 M16 Y6 K0	R80 G170 B216	#50AAD8
190	ブルー・ファイアンス	Bleu faïence	2.5PB 6.5/7.5	C68 M38 Y19 K0	R88 G137 B175	#5889AF
191	ラヴァンド	Lavande	9.0PB 6.5/5.5	C48 M45 Y3 K0	R147 G140 B191	#938CBF
192	ブルー・ゴロワーズ	Bleu Gauloises	4.5PB 6.0/10.0	C80 M49 Y7 K0	R49 G114 B178	#3172B2
193	ブルー・ドゥ・パティニール	Bleu de Patinir	1.0PB 4.0/10.0	C94 M53 Y18 K0	R0 G103 B159	#00679F
194	ブルー・ベベ	Bleu bébé	4.5PB 6.0/10.0	C63 M26 Y0 K0	R95 G159 B214	#5F9FD6
195	ブルー・オルタンシヤ	Bleu hortensia	9.0PB 5.0/12.0	C82 M71 Y7 K0	R66 G82 B155	#42529B
196	ブルー・マリー・ルイーズ	Bleu Marie Louise	6.25PB 5.0/12.0	C76 M44 Y0 K0	R62 G124 B191	#3E7CBF
197	ブルー・ドゥ・シャンパーニュ	Bleu de Champagne	6.25PB 5.0/12.0	C76 M45 Y0 K0	R62 G122 B190	#3E7ABE
198	ブルー・マジョレル	Bleu Majorelle	1.0PB 4.0/10.0	C94 M53 Y18 K0	R0 G103 B159	#00679F
199	ブルー・ドゥ・ピカソ	Bleu de Picasso	1.25PB 4.5/9.0	C94 M50 Y20 K0	R0 G107 B160	#006BA0
200	ブルー・ドゥ・マティス	Bleu de Matisse	4.0PB 4.0/13.0	C98 M60 Y3 K0	R0 G91 B169	#005BA9
201	ブルー・ドゥ・リヨン	Bleu de Lyon	4.5PB 4.0/14.0	C98 M60 Y3 K0	R0 G91 B169	#005BA9
202	ブルー・ジタン	Bleu Gitanes	6.5PB 5.0/10.0	C83 M56 Y6 K0	R43 G103 B171	#2B67AB
203	ブルー・ギメ	Bleu Guimet	6.25PB 3.5/15.0	C94 M64 Y0 K0	R0 G87 B168	#0057A8
204	アガト	Agate	7.5PB 3.0/12.0	C94 M83 Y16 K0	R30 G63 B136	#1E3F88
205	サフィール	Saphir	6.25PB 4.0/14.0	C98 M61 Y0 K0	R0 G91 B172	#005BAC
206	イアサント	Hyacinthe	10.0PB 4.0/9.0	C72 M71 Y19 K0	R94 G85 B143	#5E558F
207	ブルー・ドゥ・ナポレオン	Bleu de Napoléon	6.0PB 4.0/11.0	C84 M66 Y13 K0	R55 G90 B154	#375A9A
208	ウートルメール	Outremere	7.0PB 2.5/11.0	C99 M90 Y28 K0	R20 G54 B119	#143677
209	ブルー・ドゥ・コバルト	Bleu de cobalt	3.0PB 3.5/12.0	C100 M68 Y20 K0	R0 G83 B144	#005390
210	ラピスラジュリ	Lapis lazuli	6.0PB 3.5/10.5	C91 M78 Y17 K0	R39 G70 B139	#27468B

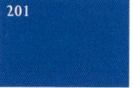

211	212	213	214	215
イリス Iris 8.5PB 3.0/12.0 C84 M88 Y10 K0 R72 G54 B136 #483688	ブルーエ Bluet 2.5PB 3.0/8.0 C100 M76 Y22 K0 R0 G72 B135 #004887	ブルー・クライン Bleu Klein 5.0PB 3.0/8.0 C93 M75 Y14 K0 R26 G74 B143 #1A4A8F	プードル・ブルー Poudre bleu 5.5PB 3.0/5.0 C94 M80 Y40 K4 R31 G67 B110 #1F436E	ブルー・ドゥ・パリ Bleu de Paris 1.0PB 3.0/4.0 C91 M77 Y50 K14 R38 G67 B94 #26435E

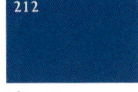

216	217	218	219	220
ブルー・アシエ Bleu acier 3.0PB 3.0/1.0 C79 M66 Y57 K15 R69 G83 B92 #45535C	ブルー・ドゥ・ロワ Bleu de Roi 7.5PB 2.5/10.0 C91 M78 Y17 K0 R39 G70 B139 #27468B	パンセ Pensée 9.0PB 2.5/10.5 C84 M93 Y20 K0 R72 G49 B124 #48317C	ブルー・ドゥ・プリュス Bleu de prusse 3.0PB 2.0/8.0 C100 M93 Y48 K12 R20 G48 B91 #14305B	アンディゴ Indigo 3.0PB 3.0/10.0 C100 M72 Y23 K0 R0 G77 B137 #004D89

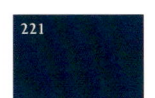

221	222	223	224	225
ブルー・ニュイ Bleu nuit 3.0PB 2.0/6.0 C99 M86 Y51 K20 R12 G52 B85 #0C3455	リラ Lilas 9.0P 6.0/6.0 C36 M52 Y24 K0 R176 G136 B158 #B0889E	モーヴ Mauve 7.5P 5.0/10.5 C43 M75 Y9 K0 R159 G86 B149 #9F5695	エリオトロープ Héliotrope 2.5P 5.0/10.5 C53 M70 Y6 K0 R139 G92 B157 #8B5C9D	プールプル Pourpre 6.0P 3.0/12.5 C25 M90 Y20 K0 R192 G53 B122 #C0357A

226	227	228	229	230
ペチュニア Pétunia 3.0P 3.0/3.5 C70 M75 Y32 K1 R103 G80 B124 #67507C	オベルジーヌ Aubergine 10.0P 2.5/3.0 C71 M84 Y52 K24 R86 G54 B80 #563650	ミュール Mûres 1.0P 2.0/3.0 C78 M79 Y57 K33 R63 G54 B72 #3F3648	キュイッス・ドゥ・ナンフ Cuisse de Nymph 10.0RP 9.0/2.5 C2 M28 Y19 K0 R245 G202 B194 #F5CAC2	ローズ・ベベ Rose bébé 7.5RP 8.0/4.0 C0 M25 Y8 K0 R249 G209 B216 #F9D1D8

231	232	233	234	235
ローズ・ドラジェ Rose dragée 6.0RP 7.5/4.5 C19 M43 Y29 K0 R210 G160 B159 #D2A09F	ローズ・ルノワール Rose Renoir 7.5RP 7.0/8.0 C3 M51 Y19 K0 R237 G153 B167 #ED99A7	ローズ・スキャパレリ Rose Schiaparelli 3.75RP 6.5/15.0 C7 M58 Y5 K0 R227 G137 B176 #E389B0	ポンポン Bonbon 7.5RP 6.0/16.0 C7 M78 Y26 K0 R222 G87 B127 #DE577F	ローズ・ドゥ・フォッション Rose de Fauchon 8.75RP 5.0/14.0 C10 M100 Y24 K0 R214 G0 B107 #D6006B

236	237	238	239	240
ローズ・ポンパドゥール Rose Pompadour 6.0RP 6.0/11.0 C0 M65 Y15 K0 R237 G122 B155 #ED7A9B	アザレ Azalée 6.0RP 5.0/13.0 C35 M95 Y19 K0 R175 G36 B119 #AF2477	グロゼーユ Groseille 8.0RP 4.5/15.0 C20 M95 Y47 K0 R200 G36 B89 #C82459	ローズ・サンローラン Rose Saint-Laurent 6.25RP 6.0/10.0 C1 M64 Y20 K0 R236 G123 B150 #EC7B96	ヴィオレ・デヴェーク Violet d'Évêque 7.5RP 4.5/12.0 C49 M88 Y15 K0 R149 G58 B130 #953A82

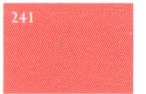

241	242	243	244	245
スリーズ	ブリュヌ	マジャンタ	ローズ・フュクシャ	リュビ
Cerise	Prune	Magenta	Rose Fuchsia	Rubis
7.5RP 4.5/10.0	7.5RP 4.0/14.0	6.0RP 4.0/13.5	2.5RP 4.0/8.0	10.0RP 4.0/10.0
C0 M80 Y28 K0	C55 M91 Y29 K0	C34 M100 Y33 K0	C3 M58 Y2 K0	C29 M87 Y52 K0
R233 G83 B122	R137 G53 B115	R176 G17 B102	R234 G139 B181	R187 G64 B89
#E9537A	#893573	#B01166	#EA8BB5	#BB4059

246	247	248	249	250
リ・ドゥ・ヴァン	フレーズ	フランボワズ	カシュー	アメチスト
Lie-de-vin	Fraise	Framboise	Cachou	Améthyste
5.0RP 4.0/13.0	2.5RP 3.5/8.0	5.0RP 3.0/10.0	7.5RP 3.0/2.0	1.0RP 3.0/11.0
C33 M96 Y24 K0	C35 M80 Y28 K0	C33 M100 Y38 K0	C65 M71 Y61 K16	C53 M95 Y30 K0
R178 G33 B113	R176 G78 B124	R178 G17 B96	R104 G79 B82	R142 G43 B111
#B22171	#B04E7C	#B21160	#684F52	#8E2B6F

251	252	253	254	255
アマラント	カルマン	ボルドー	ブルゴーニュ	グリ・シャルボン
Amarante	Carmin	Bordeaux	Bourgogne	Gris charbon
5.0RP 3.0/11.0	7.5RP 2.5/8.0	10.0RP 2.5/8.0	2.0RP 2.0/6.0	10.0RP 1.5/1.0
C57 M100 Y45 K0	C45 M100 Y77 K10	C57 M100 Y66 K28	C59 M100 Y61 K24	C72 M80 Y69 K44
R135 G33 B92	R148 G30 B55	R109 G24 B57	R110 G26 B63	R67 G47 B52
#87215C	#941E37	#6D1839	#6E1A3F	#432F34

256	257	258	259	260
ブラン・ドゥ・ザンク	グリ・ペルル	ブラン・ドゥ・ロワ	グリ・ダルジャン	グリ・フュメ
Blanc de zinc	Gris perle	Blanc de Roi	Gris d'argent	Gris fumée
N9.5	N8.5	N8.5	N7.5	N7.0
C4 M2 Y1 K0	C19 M15 Y20 K0	C4 M2 Y1 K0	C33 M25 Y27 K0	C50 M40 Y40 K0
R247 G249 B252	R216 G215 B205	R247 G249 B252	R184 G185 B179	R145 G146 B143
#F7F9FC	#D8D7CD	#F7F9FC	#B8B9B3	#91928F

261	262	263	264	265
シマン	グリ・スーリ	グリ・プロン	アルドワーズ	アントラシット
Ciment	Gris souris	Gris plomb	Ardoise	Anthracite
N6.5	N5.5	N5.5	N3.5	N2.5
C61 M49 Y48 K0	C55 M46 Y51 K0	C44 M35 Y37 K0	C83 M77 Y62 K33	C77 M71 Y67 K32
R118 G125 B124	R134 G132 B122	R158 G159 B153	R51 G56 B68	R65 G64 B66
#767D7C	#86847A	#9E9F99	#333844	#414042

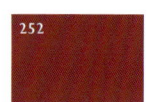

266	267	268	269	270
ノワール・ドゥ・シャルボン	サーブル	ノワール・ダンクル	アルガン	オール
Noir de charbon	Sable	Noir d'encre	Argent	Or
N1.5	N2.0	N1.5		
C79 M75 Y72 K47	C78 M75 Y71 K45	C78 M73 Y71 K42		
R51 G49 B50	R52 G50 B51	R54 G55 B54		
#333132	#343233	#363736		

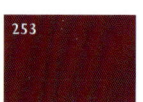

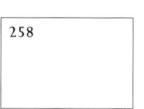

色彩解説
Understanding Color

Ⅰ. マンセル値

　マンセル値は、物体色（表面色）の色の位置を知るための記号である。1905 年、アメリカの色彩学者アルバート・H・マンセルが発表した「色彩表記法」に由来する。マンセルは、あらゆる色を「色の3 属性」によって分類・整理した。

　色の 3 属性とは、(1) 色相（赤、黄などの色みのこと）、(2) 明度（白から黒に至る明るさ、暗さの度合のこと）、(3) 彩度（鮮やかさのない色から最も鮮やかな色までの鈍さ、鮮やかさの度合のこと）である。

(1) 色相（Hue 略号 H）

　マンセルは、色みのある色を知覚的等歩度で、10 の色相（赤 R、黄赤 YR、黄 Y、黄緑 GY、緑 G、青緑 BG、青 B、青紫 PB、紫 P、赤紫 RP ⇒赤）に分割し、再び赤に戻るという色相環を作った。さらに彼は、それぞれの色相を 10 分割し、その中央の価を 5 と定め、1 〜 10 の数字を色相の略号につけ、色の位置を明確にした。

　例えば赤(R)は、赤紫に近い赤を 1.0R とし、続けて 2.0R、3.0R、4.0R、5.0R（純色の赤）、6.0R、7.0R、8.0R、9.0R、10.0R（最も黄赤に近い赤）として、数字によってその色みの位置がわかるようにしたのである。

(2) 明度（Value 略号 V）

　マンセルは、黒から灰色、白に至る明るさの度合を知覚的等歩度で 10 分割し、最も暗い色を 0（ゼロ）、中央の灰色を 5 とし、白を 10 とした。さらにその 10 を 10 分割したが、物体色では 0 の黒、10 の白はないから、実際には 1.0 〜 9.0 までの間を明度の度合に応じて分割した。したがって明度の表記は無彩色（Neutral Color）の頭文字 N をつけて、N1.0（最も暗い黒）、中央の灰色(N5.0 〜 N5.5)、白(N9.0)などとした。つまり、明度番号を見れば、その色の明るさがわかる。

(3) 彩度（Chroma 略号 C）

　鈍さ、鮮やかさの度合を彩度のない色をゼロ(0) とし、彩度の高い鮮やかな色までを知覚的等歩度で分割した。ただしマンセルでは、色相により彩度が異なり、黄色や赤は彩度が高く 15.0 程度まであり、青、青緑では 8.0 程度に止まっている。

(4) マンセル値の見方

　以上の色分割の手法にしたがって、マンセルはすべての色を数字に変換し、誰でもがその位置を読み取ることができ、また確認したり、管理したりすることができるようにした。具体的にいうと、すべての有彩色は、色相番号・明度番号／彩度番号で表記できる。例えば、純色の赤は、5.0R 4.0／14.0 と表記するが、これは色相が 5.0、明度が 4.0、彩度が 14.0 の赤を表している。また無彩色の明るい灰色は N7.5 と表記することによって、その位置がわかるのである。以上のように、マンセル値は、物体色の「色の物差し」として、広く活用されている。

マンセルの色相記号
Munsell Hue Codes

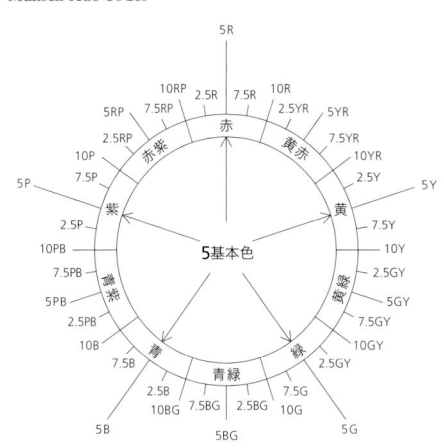

マンセルの明度・彩度記号
Munsell Value and Chroma Codes

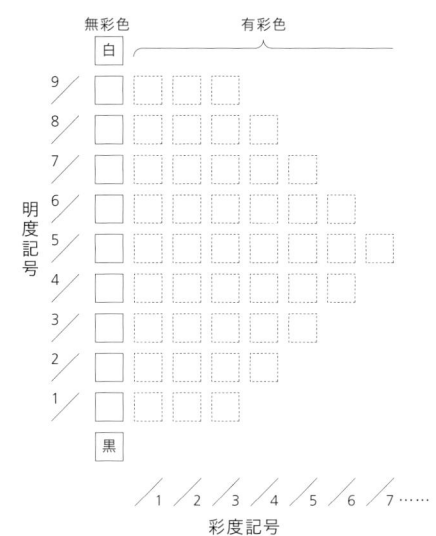

マンセルの値の表示法　例）純色の赤→　5R　5 / 14
　　　　　　　　　　　　　　　　　　色相　明度　彩度

彩度記号

Ⅱ. RGB 値

　すべての色は、色光の 3 原色の混色によって作られる。色光の 3 原色とは、赤(R)、緑(G)、青(B)の 3 色である。原色は他の色を混色しても作り出せない色のことをいい、逆に言えば、すべての色はこの RGB の混合比によって作られている。今、黄(Y)色の紙を見ているとすると、私たちは、色光の青(B)が吸収され、R と G が混色して、反射された色を黄色と認識していることになる。RGB 値は、このような色光の配合比を表した数字である。特に最近では、コンピュータ上の色を見ることが多くなったが、この色は物体色ではないので、マンセル値では特定できない。そこでこの RGB により色の配合比によって、色の位置を知り、正しく再現したり、伝達することができるようになった。
例えば、上記の赤の 5.0R 4.0／14.0 に対応する RGB 値は R：196　G：43　B：62 である。

Ⅲ. CMYK 値

　印刷物などでは、原稿として指定された色を正しく再現するための方法が必要になる。特に印刷物の色は、プロセスインキの 4 色、つまりシアン(C)、マゼンタ(M)、イエロー (Y)、ブラック(K)の網点の配合比によって再現されるから、この CMYK 値を知ることは、印刷物の色再現には不可欠な要素になってくる。特に印刷物の色指定では、この CMYK 値が使われている。例えば上記のマンセル値 5.0R 4.0／14.0 に対応する CMYK は C：20％　M：94％　Y：69％　K：4％ である。

色名索引 和仏
Color Names Index Japanese-French

* 細数字は色名登場頁を示す。

ア

アヴォカ Avocat ······ 79
アカジュー Acajou ······ 56
アガト Agate ······ 115
アザレ Azalée ······ 135
アジュール Azur ······ 95
アプサント Absinthe ······ 82
アブリコ Abricot ······ 39
アマラント Amarante ······ 143
アメティスト Améthyste ······ 143
アルジャン Argent ······ 154
アルジル Argile ······ 31
アルドワーズ Ardoise ······ 151
アルマニャック Armagnac ······ 71
アンディゴ Indigo ······ 124
アントラシット Anthracite ······ 151
イアサント Hyacinthe ······ 117
イヴォワール Ivoire ······ 67
イリス Iris ······ 119
インターナショナル・クライン・ブルー
　　　 International Klein blue ······ 121
ヴァトー Watteau ······ 103
ヴァニーユ Vanille ······ 59
ヴァントル・デプーズ
　　　 Ventre d'Épouse ······ 130
ヴァントル・ドゥ・ビッシュ
　　　 Ventre de Biche ······ 130
ヴィウー・ローズ Vieux rose ······ 17, 92
ヴィオレ・デヴェーク Violet d'Évêque ······ 137

ヴィオレ Violet ······ 125
ヴィオレット・イアサント Violette hyacinthe ······ 117
ウートルメール Outremer ······ 117
ウートルメール・フランセ Outremer Français ······ 115
ヴェール Vert ······ 83
ヴェール・アヴォカ Vert Avocat ······ 79
ヴェール・アルドワーズ Vert ardoise ······ 151
ヴェール・アンピール
　　　 Vert empire ······ 87
ヴェール・アンペリアル Vert impérial ······ 87
ヴェール・ヴェロネーズ Vert Veronese ······ 89
ヴェール・エピナール Vert épinard ······ 82
ヴェール・オリーブ Vert olive ······ 82
ヴェール・サパン Vert sapin ······ 91
ヴェール・シャルトルーズ Vert Chartreuse ······ 71
ヴェール・デルブ Vert d'herbe ······ 81
ヴェール・ドゥ・グリ Vert de Gris ······ 85
ヴェール・ドゥ・パリ Vert de Paris ······ 87
ヴェール・ドゥ・フッカー Vert de Hooker ······ 89
ヴェール・ドゥ・モンペリエ
　　　 Vert de Montpellier ······ 85
ヴェール・ドー Vert d'eau ······ 85
ヴェール・ピスタッシュ Vert pistache ······ 79
ヴェール・ブテーユ Vert bouteille ······ 91
ヴェール・プランタン Vert printemps ······ 92
ヴェール・ペロケ Vert perroquet ······ 81
ヴェール・ポム Vert pomme ······ 79
ヴェール・マント Vert menthe ······ 87
ヴェール・ミリタリ Vert militaire ······ 75

177

ヴェール・ムス Vert mousse	81
ヴェール・ムロン Vert melon	39
ヴェール・リッケヌ Vert lichen	85
ヴェール・リム Vert lime	79
ヴェール・レテュ Vert laitue	81
ヴェルサイユ Versailles	101
ヴェルミヨン Vermillon	16
ヴェントレ・ドゥ・ピュス Ventre de puce	56
エカルラート Écarlate	21
エクリュ Écru	67
エクリュ・ベージュ Écru beige	67
エネ Henné	53
エピナール Épinard	82
エムロード Émeraude	85
エリオトロープ Héliotrope	127
オークル・ジョーヌ Ocre jaune	47
オール Or	154
オパラン Opaline	95
オベルジーヌ Aubergine	129
オランジュ Orange	35
オランジュ・エルメス Orange Hermès	45
オランジュ・タンゴ Orange tango	41
オランジュ・マンダリーヌ Orange mandarine	19
オルセーユ Orseille	15
オロール Aurore	13

カ

カカ・ドア Caca d'oie	75
カキ Kaki	75
カシュー Cachou	141
カナール Canard	105
カナリ Canari	61
カネル Cannelle	55
カフェ Café	56, 71
カフェ・オレ Café au lait	56, 71
カフェ・クレーム Café crème	49

カピュシーヌ Capucine	39
カメリヤ Camélia	23
カラメル Caramel	73
ガランス Garance	19
カルディナル Cardinal	27
カルマン Carmin	143
カロット Carotte	15
キュイーヴル Cuivré	27
キュイッス・ドゥ・ナンフ Cuisse de Nymph	37,130
キュイッス・ドゥ・ピュス Cuisse de Puce	56
クゥ・ドゥ・バシュ Queue de vache	65
クゥ・ドゥ・ルナール Queue de renard	65
グール Gueules	21
グミエ Goumier	33
クラモワジー Cramoisi	143
グリ Gris	145
グリ・アシエ Gris acier	89
グリ・アントラシット Gris anthracite	151
グリ・サーンドル Gris cendre	67
グリ・シエル Gris ciel	107
グリ・シャルボン Gris charbon	144
グリ・スーリ Gris souris	149
グリ・ダルジャン Gris d'argent	149
グリ・ドゥ・ラン Gris de lin	15
グリ・プロン Gris plomb	151
グリ・フュメ Gris fumée	149
グリ・ペルル Gris perle	147
グリ・ローランサン Gris Laurencin	107
クルヴェット Crevette	25
グルナ Grenat	33
グルナディーヌ Grenadine	23
グレージュ Grège	45
クレーム Créme	59
グロゼーユ Groseille	135
ゲド Guède	97
ゴード Gaude	77

日本語	フランス語	ページ
コクリコ	Coquelicot	21
コニャック	Cognac	29
ゴブラン	Gobelin	19
コラーユ	Corail	17
コリブリ	Colibri	91

サ

日本語	フランス語	ページ
サーブル	Sable	69
サーブル	Sable	153
サーンドル	Cendre	67
サパン	Sapin	91
サフィール	Saphir	115
シアン	Cyan	105
シェール	Chair	37
シトロン	Citron	65
シナーブル	Cinabre	21
シナモーム	Cinnamome	55
シノープル	Sinople	87
シプレ	Cyprès	91
シマン	Ciment	149
ジャスマン	Jasmin	63
シャタン	Chatain	53, 55
シャテーニュ	Châtaigne	53
シャモア	Chamois	42
シャルトルーズ	Chartreuse	71
シャルボヌー	Charbonneux	153
シャンパーニュ	Champagne	67
ジュネ	Genêt	69
ショードロン	Chaudron	107
ジョーヌ	Jaune	57
ジョーヌ・アプサント	Jaune absinthe	82
ジョーヌ・サフラン	Jaune safran	61
ジョーヌ・サル	Jaune sale	73
ジョーヌ・シトロン・ドゥ・カドミウム Jaune citron de cadmium		65
ジョーヌ・ジャスマン	Jaune jasmin	63
ジョーヌ・スフル	Jaune soufre	69
ジョーヌ・ダンブル	Jaune d'ambre	47
ジョーヌ・ドゥ・クローム	Jaune de chrome	63
ジョーヌ・ドゥ・ナプル	Jaune de Naples	63
ジョーヌ・ドゥ・プロヴァンス	Jaune de Provence	65
ジョーヌ・ナルスイス	Jaune narcisse	59
ジョーヌ・パーイユ	Jaune paille	63
ジョーヌ・ブトン・ドール	Jaune bouton d'or	73
ジョーヌ・プランタン	Jaune printemps	59
ジョーヌ・ブリヤン	Jaune brillant	61
ジョーヌ・ミエル	Jaune miel	69
ジョーヌ・ミモザ	Jaune mimosa	61
ショコラ	Chocolat	55
ジョンキーユ	Jonquille	59
スマラグダン	Smaragdin	85
スリーズ	Cerise	137
セラドン	Céladon	87
セリュレ	Cérulé	97
セリュレオム	Céruléum	97
セレスト	Céleste	99
ソーモン	Saumon	15

タ

日本語	フランス語	ページ
タバ	Tabac	77
タンヌ	Tanne	49
チュールリー	Château de Tuileries	101
チュルコワーズ	Turquoise	101
ティスィヤン	Titien	49
テール・キュイット	Terre cuite	53
テール・ドゥ・シエーヌ	Terre de Sienne	29
トープ	Taupe	55
ドーレ	Doré	154
トパーズ	Topaze	41
トマト	Tomate	16

ナ

ナカラ・ドゥ・ブール	Nacarat de bourre	27
ヌガー	Nougat	47
ネーフル	Nèfle	33
ノワール	Noir	145
ノワール・ダンクル	Noir d'enche	153
ノワール・ドゥ・シャルボン	Noir de charbon	153
ノワゼット	Noisette	51

ハ

パステル	Pastel	97
パルム	Palme	82
パルム	Parme	125
パンセ	Pensée	123
ビスキュイ	Biscuit	43
ビストレ	Bistre	34
ピマン	Piment	45
ピマン・ルージュ	Piment rouge	45
ピュス	Puce	56
フー	Feu	47
フーイユ・モルト	Feuilles mortes	49
プードル・ブルー	Poudre bleu	121
プールプル	Pourpre	129
フェス・ドゥ・フィーユ	Fesses de Fille	130
フォー・ブラン	Faux blanc	37
フォーブ	Fauve	45
ブトン・ドール	Bouton d'or	73
フラゴナール	Fragonard	23
ブラン	Brun	35
ブラン	Blanc	145
ブラン・イヴォワール	Blanc ivoire	67
ブラン・ヴァン・ダイク	Brun van Dyck	31
ブラン・オリーブ	Brun olive	82
ブラン・シャテーニュ	Brun châtaigne	55
ブラン・ショコラ	Brun chocolat	55

ブラン・セピア	Brun sépia	75
ブラン・ダルジャン	Blanc d'argent	154
ブラン・ドゥ・ザング	Blanc de zinc	147
ブラン・ドゥ・プロン	Blanc de plomb	151
ブラン・ドゥ・ロワ	Blanc de Roi	147
ブラン・ファン	Brun faon	51
ブラン・マロン	Brun marron	56
フランボワズ	Framboise	141
ブリック	Brique	51
プリュヌ	Prune	139
ブルー	Bleu	93
ブルーエ	Bluet	121
ブルー・アシエ	Blue acier	89, 123
ブルー・アジュール	Bleu azure	103
ブルー・アドリアティック	Bleu Adriatique	101
ブルー・オパラン	Bleu opaline	95
ブルー・オリゾン	Bleu horizon	97
ブルー・オルタンシヤ	Bleu hortensia	111
ブルー・ギメ	Bleu Guimet	115
ブルー・クライン	Bleu Klein	121
ブルー・ゴロワーズ	Bleu Gauloises	109
ブルー・サフィール	Bleu saphir	115
ブルー・シエル	Bleu ciel	95
ブルー・ジタン	Bleu Gitanes	115
ブルー・セリュレエン	Bleu céruléen	97
ブルー・セレスト	Bleu céleste	99
ブルー・チュルコワーズ	Bleu turquoise	101
ブルー・テナール	Bleu Thenard	119
ブルー・ドゥ・コート・ダジュール	Bleu de Côte d'Azur	99
ブルー・ドゥ・コバルト	Bleu de cobalt	119
ブルー・ドゥ・シャルトル	Bleu de Chartres	99
ブルー・ドゥ・シャンパーニュ	Bleu de Champaine	111
ブルー・ドゥ・ナポレオン	Bleu de Napoléon	117

ブルー・ドゥ・ニーム Bleu de Nîmes (Bleu denim)	97	ベージュ・サーブル Beige sable	69
ブルー・ドゥ・パティニール Bleu de Patinir	109	ベージュ・シャネル Beige Chanel	37
ブルー・ドゥ・パリ Bleu de Paris	121	ペーシュ Pêche	13
ブルー・ドゥ・ピカソ Bleu de Picasso	113	ペチュニア Pétunia	129
ブルー・ドゥ・フランス Bleu de France	121	ペトロール Pétrole	92
ブルー・ドゥ・プリュス Bleu de prusse	123	ベルランゴ Berlingot	39
ブルー・ドゥ・プロヴァンス Bleu de Provence	95	ペロケ Perroquet	81
ブルー・ドゥ・マティス Bleu de Matisse	113	ポム Pomme	79
ブルー・ドゥ・ミロリ Bleu de Milori	121	ボルドー Bordeaux	144
ブルー・ドゥ・リヨン Bleu de Lyon	113	ポワル・ドゥ・シャモー Poil de chameau	51
ブルー・ドゥ・ロイ Bleu de Roy	123	ポンソー Ponceau	21
ブルー・ドゥ・ロワ Bleu de Roi	123	ポンパドゥール Pompadour	103
ブルー・ナティエ Bleu Nattier	105	ボンボン Bonbon	133
ブルー・ニュイ Bleu nuit	124		
ブルー・パセ Bleu passé	92	**マ**	
ブルー・パン Bleu paon	103	マイース Maïs	41
ブルー・ファイアンス Bleu faïence	109	マイヨ・ジョーヌ Maillot jaune	57
ブルー・ブルーエ Bleu bluet	121	マカロン Macaron	71
ブルー・ペトロール Bleu pétrole	92	マスティック Mastic	43
ブルー・ベベ Bleu bébé	111	マジャンタ Magenta	139
ブルー・ポルスレーヌ Bleu porcelaine	99	マラキット Malachite	89
ブルー・マジョレル Bleu Majorelle	113	マリー・アントワネット Marie Antoinette	25
ブルー・マトロ Bleu Matelot	105	マロカン Marocain	29
ブルー・マリー・ルイーズ Bleu Marie Louise	111	マロン Marron	56
ブルー・マリーヌ Bleu marine	105	マロングラッセ Marrons glacés	73
ブルー・メディテラネ Bleu Méditerranée	101	マンダリーヌ Mandarine	19
ブルー・モネ Bleu Monet	101	マント Menthe	87
ブルー・ロワイヤル Bleu Royal	123	マント・ア・ロー Menthe à l'eau	87
ブルゴーニュ Bourgogne	144	ミエル Miel	69
ブルジョン Bourgeon	77	ミュール Mûres	129
フレーズ Fraise	141	ミヨゾティス Myosotis	107
フレーズ・エクラッセ Fraise écrasé	141	ムス Mousse	81
ブロン Blond	42	ムタルド Moutarde	65
ブロンズ Bronze	75	ムロン Melon	39
ベージュ Beige	37	メール・ドゥ・シュド Mer du sud	101
		メルド・ダンファン Merde d'enfant	75

メルド・ドゥ・プランス Merde de Prince	75
メルド・ドワ Merde d'oie	75
モーヴ Mauve	127
モーヴ・ドゥ・パーキン Mauve de Perkin	127
モカ Moca	56
モルドレ Mordoré	53

ラ

ラヴァンド Lavande	109
ラピスラジュリ Lapis lazuli	119
リ・ドゥ・ヴァン Lin-de-vin	141
リヴィド Livide	73
リッケヌ Lichen	85
リュビ Rubis	139
リラ Lilas	127
ルー Roux	41
ルーイユ Rouille	31
ルージュ Rouge	11
ルージュ・アカジュー Rouge acajou	56
ルージュ・エクルヴィス Rouge écrevisse	25
ルージュ・オークル Rouge ocre	29
ルージュ・オロール Rouge aurore	13
ルージュ・カピュシーヌ Rouge capucine	39
ルージュ・グルナ Rouge grenat	33
ルージュ・グルナディーヌ Rouge grenadine	23
ルージュ・グロゼーユ Rouge groseille	135
ルージュ・スリーズ Rouge cerise	137
ルージュ・ディオール Rouge Dior	27
ルージュ・ドゥ・サン Rouge de sang	31
ルージュ・ドゥ・パルク・ドゥ・ラ・ヴィレット Rouge de Parc de la Villette	23
ルージュ・ドゥ・ブールジュ Rouge de Bourges	19
ルージュ・ドゥ・ムーラン・ルージュ Rouge de Moulin Rouge	25
ルージュ・トマト Rouge tomato	16
ルートル Loutre	34
レグリス Réglisse	77
ローズ Rose	11
ローズ・アマラント Rose amarante	143
ローズ・オルタンシヤ Rose hortensia	111
ローズ・サンローラン Rose Saint-Laurent	137
ローズ・シェール Rose chair	37
ローズ・スキャパレリ Rose Schiaparelli	133
ローズ・ソーモン Rose saumon	15
ローズ・テ Rose thé	13
ローズ・ドゥ・フォッション Rose de Fauchon	133
ローズ・ドゥ・マルメゾン Rose de Malmaison	13
ローズ・ドラジェ Rose dragée	131
ローズ・フュクシャ Rose Fuchsia	139
ローズ・ベベ Rose bébé	130
ローズ・ポンパドゥール Rose Pompadour	103, 135
ローズ・ボンボン Rose bonbon	133
ローズ・ルノワール Rose Renoir	131
ローリエ Laurier	92

色名索引 英仏
Color Names Index English-French

*細数字は色名登場頁を示す。

A

Absinthe green	Absinthe	82
Absinthe yellow	Jaune absinthe	82
Adriatic blue	Bleu Adriatique	101
Agate	Agate	115
Amaranth	Amarante	143
Amaranth pink	Rose amarante	143
Amber yellow	Jaune d'ambre	47
Amethyst	Améthyste	143
Apple green	Pomme	79
Apple green	Vert pomme	79
Apricot	Abricot	39
Aqua green	Vert d'eau	85
Armagnac	Armagnac	71
Ash gray	Cendre	67
Ash gray	Gris cendre	67
Aubergine	Aubergine	129
Aurora red	Rouge aurore	13
Autumn leaf	Feuilles mortes	49
Avocado green	Avocat	79
Avocado green	Vert avocat	79
Azalea	Azalée	135
Azure	Azur	95
Azure blue	Bleu azur	103

B

Baby blue	Bleu bébé	111
Baby pink	Rose bébé	130
Beige	Beige	37
Beige	Écru beige	67
Berlingot	Berlingot	39
Biscuit	Biscuit	43
Bishop purple	Violet d'Évêque	137
Black	Noir	145
Black	Sable	153
Blond	Blond	42
Blood red	Rouge de sang	31
Blue	Bleu	93
Bordeaux	Bordeaux	144
Bottle green	Vert bouteille	91
Bourges red	Rouge de Bourges	19
Brick red	Brique	51
Bronze	Bronze	75
Brown	Brun	35
Brown gold	Mordoré	53
Burgundy	Bourgogne	144
Burnt Sienna	Terre de Sienne	29
Buttercup yellow	Bouton d'or	73
Buttercup yellow	Jaune bouton d'or	73

C

Cachou	Cachou	141
Cadmium yellow	Jaune citron de cadmium	65
Café au lait	Café au lait	56, 71
Café crème	Café crème	49
Camel	Poil de chameau	51
Camellia pink	Camélia	23
Canary yellow	Canari	61
Candy pink	Bonbon	133
Candy pink	Rose bonbon	133
Caramel	Caramel	73
Carbon black	Noir de charbon	153

183

Cardinal red	Cardinal	27	Cow's tail	Queue de vache	65
Carmine	Carmin	143	Crayfish red	Rouge écrevisse	25
Carrot	Carotte	15	Cream	Créme	59
Cauldron	Chaudron	107	Crimson	Cramoisi	143
Celadon green	Céladon	87	Cyan blue	Cyan	105
Celestial blue	Bleu céleste	99	Cypress green	Cyprès	91
Cement	Ciment	149			
Cerulean blue	Bleu céruléen	97	**D**		
Cerulean blue	Cérulé	97	Dawn glow	Aurore	13
Cerulean blue	Céruléum	97	Dior Red	Rouge Dior	27
Chamois	Chamois	42	Dragée pink	Rose dragée	131
Champagne	Champagne	67	Duck blue	Canard	105
Champaigne blue	Bleu de Champaigue	111	Duck blue	Bleu canard	105
Chanel beige	Beige Chanel	37			
Charcoal gray	Gris charbon	144	**E**		
Charcoal gray	Anthracite	151	Écru	Écru	67
Charcoal gray	Gris anthracite	151	Emerald green	Émeraude	85
Chartres blue	Bleu de Chartres	99	Empire green	Vert empire	87
Chartreuse	Chartreuse	71			
Cherry pink	Cerise	137	**F**		
Cherry red	Rouge cerise	137	Faience blue	Bleu faïence	109
Chestnut	Châtaigne	53	Fauchon pink	Rose de Fauchon	133
Chestnut	Chatain	55	Fauve	Fauve	45
Chestnut	Brun châtaigne	55	Fawn brown	Brun faon	51
Chocolate	Chocolat	55	Fir green	Sapin	91
Chocolate brown	Brun chocolat	55	Fir green	Vert sapin	91
Chrome yellow	Jaune de chrome	63	Fire red	Feu	47
Cinnabar	Cinabre	21	Flax	Gris de lin	15
Cinnamon	Cannelle	55	Flesh pink	Chair	37
Clay	Argile	31	Flesh pink	Rose chair	37
Cobalt blue	Bleu de cobalt	119	Forget-me-not blue	Myosotis	107
Coffee	Café	56, 71	Fragonard pink	Fragonard	23
Cognac	Cognac	29	French blue	Bleu de France	121
Colibri	Colibri	91	French ultramarine	Outremer Français	115
Copper red	Cuivré	27	Fuchsia pink	Rose Fuchsia	139
Coral red	Corail	17			
Cornflower blue	Bluet	121	**G**		
Côte d'Azur blue	Bleu de Côte d'Azur	99	Garnet	Grenat	33

Garnet red	Rouge grenat	33		Iris	Iris	119
Gaulois blue	Bleu Gauloises	109		Ivory	Ivoire	67
Gitanes blue	Bleu Gitanes	115		Ivory white	Blanc ivoire	67
Goat orange	Nacarat de bourre	27				
Goblin scarlet	Gobelin	19		**J**		
Gold	Or	154		Jasmine yellow	Jasmin	63
Gold	Doré	154		Jasimine yellow	Jaune jasmin	63
Goose pooh	Merde d'oie	75		Jaune brillant	Jaune brillant	61
Goumier brown	Goumier	33		Jeans blue	Bleu de Nîmes (Bleu denim)	97
Grass green	Vert d'herbe	81		Jonquil yellow	Jonquille	59
Gray	Gris	145				
Green	Vert	83		**K**		
Green	Sinople	87		Khaki	Kaki	75
Grege	Grège	45				
Grenadine	Grenadine	23		**L**		
Grenadine red	Rouge grenadine	23		Lapis lazuli	Lapis lazuli	119
Guimet blue	Bleu Guimet	115		Laurel green	Laurier	92
				Laurencin gray	Gris Laurencin	107
H				Lavender	Lavande	109
				Lavender blue	Bleu lavande	109
Hazelnut	Noisette	51		Lead gray	Gris plomb	151
Heliotrope	Héliotrope	127		Lead white	Blanc de plomb	151
Henna	Henné	53		Lemon yellow	Citron	65
Hermès orange	Orange Hermès	45		Lettuce green	Vert laitue	81
Honey yellow	Miel	69		Lichen	Lichen	85
Honey yellow	Jaune miel	69		Lichen green	Vert lichen	85
Hooker green	Vert de Hooker	89		Licorice	Réglisse	77
Horizon blue	Bleu horizon	97		Lilac	Lilas	127
Hyacinth	Hyacinthe	117		Lime green	Vert lime	79
Hyacinth purple	Violet hyacinthe	117		Lin-de-vin	Lin-de-vin	141
Hydrangea blue	Bleu hortensia	111		Litmus pink	Orseille	15
Hymph's thigh	Cuisse de Nymph	130		Lyon blue	Bleu de Lyon	113
I				**M**		
Imperial green	Vert impérial	87		Macaroon	Macaron	71
Indigo	Indigo	124		Madder red	Garance	19
Ink black	Noir d'encre	153		Magenta	Magenta	139
International Klein blue				Mahogany	Acajou	56
	Bleu Klein	121				

Mahogany red	Rouge acajou	56
Maiden's buttocks	Fesses de Fille	130
Maize	Maïs	41
Majorelle blue	Bleu Majorelle	113
Malachite green	Malachite	89
Malmaison red	Rose de Malmaison	13
Mandarin orange	Mandarine	19
Mandarin orange	Orange mandarine	19
Marie Antoinette	Marie Antoinette	25
Marie Louise blue	Bleu Marie Louise	111
Marine blue	Bleu marine	105
Marine blue	Bleu Matelot	105
Maroccan red	Marocain	29
Maroon	Marron	56
Maroon brown	Brun marron	56
Marron glacé	Marrons glacés	73
Matisse blue	Bleu de Matisse	113
Mauve	Mauve	127
Mediterranean blue	Bleu Méditerranée	101
Melon	Melon	39
Melon green	Vert melon	39
Military green	Vert militaire	75
Milori blue	Bleu de Milori	121
Mimosa yellow	Jaune mimosa	61
Mint green	Menthe	87
Mint green	Vert menthe	87
Moca	Moca	56
Monet blue	Bleu Monet	101
Montpellier green	Vert de Montpellier	85
Moss green	Mousse	81
Moss green	Vert mousse	81
Moulin Rouge red	Rouge de Moulin Rouge	25
Mouse gray	Gris souris	149
Mulberry	Mûres	129
Mustard yellow	Moutarde	65

N

Naples yellow	Jaune de Naples	63
Napoleon blue	Bleu de Napoléon	117
Narcissus yellow	Jaune narcisse	59
Nasturtium orange	Capucine	39
Nasturtium red	Rouge capucine	39
Nattier blue	Bleu Nattier	105
Night blue	Bleu nuit	124
Nougat	Nougat	47

O

Off white	Faux blanc	37
Old blue	Bleu passé	92
Old rose	Vieux rose	17,92
Olive brown	Brun olive	82
Olive green	Vert olive	82
Opal	Opaline	95
Opal blue	Bleu opaline	95
Orange	Orange	35
Otter brown	Loutre	34

P

Palm green	Palme	82
Pansy	Pensée	123
Parc de la Villette red	Rouge de Parc de la Villette	23
Paris blue	Bleu de Paris	121
Paris green	Vert empire	87
Parrot green	Perroquet	81
Parrot green	Vert perroquet	81
Patinir blue	Bleu de Patinir	109
Peach	Pêche	13
Peacock blue	Bleu paon	103
Pearl gray	Gris perle	147
Pepper red	Piment	45
Pepper red	Piment rouge	45
Perkin's mauve	Mauve de Perkin	127

English	French	Page		English	French	Page
Petrol blue	Pétrole	92		Rust	Rouille	31
Petrol blue	Bleu pétrole	92				
Petunia	Pétunia	129		**S**		
Picasso blue	Bleu de Picasso	113		Saffron yellow	Jaune safran	61
Pink	Rose	11		Saint-Laurent pink	Rose Saint-Laurent	137
Pistachio green	Vert pistache	79		Sallow	Livide	73
Plum	Prune	139		Salmon pink	Rose saumon	15
Pompadour blue	Pompadour	103		Salmon	Saumon	15
Pompadour pink	Rose Pompadour	103, 135		Sand	Sable	69
Poppy red	Coquelicot	21		Sand beige	Beige sable	69
Poppy red	Ponceau	21		Sapphire blue	Saphir	115
Porcelain blue	Bleu porcelaine	99		Sapphire blue	Bleu saphir	115
Powder blue	Poudre bleu	121		Scarlet	Écarlate	21
Provence blue	Bleu de Provence	95		Schiaparelli Pink	Rose Schiaparelli	133
Provence yellow	Jaune de Provence	65		Sepia brown	Brun sépia	75
Prussian blue	Bleu de prusse	123		Shrimp red	Crevette	25
Puce	Puce	56		Silver	Argent	154
Purple	Violet	125		Silver gray	Gris d'argent	149
Purple	Pourpre	129		Silver white	Blanc d'argent	154
Putty	Mastic	43		Sky blue	Bleu ciel	95
				Sky blue	Céleste	99
Q				Sky gray	Gris ciel	107
Quince	Nèfle	33		Slate gray	Ardoise	151
				Slate green	Vert ardoise	151
R				Smoky gray	Gris fumée	149
Raspberry	Framboise	141		Soot brown	Bistre	34
Red	Rouge	11		Southern sea	Mer du sud	101
Red	Gueules	21		Spinach green	Épinard	82
Red ocher	Rouge ocre	29		Spinach green	Vert épinard	82
Redcurrant	Groseille	135		Spring green	Vert printemps	92
Redcurrant red	Rouge groseille	135		Spring yellow	Jaune printemps	59
Renoir pink	Rose Renoir	131		Sprout green	Bourgeon	77
Royal blue	Bleu de Roi	123		Steel blue	Bleu acier	89, 123
Royal blue	Bleu de Roy	123		Steel gray	Gris acier	89
Royal blue	Bleu Royal	123		Straw yellow	Jaune paille	63
Royal white	Blanc de Roi	147		Strawberry	Fraise	141
Ruby	Rubis	139		Sulfur yellow	Jaune soufre	69
Russet brown	Roux	41				

T

Tan	Tanne	49
Tango orange	Orange tango	41
Taupe	Taupe	55
Tea rose	Rose thé	13
Terracotta	Terre cuite	53
Thenard blue	Bleu Thenard	119
Titian red	Titien	49
Tobacco brown	Tabac	77
Tomato	Tomate	16
Tomato red	Rouge tomato	16
Topaz	Topaze	41
Tuileries Castle	Château de Tuileries	101
Turquoise blue	Turquiose	101
Turquoise blue	Bleu turquoise	101

U

Ultramarine	Outremer	117

V

Van Dyck brown	Brun van Dyck	31
Vanilla	Vanille	59
Verdigris	Vert de Gris	85
Vermillon	Vermillon	16
Versailles blue	Versailles	101
Viridian	Vert Veronese	89
Viridian green	Vert Veronese	89

W

Watteau blue	Watteau	103
Weld	Gaude	77
White	Blanc	145
Woad blue	Pastel	97
Woad blue	Guède	97

Y

Yellow	Jaune	57
Yellow ocher	Ocre jaune	47

Z

Zinc white	Blanc de zinc	147

参考文献 (順不同)
Bibliography

(1) "A DICTIONARY OF COLOR" by A. MAERZ & M.REA PAUL, McGRAW-HILL BOOK COMPANY, INC, 1950
(2) Faver i Faver by A.Kornerup & J.H.Wanscher
『カラーアトラス』福田 保訳、海外書籍貿易商会、1962 年
(3) "Dictionnaire des couleurs de notre temps" Michel Pastoureau, Editions Bonneton, 1992
(4) "Les materaux de la Couleur" Francois Delamare et Bernard Guineau, DECOVERTES GALLOMARD, 1999
(5) "Bleu histoire d'une couleur" Michel Pastoureau, Editions du seuil, 2000
(6) "Nuancier complet des Rubans et Tissue 1961SS 〜 1982SS" FEDERATION DE LA SOIERIE
(7) "Colors of the World" Jean-Philippe Lenclos, W.W.Norton & Company, 1999
(8) 『フランスの伝統色』第 4 版、山田夏子、大日本インキ化学工業、2001 年
(9) 『新色名事典』第 2 版、日本色彩研究所編、日本色研事業(株)、1998 年
(10) 『仏和色名辞典』山田夏子、ユニヴェルシテ・ド・ラ・モード、1976 年
(11) 『色の名前 507』福田邦夫、主婦の友社、2006 年
(12) 『奇妙な名前の色たち』福田邦夫、青蛾書房、2001 年
(13) 『花の色図鑑』福田邦夫、講談社、2007 年
(14) 『風俗の歴史 1 〜 10』フックス、安田徳太郎訳、光文社、1966 年
(15) 『中世の秋』ヨハン・ホイジンガ、兼岩正夫他訳、創文社、1960 年
(16) 『フランスの祭りと暦』マリ＝フランス・グースカン、樋口 淳訳、原書房、1991 年
(17) 『美食と革命』北山晴一、三省堂、1985 年
(18) 『色で読む中世ヨーロッパ』徳井淑子、講談社、2006 年
(19) 『ヨーロッパの祝祭典』マドレーヌ・P・コズマン、原書房、1986 年

写真図版一覧
Illustrations

12p ／マリアージュ フレール 銀座本店
14、16、38、62p ／撮影：Pierre Filliquet
17p ／フローリストオースリーズ
24、46、118、152、154p ／ボンズール ジャポン
26p ／クリスチャン・ディオール　イヴニング・ドレス　1953年頃（フランス）
　　　文化学園服飾博物館所蔵　撮影：田中民子（タミ・アート）
28p ／ヘネシー X.O　MHD ディアジオ モエ ヘネシー
30p ／アンソニー・ヴァン・ダイク
　　　レガネース侯爵ディエゴ・フェリーペ・デ・グスマン
　　　国立西洋美術館所蔵
36p ／ガブリエル・シャネル　ドレス　1926年頃
　　　京都服飾文化研究財団所蔵　撮影：広川泰士
40、84、137、142、146p ／ヴァン・クリーフ＆アーペル
42p ／ジャパン・フード＆リカー・アライアンス食品販売（株）アルカン
44p ／エルメス
54p ／ジャン＝ポール・エヴァン
64p ／フィンセント・ファン・ゴッホ　ひまわり
　　　損保ジャパン東郷青児美術館収蔵
72p ／ボワシエ大丸東京店
76、114p ／アルタディス・ジャパン
86p ／青磁　瓶　龍泉窯　財団法人 戸栗美術館蔵
100p ／モネ　睡蓮（部分）　地中美術館所蔵　撮影：森川昇
102p ／フランス外務省迎賓館蔵　撮影：南川三治郎
104p ／ジャン＝マルク・ナティエ
　　　マリ・アンリエット＝ベルトレ・ド・ブルヌフ夫人の肖像
　　　国立西洋美術館所蔵
106p ／マリー・ローランサン　舞踊　1919年
　　　マリー・ローランサン美術館所蔵　©ADAGP, Paris & SPDA, Tokyo, 2008
110p ／agnès b.
113p ／パブロ・ピカソ　《海辺の母子像》　ポーラ美術館収蔵
122p ／葛飾北斎　諸国瀧廻り　和州吉野義経馬洗滝
　　　山口県立萩美術館・浦上記念館所蔵
130p ／PETIT BATEAU JAPAN
131p ／ピエール＝オーギュスト・ルノワール　《休息》　ポーラ美術館収蔵
134p ／国立セーヴル陶磁器博物館蔵　撮影：南川三治郎
138p ／イブ・サンローラン・パルファン
140p ／ピエール・エルメ・パリ 青山
18、20、22、32、34、47、29、52、58、60、66、67、74、77、78、80、88、90、
94、96、98、109、116、120、123、126、128、136、147、150、157、159、161、
163P ／アマナ・イメージズ

注釈一覧
Annotation

注1 基本色彩語
アメリカの人類学者バーリンとケイが98の言語を調査した結果、どの言語にも見られた共通の色彩語のこと。黒、白、赤、黄、緑、青、茶、紫、桃、橙、灰色の11色彩語である。

注2 カテゴリカル・カラーネーミング（Categorical color naming）
カテゴリカル色知覚を調べる方法のひとつ。数多くの色の中から、共通な色のイメージを観想して、ひとつの色名を与える色名法のことで、11色の基本色彩語に限る場合と、自由に命名させる方法がある。

注3 ケルメス
古くからヨーロッパで用いられた赤色染料。ペルシア原産のエンジ虫の一種で、16世紀にメキシコからコチニールが導入されるまで赤色染色の最も重要な色材であった。

注4 一般色名
基本色名を除く、一般的に用いられる慣用色名のこと。みかん色、キャメル、空色などの果物、食べ物、動物、植物、自然現象、宗教、文化、人物などに関連して生まれた色名のこと。

注5 基本色名
日本のJISの「物体色の色名」で規定される10の有彩色と3つの無彩色のこと。赤、黄赤、黄、黄緑、緑、青緑、青、青紫、紫、赤紫に白、灰、黒である。

注6 カテゴリカル知覚（Categorical color perception）
私たちは数多くの色を知覚することができるが、その中で、明るい赤、暗い赤、鮮やかな赤、くすんだ赤などは、すべて赤という色として知覚される。このように異なっている色をひとつのカテゴリーにまとめて知覚することをカテゴリカル知覚という。

注7 ジャンセニスト（Jansenist）
17世紀初頭に神学者コルネリウス・ヤンセンによって提唱された神学観は、神の恩寵を絶対視するとともに、人間の堕落した罪深さを強調したキリスト教思想で、その考え方は17世紀以降のフランスの貴族たちに大きな影響を与えた。この思想の共鳴者をジャンセニストという。

城 一夫 Kazuo Jo

現在、共立女子短期大学名誉教授。
専門は色彩文化(史)、文様文化(史)、ファッション文化(史)。
主たる著書に『カラーアトラス5510―世界色域・色名事典―』
『色彩の宇宙誌』『色彩博物館』『西洋装飾文様事典』
『西洋染織模様の歴史と色彩』『装飾文様の東と西』
『フランスの配色』『イタリアの伝統色』他。
テレビ番組「北野武の色彩大紀行」、展覧会「大江戸の色彩展」
「明治・大正・昭和の色彩展」などの企画・構成・監修も行っている。

色名協力　Maryelle Allemand
　　　　　（Groupe Carlin International　Chef de Projects）

フランスの伝統色
The Traditional Colors of France

2012年9月3日初版第1刷発行
2018年7月8日　　　第3刷発行

著者　　　城 一夫 Kazuo Jo
デザイン　澤地真由美 Mayumi Sawachi
翻訳　　　パメラ・ミキ Miki Pamela
撮影　　　奥山光洋 Mitsuhiro Okuyama
編集　　　西岡詠美 Emi Nishioka

発行人　　三芳寛要 Hiromoto Miyoshi
発行元　　株式会社 パイ インターナショナル
　　　　　〒170-0005　東京都豊島区南大塚 2-32-4
　　　　　Tel：03-3944-3981　Fax：03-5395-4830
　　　　　sales@pie.co.jp

印刷・製本　アベイズム株式会社

©2012 Kazuo Jo / PIE International
ISBN978-4-7562-4320-1 C3070
Printed in Japan

本書の収録内容の無断転載、複写、複製等を禁じます。
ご注文、乱丁・落丁本の交換等に関するお問い合わせは、小社までご連絡ください。

All rights reserved. No part of this publication may be reproduced in any form or by any means, graphic, electronic or mechanical, including photocopying and recording by an information storage and retrieval system, without permission in writing from the publisher.

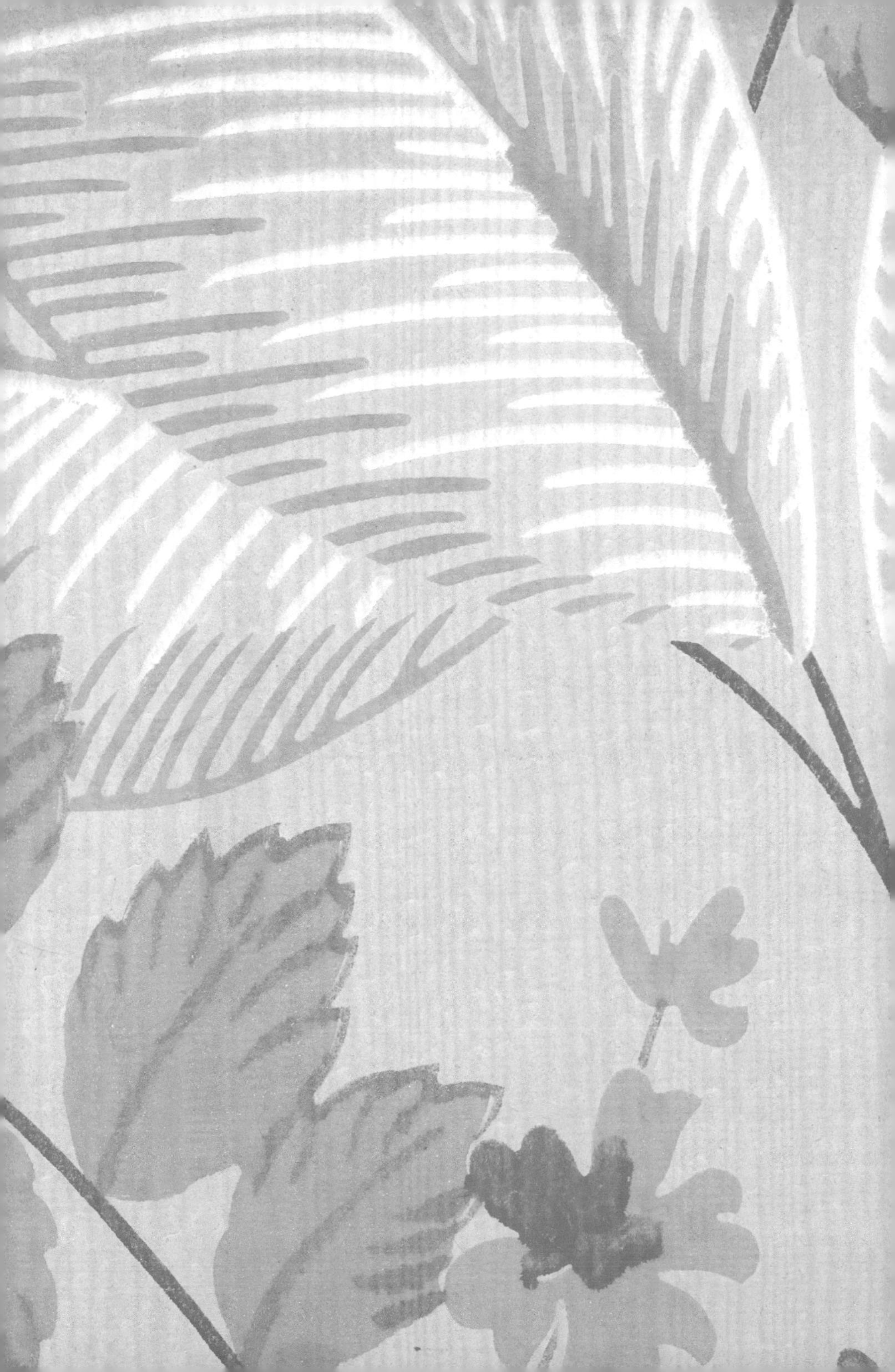